本书获2021年衡阳市社会科学学术著作出版基金（2020CBZ〔二〕01）资助
本书系衡阳市社会科学基金市情课题（2021B〔Ⅱ〕009）研究成果

中国历史教育地理研究

——以西南地区为例

陈国生　潘建明　祁　惠　著

湘潭大学出版社

图书在版编目（CIP）数据

中国历史教育地理研究 : 以西南地区为例 / 陈国生，潘建明，祁惠著. -- 湘潭 : 湘潭大学出版社，2021.12
ISBN 978-7-5687-0691-9

Ⅰ. ①中… Ⅱ. ①陈… ②潘… ③祁… Ⅲ. ①教育史一研究一西南地区一明清时代 Ⅳ. ①G529.4

中国版本图书馆 CIP 数据核字（2021）第 251636 号

中国历史教育地理研究 ：以西南地区为例

ZHONGGUO LISHI JIAOYU DILI YANJIU:YI XINAN DIQU WEI LI

陈国生 潘建明 祁惠 著

责任编辑： 丁立松
封面设计： 张丽莉
出版发行： 湘潭大学出版社
社　　址： 湖南省湘潭大学工程训练大楼
电　　话： 0731-58298960 0731-58298966（传真）
邮　　编： 411105
网　　址： http://press.xtu.edu.cn/
印　　刷： 广东虎彩云印刷有限公司
经　　销： 湖南省新华书店
开　　本： 787 mm×1092 mm 1/16
印　　张： 12.5
字　　数： 274 千字
版　　次： 2021 年 12 月第 1 版
印　　次： 2021 年 12 月第 1 次印刷
印　　数： 1-3000
书　　号： ISBN 978-7-5687-0691-9
定　　价： 58.00 元

序（一）

历史教育地理是历史地理学研究中高度综合、涉及面很广的研究，既涉及历史自然地理，又涉及历史人文地理，因此，是历史地理学中研究难度极大的一个分支领域。由于涉及内容很广，故其包括的内容具有很大的弹性，在历史教育地理研究上，迄今尚无定式。本书包括上下篇，共十三章。上篇主要论述了中国历史教育地理研究的若干理论问题，包括中国历史教育地理的研究现状、存在的问题和发展出路及其对现实教育发展的若干启示。接着从宰相、明史入传人物和明代进士分布三个角度做全国性的历史考察，并建立一个关于历史教育地理分布演进与变迁的理论分析框架。下篇是比较系统的区域性历史教育地理变迁研究，以西南三省为例，运用定性分析与定量相结合的研究方法，着重考察了明清时期西南地区教育及其各要素的空间分布、变迁规律与地理环境的关系。既有方法论的探讨，又有具体历史教育发展事实的相关分析。这一研究思路是很好的，作者通过深入细致的研究，提出了若干具有理论意义的认识，如关于地区教育发展的不平稳、关于西南教育区域内部的空间结构和差异、关于人才培养方面人地关系上的多样性表现，认为在人才培养方面人地关系的多样性主要表现在时间差异、空间差异和种群与文化差异方面，这些见解对历史教育地理研究有较重要意义。具体来说，本书的突出特色有：

1. 指导思想明确，研究思路和方法正确。作者从历史教育地理研究的基本要求出发，确立以历史教育地理研究框架构建和明清两代西南三省教育空间相关性为重点研究对象，选择最具实质意义的自然地理要素和人文地理要素，在进行深入研究的基础上，再做多学科交叉综合分析，并作出总体性的论述，从而得出一些基本的理论探索。

2. 对原始资料和既有研究成果的收集、取舍、理解、诠释比较充分和准确，而且还做了必要的实地考察。遵循严格的学术规范，对一些疑难问题通过对所收集的资料的梳理、比勘，提出了某些新见。对一些已有的研究结论也能不囿于成说，而是根据自己的研究作出独立判断。

3. 在注重实证研究的同时，积极进行理论思考，做到了理论和实践相结合，作者在书中对国内外不少有关历史教育地理研究的理论见解进行了引述和评析，并在历史时期教育发展不平稳、区域内部的空间结构与差异、人地关系多样性等问题上提出了自己的见解，还以西南三省为个案，以深入细致的实证研究与理论探讨所得结论相互印证。这就使本书在实证研究与理论探讨两个方面均达到了一个新的高度。

总之，全书建立在踏实的、扎实的、深入的、细致的调查研究基础上，进行了较高水平的综合分析和概括，在理论上有所建树，是一本较优秀的历史教育地理研究成果和范例，其学术价值和社会效益都值得肯定。

郑家福

（作者系西南大学历史文化学院教授、博士生导师）

2021年**6**月**20**日

序（二）

十几年来，陈国生、潘建明、祁惠三位作者一直关注一个问题：地域教育对地方人才成长的影响究竟有多大和多深，并从1995年开始先后在《学术月刊》《学术研究》《中国历史地理论丛》《史学史研究》《教育史研究》《内江师范学院学报》和《云南教育学院学报》等刊物上发表了10多篇学术论文，试图揭示地域教育与地方人才发展的内在关联，并且确立一个全新的概念：历史教育地理。

历史教育地理首先要关注的是区域教育与人才发展是否存在内在关联？这种内在关系是均衡的，还是非线性的？实际上，地方人才发展的速度和取向离不开教育的支持，但人才衰退的根源却不在于教育，而在很大程度上取决于当地的文化传统、价值观念和政治状况。第二个要关注的是最佳期人才区域问题。所谓最佳期人才区域是指历史上某一时期许多人才经过重新整合后呈现出高度集群现象的过程，这个整合的过程中出现了哪些影响人才形成的根本性动力要素，这些要素对当地未来人才发展有何重大影响？是否需要转换？比如过去人们的义利观，更多是从道德层次把握，因此“义”和“利”是对立的，现在是社会主义市场经济，“义”还是要讲，但不能忽视“利”，因此这种人才形成的动力就必须进行转换，要把过去纯道德上的“义”转换为可以量化的市场“信用等级”评价标准。只有善于转换，区域教育优势才能传承，才有持续的发展动力。第三个要关注的是中国传统教育对我国现代人才培养有哪些障碍？如何克服？比如现实中人文教育与科学教育分化的文化传统早在明代的八股文中就走向标准化了。在清代考据学中，所研究的学问也是越来越集中在狭小的领域。黄宗羲就批评过当时普遍流行的学术门户之见。这一传统到现在演变成崇尚专家和分工的文化氛围。基于上述认识，陈国生、潘建明、祁惠三位作者撰写了《中国历史教育地理研究——以西南地区为例》一书。

本书共分为上下篇，共十三章。上篇首先论述了中国历史教育地理研究的若干理论问题，包括中国历史教育地理的研究现状、存在的问题和发展出路及其对现实教育发展的若干启示。接着从宰相、明史入传人物和明代人物进士分布三个角度作全国性的历史考察，并建立一个关于历史教育地理分布演进与变迁的理论分析框架，然后着重从明代云南人才分布、抗战高校内迁和抗战时西南教育嵌入式畸形繁荣三个角度进行历史地理分布变迁的案例分析，研究了不同类型区域人才成长与教育地区差异的联系以及生成因素。特别是注重对抗战时人为嵌入式人才聚集与传统教育区域性繁荣的差异性分析。

下篇是比较系统的区域性历史教育地理变迁研究，以西南三省为例，运用定性分析与定量相结合的研究方法，着重考察了明清时期西南地区教育及其各要素的空间分布、变迁规律与地理环境的关系，其中第八章研究明代四川教育地理，主要概述明代四川兴办教育的政策和措施以及由此而带来的四川人才兴衰和地域分布。第九章研究明代云南教育地理，主要论述明代云南实行民族教育的政策、措施，明代学校与人才的地理分布和变迁趋势及其原因。第十章主要论述明代贵州教育地理包括民族教育政策和各教育要素的地理分布。第十一章主要研究清代四川教育地理，主要论述清代四川兴办教育的政策和措施及四川人才地理分布和变迁规律。第十二章主要研究清代云南民族教育地理，主要论述清代云南的教育政策和教育要素的地理分布及其民族教育发展的原因。第十三章主要研究清代贵州民族教育地理，论述了清代贵州民族教育政策和教育要素，尤其是人才的地域性及其分布规律。整个论述不仅准确地把握了西南三省的教育地理特征及其发展规律，而且还为教育史研究提供了新思路、新方法。

本书的研究基本上按朝代分类别进行研究，其中重点研究工作集中在三个方面。对于人才类型的研究，三位作者选择了宰相（正史入传）并对其地理分布和时空变迁规律进行细致的分析和总结；对于历代变迁的研究，三位作者选择明、清两代，就学校教育、人才分布诸多方面进行了全方位的研究；就地区而言，三位作者立足于西南，尤其是民族地区的教育变迁，对此三位作者用力最勤，费时最多，可以说是本书研究的重心和特色所在。

这本书记录了近年来三位作者对中国历史教育地理变迁的实地调查、理论思考的研究历程，它的出版只看作是三位作者在有关历史教育地理这一研究领域的一次阶段性总结，当然，国内历史教育地理仍处于发展的初期阶段，现实中需要回答的理论问题还很多。比如历史人物区域性的边界研究，古代私学的开放性人文关怀教育，学徒制对话教育的学习机制与人才成长的联系等等。这些问题还需要在大量考证和调查基础上进行专门研究。

李映辉

（作者系长沙学院研究生院院长、博士、二级教授）

2021年6月22日

目　录

上　篇　综述篇

上　篇

综述篇

第一章　中国历史教育地理研究的现状和走势

教育的改革和发展，是一项十分复杂的社会系统工程，需要多视角、多侧面地开展综合的研究，中国如火如荼的教育改革实践要求人们进一步加强历史教育的研究。

第一节　历史教育地理研究的现状

历史教育地理学是研究历史时期教育及其各要素（如书院、儒学等）的空间分布、变迁规律及其与地理环境的相互关系的一门学科。关于人类教育发展与地理环境的关系，这是一个古老而又常新的课题，因为它不仅具有教育发展究竟由哪些因素决定的理论意义，而且还涉及政治、经济乃至民风教化的发展和决策的现实意义。古往今来众多的思想家、教育家、史学家对此作出了各式各样的说明，这一态势颇令学者注目。还在20世纪初，历史学家就对其有过不少涉猎，然而由于当时视野所限，历史教育地理未能享受“历史文化地理”的待遇，因而得不到应有的重视，其研究往往只限于人物分布范畴，其中比较深入的研究是100多年前丁文江曾根据梁启超的设想，并在梁启超和胡适的指导帮助下，对前汉、后汉、唐、北宋、南宋和明代正史所载的列传人物的籍贯进行统计分析，写成了《历史人物与地理关系》（《科学》，1923年8卷1期）一文。然而就是人物地理分布研究也由于历史的和现代人文地理学自身的原因而未能深入系统分析。只是近30年来随着人文地理的复兴，对古代人才的研究又成为热门话题，如史念海先生的《论〈三国志〉及〈晋书〉列传人物籍贯的地理分布》（《浙江大学学报》，1993年第10期）、《两〈唐书〉列传人物本贯的地理分布》（《河山集·五集》，山西人民出版社，1992年）、肖华中的《宋代人才的地域分布及其规律》（《中国历史地理论丛》，1993年第3期）、王尚义的《汉唐时期山西文人的地理分布及其文化发展之特点》（《山西大学学报（哲社版）》，1986年第4期）、李帆的《中国现代著名人物的产生地域与分布特点》（《辽宁师范大学学报》，1993年第1

期)、缪进鸿的《长江三角洲与其他地区人才的比较研究》(《教育研究》,1991年第1期)、华林甫的《论唐代宰相籍贯的地理分布及变迁》(《史学月刊》,1995年第3期)、崔正德和曹正庆的《宋明时期江西人才盛况及原因》(《教育史研究》,1993年第1期)以及陈国生、罗文和赵筱青的《清代四川进士地理分布规律研究》(《中国历史地理论丛》,1999年第2期)等,对于历史人才的分布及人才与文化、经济、地理环境三者之间的关系做了较为系统的分析,这对于后人进一步的研究,无疑是十分有益的。

与此同时,教育史学界也日益关注古代教育的复原和发展规律的讨论。潘懋元、蔡克勇和熊明安等为此作出了突出的工作。熊明安教授于1984年主编了我国第一部全面系统地研究中国高等教育发生、发展、演变及其特点、规律的学术专著《中国高等教育史》(重庆出版社)一书,将中国教育史的研究推到了一个新的水平。同时,还发表了一批颇有见地的论文,如李军的《魏晋南北朝高等教育管理体制的演变》(《中国史研究》,1996年第2期)、陈剩勇的《清代社学与中国古代官办初等教育体制》(《历史研究》,1995年第6期)、葛军的《抗日战争时期中国的高等教育》(《淮阳教育学院学报》,1995年第2期)、高秀生的《中国近代高等教育》(《北京商学院学报》,1994年第3期)、余子侠的《抗战时期高校内迁及其历史意义》(《近代史研究》,1995年第6期)等都涉及各个历史时期教育单位的设置和变迁。因此,历史学家、教育史学家根据各自所持的理论和实践,把历史教育研究搞得热闹非凡。然而,古代教育单位的地理分布格局及其变迁毕竟是地理学的研究对象,所以历史地理学家的参与就显得尤为重要。历史地理学家研究古代教育不像教育史学家完全根据某地的教育的变化资料去评判其发生、发展方式,也不像历史学家仅仅注重人物人才的分布和变迁研究。历史地理学家考察古代教育必须充分注意到古代教育与文化、经济、地理环境及其人才诸多方面,具有多维的视野。可见历史学、教育史学的讨论虽然都在各自的某些具体问题上取得了不少成绩,研究方法也富有启发意义,但是又同时带有明显的缺点。首先是对人才统计类型的选择或者过于狭窄,有的限于宰相;或者过于庞杂,将正史里的列传人物全部罗列进去,而且也未能将人才按行业分类,这是不合适的。其次是对于人才的研究或者局限于某一朝代或者局限于某一地区,从而缺乏总体性的把握。再次,从研究方法上看,都是习惯于用单一的社会科学方法去研究人才,这种以单一的社会科学研究方法去"硬碰"并不单一的,即并不完全属于社会科学的教育这一研究对象,特别是都没有将各地区人才的发展变迁与教育和地理等学科紧密地结合起来,研究的结论自然会打上"无源之水,无本之木"的烙印。基于此,本书在时间上按先秦、秦汉、三国、两晋、南北朝、隋唐五代、宋辽金、元、明、清和近代、现代划分,对教育若干主要因素(诸如古代的府学、州学、县学、书院,近代的各类院校等)按地区进行统计,力图寻找出导致这种教育要素在时空分布差异上的原因。然后再按朝代、学科(根据国务院学位委员会划分二十大科学分类)对历代杰出的专家学者进行统计对照,清楚地反映各地区人才盛衰变迁的脉络。通过教育要素的地理分布格局和人才的地理特色两相对照，从中找到教育以及其他因素究竟在人才的发展中起了怎样的作用，对今后人才的培养又将起怎么的影响，并针对当前人才和教育发展现状，提出相应的对策。这些研究，对于先秦以来我国各地区教育和人才的发展过程，特别是对明清西南各地区教育和人才的发展过程做了全面、系统的撰述，这样的讨论为前代所未有，可以说是填补了这方面的空白。

第二节　历史教育地理研究存在的问题

我国是世界上最早进行教育建设的国家，战国时稷下之学是现存最早的古代教育记录，但教育的开始可以追溯到更早的商朝。而且在我国，学校教育的建设始终没有中断，保留至今的资料是世界上最丰富最完整的。由于教育范围以行政区域为单位，复原历史政区是历史教育地理研究的必要条件，而我国这方面的记载也非常详尽。不仅如此，历史时期地理、经济、政治、文化、社会等与教育变化关系密切的各个方面，我国也有丰富的资料。所以研究我国的历史教育地理具有极为有利的条件。但是目前我国历史教育地理的研究不仅未达到应有的水平，而且很多基础研究工作尚未进行。这固然是由于我国现代教育地理学、历史地理学等相关学科的研究还比较落后，也由于这一课题本身存在不少目前还难以逾越的障碍；另一方面，长期以来，文化地理和历史地理被列为学术研究的禁区，以此造成的恶果也是众所周知的，因此历史教育地理学与其他许多学科的研究相比，还显得比较缓慢和沉闷。除去社会需要这一客观因素不谈，作者认为历史教育地理研究中还存在这样一些值得重视、亟待解决的问题。

一是宏观论述过多，可操作性差。目前的研究中相当一部分偏重于宏观描述研究，多停留于空洞口号式阶段，对地区教育文化发展起不到真正的指导作用。还有一部分研究则被内容框得过死，范围过少，其研究势必影响成果的可操作性及作用的发挥。

二是定性分析与定量研究结合不够紧密，存在“两张皮”现象。一方面，一些研究对定性研究重视不够，定量研究缺乏定性的指导，以致出现了一味增加模型假设、数字统计，甚至借助计算机大搞数字游戏，脱离区域实际的不良倾向；另一方面，一些重大课题还缺乏定量性研究，研究人员习惯运用定性研究，甚至过于重视定性研究，即使运用少量的定量研究，也大多处于初级描述性、统计性的范围，而很少运用现代科技方法进行历史教育地理的定量性研究，因此在研究一些具体问题时，如高校地域分布密度差异的评价、高等教育对区域人才中心形成的具体影响等等，虽然质的规定性已经确定，但由于缺少必要的量度为依存条件，使得论点不鲜明，论据不精确，甚至导致定性分析得不出切合实际的定量结论。

第三节　历史教育地理研究的发展出路

作者认为，要想使我国的历史教育地理研究迅速发展，成为一门真正的科学，就有必要对历史教育地理学科本身进行反思，重新认识该学科的性质和功能，进一步探索新的研究方法和手段，不断汲取相关学科的最新成果。这样才能有可能寻求到历史教育地理研究进一步发展的契机和出路。

一、准确把握历史教育地理学的研究内容

发展教育固然须藉人为的作用，然而自然环境的影响也是相当重要的，“近山者仁，近水者智”，这是千百年前早已观察出来的人文现象。古代四川有“巴有将，蜀有相”之说，这些民族文化传统遗留至今，四川仍然呈现川西崇文、文化气息浓厚，川东尚武、体育人才辈出的文化氛围差异。当然自然环境的影响同时也是一个历史范围，像进士籍贯的分布，唐代前期最多的地区主要分布在北方关中平原的京兆府附近西京、华州地区，黄河下游蒲州、东都洛阳及汴州、相州，华北平原的定州、瀛洲、赵州地区，而南方地区则仅有少量分布。但明代自洪武四年（1371 年）到万历四十四年（1618 年）的 245 年之间，各科状元、榜眼、探花和会元共计 244 人，南方计 215 人，占 88%，北方仅 29 人，占 12%，人才分布中心明显南移。而南方又主要集结在浙江地区。浙江一带为什么人才辈出，群星灿烂？全国各地区的人才历史状况和现状又究竟如何？教育以及其他因素在这种人才分布状态中究竟充当了什么角色？对今天教育布局有何借鉴价值？而要弄清楚这些问题，在空间上势必先要对教育要素和人才在全国的分布进行调查统计和对比分析，在时间上要从现代一直追溯到先秦，以明了古今教育布局的变迁规律及其对人才分布的影响，就在这古今变化中如何探索各地教育发展规律，配合当前科学研究，促进教育发展，符合当前教育改革的大政方针，这便是历史教育地理研究的基本内容。

具体地说，可以归纳成三个方面，一是历代教育地理分布的基本状况，包括历史时期各阶段的教育要素数量与增长率及其形成原因。其中私学分布状况的复原十分重要，如汉唐时期山西文化能够得到迅速发展的重要原因便是私家办学，招纳门徒。像东汉贤士郭泰，“字林宗，太原介休人也。家世贫贱，……博通经籍，名震京师……及党事起，遂闭门教授弟子以千数”。[1]北魏张伟，“字仲业，太原中都人也。学通诸经，乡里受业者，常数百人。常依附经典，教以孝悌，门人感其仁化，事之如父”。[2]隋末大儒王通，闻喜人，“聚徒河汾间”，“门人自远而至，常数百人，如河南董恒、南阳程元、中山贾琼、河东薛收、太原姚义、太原温彦博、京兆杜淹没、清河房玄龄、巨鹿魏徵……”[3]等等。这些人

虽无著作，但博通经史，学业知名，以私学授传学术称于州县以至全国。到晚唐以后，书院是中国古代一种重要的私家组织，其正式建置始于五代而盛于宋、元，在明代曾遭到四次打击，清末开始衰落。鸦片战争以后被新式学堂所代替，它的产生和发展有特定的政治、文化根源。中国古代自先秦以来就有私人讲学的传统，而五代战争频繁，政府无暇顾及设学，私人办学之风便兴盛起来，从而为书院产生奠定了基础。教育分布是各种因素的综合产物，由于地势、地形、气候、水文、植被等条件，教育集中在黄河、长江两大流域的中下游地区，其他地区或自然条件不利，或在当时生产条件下还不适宜人类生产和生活，人口很少，教育也相对落后。二是历代人才地域的分布和变迁规律及其与教育地理布局的关系。经济的振兴、社会的发展，教育是基础，科学是关键，文化是桥梁。论及中国的经济，沿海发达，内地落后，早已是无可争辩的事实，然而在发达沿海地区内部，不仅地区发展不平衡，而且存在着大片的不发达或欠发达的地区，淮阴市便是其中之一，其中重要的原因之一就是教育。淮阴地区落后、保守、排外的文化特征和人才的大量外流，使其科技教育水平落后到令人吃惊的地步，拥有千万余人口的淮阴市，至今也只有两所本科高等学校；基础教育、技术教育和科学文化事业基础差、水平低。在现代社会，知识生产力已成为决定生产力、竞争力和经济成就的关键因素，淮阴市教育的滞后已在很大程度上制约其区域经济文化发展的进程。淮阴正是缺乏这一种在现代经济中起决定作用的资源，以致经济发展速度远远落后于沿海地区，然而在历史上淮阴的经济曾一度繁荣，教育曾相应兴盛，这种人才、教育和经济兴盛变迁的历史现象在沿海地区是独具特色的。三是与现实教育建设相结合。历史与现实是不能割断的。研究现实的合理教育布局与解决当前的教育改革实践问题，差不多都需要掌握其历史渊源，纵观历史发展趋势。而历史教育地理的生命力也正在它的“古为今用”，启发人们借鉴历史经验，免蹈历史覆辙。“通于古者窒于今，长于论者短于用”的教训告诫历史地理研究者，必须尽力贴近现实，为当前的教育改革和合理布局当好参谋。

如何将历史教育地理基础研究与现实教育建设有机地结合起来，以增强学科生命力和社会存在价值，作者认为，一是加强近现代历史教育地理课题研究，打破旧的传统，将研究的时间跨度从古代下延至近代，与现实问题的探索相衔接，大大提高为现实服务的力度，可视为历史教育地理研究的新方向；二是积极参与教育建设，尤其是21世纪素质教育发展战略决策的论证。揭示过去，认识现在，为预测未来服务是历史地理学的优势。

二、客观认识历史教育地理学的性质和方法

历史教育地理学是一个交叉科学，既属于历史地理范围，又属于教育史范畴。故其研究方法采用多学科综合研究方法来进行。其中历史学的方法有文献研究法、考古研究法、野外勘察法，以此建立古代教育分布变迁序列和复原历史教育地理本来面目。教育学和地

理学等现代科学方法通过对历史文献资料的量化处理，建立数千年来教育要素与地理环境关系的数理模式，再用灰色理论方法建立发展模式，为预测未来发展趋势做参考。因此历史教育地理的研究应该采用教育—地理—历史综合方法来进行。

教育史研究最主要的材料来源于各种文献记载，历史资料收集是否完备、分析论证是否准确，直接关系到结论的准确程度。同时，历史教育地理的研究又需要运用历史地理学的研究方法，而历史地理研究还需实地考察，加以核实。在涉及历代史籍、档案、各种笔记、奏章、论著及地方志的同时，应该选择一些有代表性的地点访问考察，亲加验证。如南北朝的山东郯城、临沂，唐代的山西永济和江西宜春等城市都曾在某一朝代盛极一时，出过不少杰出的人才，但随后不知什么原因竟一蹶不振，这在史料上没有明确记载，但是只要深入实地调查并结合各地方志的记载，就可以发现山东郯城的衰落与一次强烈地震有关，而山西永济的衰落则与一次黄河大泛滥有密切的关系。只有在考证与实地调查相结合的基础上，充分利用文献史料，坚持定性描述和定量分析相结合，一般论述和典型分析相结合，系统阐述和专题研究相结合，图表说明与文字撰著相结合等研究方法，方才有所成就，才能使历史教育地理学真正成为一门对当前教育建设具有指导作用的学科。

三、正确评价历史教育地理学的社会作用和地位

同现代人文地理学一样，历史教育地理学的研究对象也是教育与其分布的环境的关系以及由此派生出来的教育地理分布及其规律。研究教育地理学的一般意义，这里无须赘述，但历史教育地理的研究，还有其特殊意义。

首先就理论意义而言，中国自古以来就是礼仪之邦，一向重视教育。早在两千多年前的西汉就有了最高学府——太学，并且设置了“博士”，到近代高等教育得到进步发展，1947年全中国拥有高等教育学校207所，在校学生15.46万人，特别是新中国成立后，高等教育得到迅速发展，至2020年底，中国共有普通高校3005所，在校学生达2830多万人。然而至今尚无一本比较系统的完整的《中国教育地理学》专著问世，一般认为一本专著的诞生，才意味着一门学科的确立，因此历史教育地理的研究及其成果的出版不仅是对我国广大教育地理工作者共同成果的总结，而且也可以说是中国教育地理学研究趋向成熟，并走向世界的一个重要标志。

其次就学术意义而言，一定生产力水平下的有劳动能力的人口是决定社会经济规模以及能否深入发展的重要因素，人口的质量必然会影响社会的发展，起着延缓或加速历史进程的作用，而教育对于人口质量的提高往往具有决定意义，从这一角度讲，研究历史教育地理以及教育各要素同自然界的关系应该是对当时的社会进行研究的最基本、最重要的问题之一。同时教育要素的数量和分布也显示出人类社会的区域性差别，在阶级社会中，教育对象的变化还必然显示阶级的特征，这种特征也反映在教育分布上。总之，历史时期的

教育单位的分布是自然环境、社会生产力和人类本身能动作用的复杂产物，因此研究历史教育地理对于解释自然、社会和人类活动的相互作用，复原其中某一部分，无疑是很有帮助的。例如从我国历史人才数量的变化可以确定经济文化重心的转移，反之，从文化、经济的演变中又可以研究教育在时间和空间中的变化，这必然有助于作者正确地认识自然和社会的发展规律，有助于人们更科学地安排今天的人类教育、规划未来教育的改革和发展。

最后就现实意义而言，我国目前已基本形成从沿海到内地的高等教育的布局，但各地因经济、科学技术和文化教育基础，以及地理、交通条件不同，高等教育单位分布的疏密程度也不相同。1991 年 8 月 17 日朱开轩在“全国普通高校充实整顿工作会议”上指出“学校布局结构的不合理，是当前高等教育事业发展中急待解决的问题之一”“合理调整高等学校布局，是贯彻执行当前与今后高等教育工作方针的重要内容”。而历史教育地理是历史地理学的一个重要分支。它的研究主要内容之一就是复原历史时期教育要素的空间分布及其规律，这些研究对改革现行教育体制和高校地域布局中所包含的不合理因素有借鉴作用。

四、更新研究方法，拓宽研究领域和加强学术联系

当代历史地理学缺乏系统的历史教育地理研究，主要原因并非重视不够，而是这一研究难于着手，除去唐宋以后几种地理总志和各省通志外，能够用来探讨断代教育地理的文献资料往往只是片言只语，十分零散。用传统的史料考证方法，很难将十分疏略的资料连缀成篇，来复原历史时期各朝代的教育分布面貌。因此进行断代教育地理研究的关键是要在方法上有所突破。要运用逻辑思维寻求和利用教育地理变化的某些规律，使用归纳、演绎、分析和综合等多种手段，才能在只有梳理材料的基础上，复原历史教育地理的变动过程。具体情况各有不同，考证的方法也各有异，但抽象地看，这些方法的实质是：在仅有局部材料的基础上，提出几种初步可能的假设，然后逐步推理，排除可能性较差的假设，留下一个可能性最大的模式，最后再用有关的史料进行验证，并根据验证结果修改确定这一模式。总之，历史现象是极其纷繁的，在断代教育地理领域内会碰到各种意想不到的问题，作者考虑问题的方式也要相应复杂一些，研究方法自然也要灵活多样，譬如：教育的发展与人口素质的提高（亦即入传人物占总人口的比率）就是一个可以用概率论原理来帮助解决问题的重要方法。没有方法的进步，就没有学科的进步。历史教育地理的研究只有依靠不断革新的方法，才能不断地发展前进。

1. 多种类型与不同时空尺度互补并进。历史教育地理作为历史地理学的一门基础学科，从学科内容上来看，固然从属于地理学，但从研究方法和认识结构来看，历史教育地理同时亦又能从历史科学和教育科学中摄取养分。鉴于历史教育地理的这一特性，在研究

中为防止两种认识上的偏颇，或单从地理学角度研究，或只从历史学和教育学角度去分析。以往的历史教育地理学工作者注意力几乎全部集中在后者而忽视前者，这样虽然在历史学和教育学园地取得一定成果，但由于视野狭窄便阻碍了历史教育地理学研究在广度和深度上的发展，因此在历史教育地理研究领域广泛使用综合分析法已是必然的趋势。

2．研究方法不断革新，研究手段日渐改进。伴随研究理论的深化，研究方法逐渐由定性描述、区域分析等传统方法转变为普遍使用系统工程、层次理论、模型技术等现代方法。这就要求通过日益普及的微机把系统论、信息论、控制论和统计学的方法引入到历史教育地理研究领域，把地理学、历史学和教育学等现代理论逐步应用到研究中，通过“联合作战”，以取得历史教育地理研究上的新突破。但需要强调的是在革新研究方法时，要注意定性与定量结合是历史教育地理学最有效的方法，掌握这一方法的关键在于正确处理定性与定量的相结合关系。定性是定量的基础，定量是定性的深化和延伸，定性始终占据主导地位，以定性指导定量，以定量充实和完善定性。为此必须重新确立以定性为主，有限地引进数字方法与数学模型，实行定向与定量有机结合的研究方法。在定量研究方法方面，作者提倡广泛采用以下两种方法，一是系统分析法。从系统论的观点出发，在收集处理数据资料的基础上应用科学方法和电子计算机等工具，建立若干演化模型，进行模拟运算，最后将结果整理评价后，提供给决策者作为决策依据；二是层次分析法。层次分析法是一种建立在专家主观判断基础上的分析方法，它将要识别的复杂问题分解成若干层次，通过两两比较而逐层进行判断评价。

第四节　中国历史教育地理研究的若干启示

启示之一：　高等教育单位在地区分布、构成的合理化是从根本上扭转当前我国中西部高等教育与经济建设相适应状况的重要途径，也是教育改革中涉及全局的战略任务。“七·五”计划将全国经济的地区分布明确分为东部沿海、中部和西部三大经济地事业，东部经济技术优势比较突出，已达到或接近“成熟型”经济，西部则是我国经济发展水平最低的地带。造成我国东西经济差异悬殊的原因虽然屈指可数，但文教科技的发达与否无疑是其中至为重要的原因。

表 1-1　1993 年我国高校分布的地域差异

	高校 （所）	土地面积 （万 km^2）	高校密度 （所/km^2）	人口 （万人）	比率 （所/百人万）
西部	208	541.37	0.384	26985	0.77
中部	339	28195	1.202	42215	0.80
东部	508	129.37	3.927	48533	1.47

数据来源："人口"栏见杨载田主编《现代中国经济地理》第 14 章，延边大学出版社。"高校"栏见《中国教育报》1993 年 5 月 13 日"国家教委公布 1993 年具有学历教育招生资格的普通高校名单"。

表 1-2　1980 年全国高校及在校学生分布情况

	普通高等学校数 （所）	普通本专科在校学生数 （万人）	平均每十万人口在校学生数 （人）
北京	67	12.96	1350
河北	47	6.51	117
内蒙古	19	3.12	155
吉林	44	6.55	285
上海	48	11.77	967
浙江	37	5.74	142
福建	35	5.12	189
山东	49	9.24	120
湖北	56	12.41	252
广东	47	8.42	135
四川	59	12.68	124
云南	26	3.77	111
陕西	47	9.06	301
青海	7	0.68	168
新疆	17	2.96	218
天津	21	4.84	600
山西	23	4.66	177
辽宁	64	10.74	291
黑龙江	42	7.36	222
江苏	71	13.27	214
安徽	37	6.05	117

续表

	普通高等学校数（所）	普通本专科在校学生数（万人）	平均每十万人口在校学生数（人）
江西	30	4.94	143
河南	47	7.50	97
湖南	43	7.82	139
广西	23	3.88	87
贵州	23	2.52	85
西藏	3	0.19	93
甘肃	17	3.01	148
宁夏	3	0.72	173
合计	1054	188	177

数据来源：人大复印资料《高等教育》1988 年第 2 期。柯克明、张力《中国高等教育结构改革的探讨》。

启示之二：教育发达程度的高低，制约人才的盛衰。教育程度往往是一个地区经济和文化发达速度的标志，没有良好的教育，产生不出杰出的人才。李盛平主编的《中国现代史词典》（中国国际广播出版社 1983 年版）收录现代名人 1289 位，其中湖南、浙江、广东、湖北、江苏、四川、江西 7 省的人物就有 771 位，占总数的 59.8%。这些省份恰恰是教育发达之区，如浙江 1949 年大、中、小学在校学生有 90.6 万，分布在全省城乡各地。[4]这一水平在当时的中国是一流的。可见，教育是培养人才的基础，而教育的发达必有赖于社会经济、文化的总体发达，这才是最根本的。

启示之三：书院精神与现代化私立大学。经济的改革，要以地方教育发展为基础，加大教育地方化，走联合办学的道路将是一大趋势。事实上，我国早已有过这方面的成功实践，从清末到民国，广东省高等教育无论是在学校数量、专科门类还是学术影响，在国内都是名列前茅的。1924 年前，广东境内有 1 所国立、7 所省市立、4 所私立，计 12 所高校，私立高校占三分之一，而私立学校办学宗旨是直接秉承着书院的精神。当然，书院和学校各有利弊。1921 年 8 月在《湖南自修大学创立宣言》中，毛泽东指出："书院和学校各有其可毁，也各有其可誉。"在学校中，师生间没有感情，彼此之间只是一种商业行为，教授法和管理法是划一机械的，无视学生人性及人格，而且课程过繁，学时过多，不利学生自动自发地学习和研究。而书院相反，"一来师生的感情甚笃；二来没有教授管理，但精神往来，自由研究；三来课简而研讨周，可以悠游暇豫，玩索有得。"显然书院教育制度的优点在于打破学校的正规建制，代之以非正规化的教学与研究的组织，从而推动地方教育事业的发展。因此，中国古代的书院教育及其书院发展的成功经验，对于今天探索中国中西部地区教育发展、改革之路无疑是尤为珍贵的。

启示之四： 加强对少数民族地区教育发展。明永乐十一年（1413 年）置贵州布政使司，随着行政区划的设立，贵州各府州县也相继建立了学校，这就是贵州教育事业的真正开始。为此，统治者在贵州采取了许多政策鼓励士民就学。“黔省苗人子弟情愿读书者，准其送入义学，一体训诲。每遇岁科两试，于该学额外，取进步者，以示鼓励。”[5] 据统计，有明一代，贵州共建宣慰司儒学 6、州学 4、府学 12、卫学 23、县学 10[6]，学校普遍兴起。郭子章《黔记》也称贵州“郡县军卫罔不建学，文化之盛，古所未有”。连较偏远的地方如黎平都设立了府学，特别是至弘治末年，贵州专设提学副使一人专管学校事务，教育事业迅速发展，其科第兴盛起来。仁宗洪熙元年（1424 年）参加湖广考试的儒生和宣德四年（1429 年）参加云南乡试的士人只有三五个名额，在景泰八年（1450—1457 年）的时间里，“诏云贵乡试不拘额”，嘉靖十六年（1537 年）明王朝准贵州与云南分闱，各定乡试额，贵州解额 25 人。这说明贵州在明代中叶以后，由于教育事业的发展，促进了科第的兴盛。据乾隆《贵州通志》和民国《贵州通志》统计，明以前贵州仅有进士 8 名，而明代则有进士 108 人，这种科第的兴盛，也与明王朝的会试措施直接有关。宣德二年（1427 年），明王朝将全国会试分为南、北、中三等。中取十，中包括四川、云南、广西、贵州及凤阳、泸州等。对贵州予以特别照顾，明令贵州士人直接参加会试，方便儒生参加会试的机会。

启示之五： 教育之盛衰关系人才之荣枯，人才之荣枯关系国家之强盛。人才的开发与形成，其最主要最直接的因素得力于教育。官学是古代培养人才的基本阵地，如江西南唐时相对安宁，“鸠集典坟，特置学官……所统州县往往有学”，出现了庐山国学这样的一流学校，生徒多达几百人，为宋代教育文化事业的发展奠定了基础。至南宋时江西共有州、军、县学 79 所，因此宋朝赣江流域俊彦辈出，科第入第人数多达 5365 人，官至副宰相以上者 27 人，宋史列传人物达 143 人，可谓人才济济。而文化的发达是与经济的发达密切相关的，一个地区文人学者的人数、在科学考试中录取的人数、书院学堂的数目、刻书事业的规模等等，都可以反映地区开发的程度。

注释

[1]《后汉书》卷 68。

[2]《北史》卷 81。

[3]《新唐书 · 隐逸列传》。

[4]《中国省情》，工商出版社，1986 年，第 355 页。

[5]《黔记》卷 3。

[6]《贵州省志 · 教育志》，贵州人民出版社，1990 年，第 37 页。

第二章　中国古代宰相籍贯分布规律及其形成原因

所谓宰相，乃至历代主管政事的最高官职之通称。宰相一词出现很早，最初见于《韩非子·显学》，“明主之吏，宰相必起于州郡，猛将必起于卒伍。”但这里只是泛称掌握国家政权的重臣，不是国家职官中的一个确定官名。在我国封建社会里，宰相这个官职十分特殊。一方面，它要听命于君主，对君主负责，无论做宰相的人声望多高，权力多大都无法摆脱君主头号仆人的地位。另一方面，君主又要给宰相以充分的权力，以便统治国家，统治百姓。但皇帝同时因害怕宰相权势过重，威慑皇权，所以总要采取措施限制相权，以防尾大难掉，结果导致了我国历代宰相职权的广狭程度和行使职权的方式各不相同，因此在我国宰相并非一个正式官衔，仅仅作为一个通行称呼而已，真正把宰相作为国家正式官衔名称的只有辽朝一代，其他历朝各有名称，如秦汉是丞相、相国、三公，唐宋是中书、门下、尚书三省长官及同平章事，明清则是大学士、军机大臣。

我国古代相当于宰相地位和作用的职官起源很早，先秦时就已经有了，像采邑中的总管邑宰、大夫家中的总管家宰、《周礼》中的“摈相”、《论语》中的“小相”都可以认为是我国宰相的雏形。但是秦以前，宰相并非常设，时存时废，而且宰相官职情况比较复杂，各国各朝都独具特色。直到秦统一六国建立起中央集权的君主专制国家，宰相这一官职的地位和作用才明显地表现出来。因此隗林既是秦始皇的首起宰相，同时也是中国历史上的第一位宰相。同样毓朗既是宣统溥仪的末位军机大臣，同时又是中国历史上的最后一位宰相。据《二十四史》记载，从秦、汉、三国、两晋、南北朝经隋、唐、五代、辽、宋、金至元、明、清为止，在这上下两千多年的中国历史上共有 1503 人先后拜相，其中唐朝宰相最多，达 373 人。秦朝最少，只有 5 人荣居相位。这里拟对历代宰相籍贯的分布状况及变迁趋势和变迁原因进行分析与研究。

第一节　籍贯分布状况与变迁趋势

在这 1503 位宰相中，有明确籍贯记载的共 1269 人，如果从中再除去南北朝鲜卑族 21 人，辽朝皇族耶律氏 16 人，后族萧氏 41 人，金朝女真完颜部 23 人，元朝蒙古族（含色目人）47 人，清朝满洲旗人（含蒙古汉旗人）83 人及唐代爱州日南（今越南清化）人姜公辅，那么本贯可考的宰相就只有 1037 位。以 1995 年的行政区划为准，这些宰相籍贯分布统计数字如表 2-1。可见在全国各省市区中，河南籍的宰相人数高居全国之首，达 220 人，占历代籍贯可考的宰相总人数的 21.3%，即每 5 位宰相中就有一个是河南人。陕西第 2，占 127 人，山东次之，占 120 位，河北又次之，亦有 115 人。4 省宰相总数共 582 人，占全国宰相总数一半以上，即每 10 位宰相中至少有两个河南人，一个陕西人，一个山东人，一个河北人。从宰相籍贯分布大势来看，全国大致分为 8 个地区，北方有关中平原、华北平原和黄河下游三大分布区，而南方则形成江浙、闽江流域、赣江流域、江汉平原、四川盆地五大分布区。

表 2-1　历代全国宰相籍贯分布的统计表

	河南	河北	陕西	山东	江苏	山西	甘肃	四川	湖北	湖南	宁夏	浙江	安徽	上海	辽宁	内蒙古	北京	广东	江西	黑龙江	天津	云南	福建	广西
秦	1	1																						
西汉	11	4	7	12	7	1	1	1																
东汉	57	7	21	19	8	5	2	4	5	2	1	2	17											
三国	18	1	1	2	6	2	1		2	2		2	1	1										
两晋	13	2	1	10	1	5							2		1									
南北朝	17	17	2	22	12	7	3				1	9												
隋	2		11	1	1	1	2																	
唐	63	49	67	21	20	44	27		10	1	1	5	4				1	2	1					
五代	5	4	8	5		3	1						1				1							
辽		7		1		1									3		3							
金		1		1		1									3	2	2			4				
两宋	20	8	2	8	8	4		7	2	1		19	8				1		15				14	
元		1					1															1		
明	7	9	2	8	15	4		6	7	2		19	6	3			1	2	10			1	12	2
清	6	8	5	10	18	6		2	3	4		13	5	2	2		1	1	4		3		3	
合计	220	115	127	120	76	84	11	20	29	12	3	69	46	6	10	10	10	5	30	4	3	2	29	2
名次	1	4	2	3	6	5	13	11	10	12	18	7	8	15	14	14	14	16	9	17	18	19	10	19

《二十四史》所记载历代宰相籍贯可考者 1037 人，俱已计入上表之统计数字中，下面试行打破省市区界限，根据历朝各有关省市区产生宰相之多少，对照各省市区面积的大小，采用公式：D（宰相籍贯分布密度）＝宰相人数/当地面积（万 km^2）求出有关省市区的宰相籍贯分布密度，并列如表 2-2。再按 D 值大小，将全国分为若干区域，勾画出历朝宰相籍贯分布之状况。

全国宰相密集分布区域（宰相籍贯分布密度 D 大于 10）有两个，一是上海，一是河南，在河南各县分布又不一样，洛阳 21 位，开封 11 位，温县 10 位，南阳 12 位，原阳、商丘各 8 位，荥阳、邓县、平舆各 7 位，此外安阳、原阳、许昌亦有 6 位之多。

表 2-2　全国各省市区历代宰相籍贯分布密度表

	北京	河北	山西	内蒙古	黑龙江	辽宁	山东	江苏	上海	安徽	浙江	江西
宰相数（人）	10	115	84	10	4	9	120	76	6	46	69	30
面积（万 km^2）	1.6	19	15	110	46	15	15	10	0.58	13	10	16
宰相籍贯密度（人/万 km^2）	6.25	6.05	6.37	0.09	0.09	0.60	8.00	7.60	10.34	3.54	6.9	1.88
	福建	河南	湖北	湖南	广东	广西	陕西	宁夏	甘肃	四川	云南	天津
宰相数（人）	29	220	29	12	5	2	127	3	11	20	20	3
面积（万 km^2）	12	16	18	21	19	23	19	6.9	39	56	39	1.1
宰相籍贯密度（人/万 km^2）	2.42	13.75	1.81	0.57	0.26	0.09	6.68	0.43	0.28	0.36	0.05	2.0

全国宰相次密度分布区域（宰相分布密度 D 值在 5～10 之间）亦有两个，一是北京、河北、山东、江苏、浙江这一带状区域，其中山东集中分布在郯城、枣庄、武城 3 县，河北集中分布在景县、定县、安平、涿县、清河、蔚县数处，江苏集中在常州、苏州、镇江、沛县 4 地，浙江集中在长兴、杭州、富阳 3 处，这 4 省宰相人数在全国籍贯可考的宰相总人数中分居第 3、4、6、7 位，4 省共有宰相 380 人，占全国的 36.6%。二是陕西、山西，陕西省宰相总人数 127 人，居全国各省市区第 2 位，其中长安县占 34 人，华阴县占 22 人，以县而论，这两县的宰相人数名列全国前茅。山西的宰相总人数为 84 人，居全国第 5 位，其中闻喜县 13 人，祁县 6 人，太原 7 人，临猗 5 人，这 4 县（市）共 31 位，占全省宰相总数的 37%。

全国宰相籍贯一般分布区（宰相籍贯分布密度 D 值为 2～5）仍是两个，一是安徽，二是福建。安徽集中分布在亳县、寿县。福建集中分布在晋江。

南方、西南、西北、北方沿边各省市区是宰相籍贯稀疏分布区。这些地区每省市区宰相籍贯分布密度值在 2 人/万 km^2 以下，包括内蒙古、黑龙江、辽宁、江西、湖北、湖南、广东、广西、宁夏、甘肃、四川、云南 12 省。无宰相分布的省市区则有贵州、西藏、青海、新疆、吉林、海南、台湾7省市区。

若以南北而论，全国宰相籍贯分布密度南方明显小于北方。在全国各省市区中，宰相人数居前10位的10省份中，虽然南方有江苏、浙江、安徽、江西、湖北五省，北方亦是河南、陕西、河北、山东、山西5省。但是宰相人数排在前5位的却都是北方省份，而后5位的都是南方省份。这10省份宰相人数中，北方占666人，南方仅225人，南北之比约为2∶5。这与黄河流域自古以来就是我国古代文明的中心地区是相一致的。

宰相籍贯分布中心地点及数目（后者用括号表示），见表2-3。

表2-3　宰相籍贯分布中心地点数目统计表

	宰相籍贯分布中心地点及数目（后者用括号表示）
西汉	咸阳（4）、沛县（7）
东汉	华阴（6）、西安（6）、咸阳（5）、南阳（7）、邓县（5）、平舆（6）
三国	温县（4）、信都（3）、苏州（3）
两晋	太康（4）、临沂（6）、太原（3）、温县（3）
南北朝	太康（6）、蔚县（5）、景县（10）、临沂（15）、武川（7）、长兴（4）、郯城（4）、镇江（5）
隋朝	华阴（8）
唐朝	长安（28）、咸阳（7）、西安（10）、秦安（12）、陇西（6）、闻喜（8）、苏州（6）、安平（7）、洛阳（12）、荥阳（6）
五代	长安（5）
两宋	开封（7）、杞县（3）、安次（3）、寿县（4）、衢县（3）
明	晋江（6）、余姚（3）、湖州（3）
清	杭州（4）、常州（3）、苏州、（3）

当然宰相的籍贯分布并非一成不变，这在表2-3中表明得非常清楚，如果以宋代为分水岭的话，宋代以前宰相籍贯分布中心都在黄河流域，而且大致密集分布在沿渭河、黄河到鲁南一线上。宋以后则转移到南方，主要集中在长江中下游地区的江浙一带。这与我国经济中心的转移是一致的。同时在各中心所聚集的宰相人数从宋代开始便明显减少。这就是说宰相的分布明显均匀化，而不像宋代那样明显地集中分布于少数几个点上。这与我国古代科举制的实行是相吻合的。

第二节　历代宰相籍贯分布形成与变迁原因

历史上不同时期、不同地区，宰相有多有寡，一个时代有一时代的宰相，一个地区有一个地区的宰相。这是历史赋予的，也是地理环境所决定的。其形成是多因的，其发展是多层次的，地理环境、经济生活、政治背景、旧代遗俗、人口迁移以及帝王私嗜无一不对其影响和规定。正是由于中国古代宰相籍贯分布形成、变迁的原因十分复杂，涉及社会、政治、经济、文化和自然环境、区域关系等诸多方面，因此这里不拟对此进行一般理论探讨，只是就历代宰相籍贯分布区域的实际情况，进行一些具体的研究和分析。

总体来看，全国历代宰相籍贯集中分布带有两条，一是沿西起渭水流域，东至鲁南沿海这条中轴线东西延伸；一是沿京杭大运河南北展开，并与东西向的中轴线呈十字交叉。这一分布格局的形成，最基本的原因有两个。第一，此地区农业商业发达，富足的经济不仅为社会上层人物的政治活动提供了必要的物质条件，而且对于区域文化发展水平，人物行政能力的提高，也都起着决定的作用。全国宰相籍贯分布密度、次密度地区，几乎全是经济发达地区，正是其具体体现。第二，此地区乃国都所在，是全国的政治中心区。这里可以粗略勾勒一下全国历代王朝或政权建都15年以上的古都分布大势，如果除去周边少数民族政权所建都城（因为割据政权不可能向中央王朝输送宰相，当地人士也不会背井离乡到中原求官），那么其他的古都分布就不是凌乱的杂凑，而是有规律可循的，即这些古都位置在时间的更替上隐含着天生的规则与意义深刻的历史机缘；在空间的分布上呈十字形分布，横轴是从西安经洛阳、开封到淄博。纵轴是从北京经安阳、南京到杭州。这种十字形分布结构可以代表中国古都空间分布骨架，如以开封为中心，向西到西安，中间有洛阳古都；向北到北京，中间有安阳古都；向南到杭州，中间有南京大古都；向东到淄博，中间有曲阜古都。这种古都的十字形骨架格局正是历代宰相籍贯分布密度区形成的重要基础，因为政治中心区的人们无论是行政技能培养、仕进环境和入官升迁机遇诸多方面皆居优越地位，因此这些地区拜相的人数自然就要多些。进一步来看，如果把建都200年以上的古都连接成线，那么容易发现，它们都位于以西安、北京、杭州为顶点的三角形内，这个三角形所涉及的地区包括陕西、山西、河北、山东、河南、江苏、浙江、安徽、北京9省市，除安徽、北京外，其余7省的宰相人数均位于全国各省市区的前7名，河南位于这个三角形的中心，所以无论宰相人数还是分布密度均居全国首位，北京面积小，所以宰相人数仅列第14位，但其分布密度却仅次于河南，而到全国第2位。安徽虽然处于这个三角形的边缘地带，但受其辐射影响，宰相总人数仅次于浙江，而列于全国第8位。显然政治中心区附近宰相籍贯分布密度是古代社会的一条重要的人才分布规律。

关于宰相籍贯密度分布区沿运河一线的分布有必要再作申论。自殷商以来黄河流域，也即中原一带是我国最富饶的区域，而且又接近王朝版图中心，是兵家必争之地。把握中原，意味着把握天下。因此从殷周至隋唐，国都始终在中原徘徊，今安阳、洛阳、西安、开封屡被选为国都，原因即出于此。在黄河流域以政治经济中心雄踞中华之时，长江流域的开发也取得长足进步。以户口论，西汉时北方与南方呈3∶1的优势，到唐代时，则变成6∶5大体持平，北宋时南方更占优势，几乎以2∶1的优势超出北方。南方的崛起到宋代已成定局，明清时南方经济更是国家财赋所倚。然而经济重心的南移，并意味着政治、军事重心也随之南移。因为后者的确立除了经济因素外，还有别的动力，如地理位置居中以驭四方，临迩敌方以据其战略，使得经济重心已经南移的王朝，大多仍设都定鼎北方。不过仍然建都于北方的政治、军事中心必然依凭东南财赋的支撑，其办法就是开拓运河。隋炀帝开凿通济渠，并与唐代武则天先后从长安迁都洛阳，北宋更进一步，将京师东移开封，以靠近运河干道。明清两代于运河的管理和培护最为周密，对于督漕官吏倚畀最殷，而其责任亦重，并设总督漕运一员，以统筹全局，此总督漕运之大员，通常称为总河，其地位殊高。明清两代京杭大运河实际上已成为国家生存的生命线和商业贸易最繁忙的交通线，正是由于运河沿线所经地区或系经济富足区或系连接全国经济中心、政治中心的纽带，这一环境极有利于人物行政能力的培养，因为交通枢纽不仅是当地经济发展的主杠杆，同时也是当地文化繁荣和交流的主动力，从而使得各种文化学术动态增殖出许多不被原地理环境约束的超越这种地理环境的因子，增强其学术的生命力。因此交通的便利，其结果导致了宰相籍贯沿运河一线密度分布。

当然就在这两条密度分布线上，各省份及各县产生的宰相人数亦悬殊甚大，变迁趋势各异。这是由许多具体原因决定的。西汉初年丰沛籍官吏垄断政权，所以沛县一地先后有7人荣居相位，掌握朝政。新莽末年，刘秀在其家乡倡举义兵，南阳人风从响应，随之南征北战，成为刘秀军事集团的核心力量，东汉政权建立后这些将帅中有些人又承受宰相之任，掌管相印，像吴汉、邓禹、李通、韩歆、赵熹等南阳籍宰相就是这样致位通达的。以致东汉时南阳籍贯宰相人数跃居全国之首。在开国之初，政权不甚巩固的情况下，帝王选官任职，尤其是辅佐君主，总理事务的最高行政长官的选择最重视姻亲关系。两汉这样，唐代也是这样。李渊太原起兵夺取全国政权后定都长安，因李氏唐朝祖籍陇西成纪（今甘肃秦安人），所以唐代时甘肃秦安成为西部地区Ⅰ宰相籍贯分布最密度的地区，秦安一县先后有12人封臣拜相。可见历代帝乡所在也是宰相籍贯分布密集地所在。

这个地区，陕、晋、豫三省交接地区产生的宰相最少。原因在于它地处太行山麓，函谷崤山地区，社会经济不甚发达，与古都西安、洛阳间有黄河相隔或山谷阻碍，交通极不方便。这里人物出仕的物质条件、自然地理条件比其相邻地区差得多，产生宰相人数自然大相悬殊。

长江中下游地区产生的宰相人数在东汉以后才明显增加。究其原因，不出以下几点，第一，长江中下游具有悠久的文化传统，吴文化、楚文化都是我国先秦时期的重要文化区域，但这里辞赋发达，巫俗浓厚，而儒学不昌，与中原文化和王朝取士方向不同，因此西汉以前吴越、楚等南方地区入仕困难，拜相机会更少。东汉以后这里逐渐与中原文化融合，儒学亦随之发达起来，读经入仕的道路开通了，宰相人物也因此脱颖而出。第二，西汉之初，北方长期战乱，不少中下级官吏和士人南迁避难，黄巾起义后为躲避战争灾祸迁居长江流域的人士更多，特别是东晋、北宋末期北方人更成群结队地大规模涌进长江流域。北方士人官吏南迁，促进了长江流域文化的发展，刺激了当地人物的入仕热情，使得当地拜相之士不断涌现。第三是交通的影响，这一点以江西表现尤为充分。唐代以前中原与岭南的道路主要是取道湖南桂阳一线而南下珠江的。到宋代，中原与岭南之间的主要交通线路则已东移江西，从大庾岭谷南入广东，江西交通地位的提高，改变了这一地区，特别是赣南的闭塞状况，刺激了商品经济的发展，从而促进了江西文化、儒学的兴起，所以江西人氏王钦若、晏殊、陈执中、刘沆、王安石、曾布、陈伯康、洪适、京镗、章鉴、江万里、马廷鸾、王爚之流接踵而至，出入相府，使得江西地区宰相人数迅速增多。

成都平原的情况与长江中下游地区的情况相似，西汉时这里经济文化都比较发达，但与政府的文化取向不同，产生的宰相甚少，两汉之际，这里受战争破坏甚少，经济持续发展，已具备向政府输送统治人才的文化基础，新莽末年，关东、关中地区有不少人入蜀避乱。这对于刺激蜀人的入仕欲望、培养其行政技能都有一定作用。东汉后期四川产生的宰相人数减少，主要是刘焉父子割据巴蜀，张鲁占据汉中，限制了这个地区对中央政府的人才输出，直到宋代以后，四川地区才又迎来了文化兴盛的局面，宰相之士亦代有人出。

甘肃地处西北边陲，俗习射猎，民风强悍。西汉中期，将才辈出，个别人亦因此而致相位。如公孙贺就是少为骑士，屡有战功。匈奴进犯时任车骑将军，从大将军卫青北击匈奴，战绩卓著而拜为丞相。后来战争减少，其人无用武之地，入仕者骤然减少，东汉之后天水人隗嚣割据凉州，甘肃人物多不愿越关中而东向求官，直到东汉晚期明、章两代偃武修文，凉州人士才踏上入仕之途，于是尚文读经之风弥漫甘肃，出现了梁氏、皇甫氏等儒学世家，王符、侯瑾等著名学者。皇甫嵩便是这一时期的典型代表，为相谨慎勤事，礼贤下士，屡有陈谏，为时人所称颂。到唐代，甘肃系帝乡所在，任相之士更前后相继，秦安一时成为宰相辈出之地。

福建一省独以晋江籍宰相人数最多，其余的亦仅分布于南部临海地区，尤其是闽江下游两岸更显集中。这是由于福建一省苍山丘陵如海，平原面积不到全省面积的二十分之一，除散见于山间河谷盆地外，主要分布在沿海较大河流出口处。而平原地区向为江南经济的精英所在，所以平原地区常常就是宰相籍贯分布所在之地。

我国古代宰相籍贯分布中心在宋代以后的南移和均匀化，是有其历史背景的。在人类发展的初期，其文明的中心一般总是在地理环境优越，易于开发的地区，这是地理环境对文明的一种潜在制约。但是地理环境对文明的作用并不是一个恒定不变的“常数”，而是一个不断变化的“变数”。以往曾是环境优越易于开发的地区，就可能因人为、自然的因素变成恶劣不易开发的地区，反之亦然。自然环境的变化，直接对生产力发展速度、对经济中心的转移发生影响，进而也会影响到人才的分布，这就不可避免地使宰相籍贯分布中心也随之变化。中国历史上的经济中心南移的重要原因是北方生态环境变差，气候恶化，而南方具有良好的生态环境，经过对经济的开发，形成良好的自然环境有密切的关系。应该看到这种变化是间接造成中国宰相籍贯分布中心南移的重要原因。两宋宰相地理分布中心的南移就基于中国经济中心南移而发生的。而且伴随农业耕区从黄河流域和长江中下游地区渐次推向长江上游和云贵高原又向南越过五岭到达珠江流域，宰相的地理分布亦随之南移，并扩散到云贵高原、闽江流域和珠江流域。据李国钧主编的《中国书院史》统计，宋代共有书院 714 所，基本上分布在南方，为 687 所，占总数的 96.22%；北方仅为 27 所，占总数的 3.78%，以浙江（156 所）、福建（85 所）、江西（224 所）、湖南（70 所）等地最多；其次为江苏（29 所）、安徽（20 所）、湖北（16 所）、广东（39 所）、四川（31 所），就连南方颇不发达的广西也拥有 10 所，与北方素有文化渊源的河南（11 所）相等，比山东这一文化发祥地还要多出 3 所来。足见这时南方已成为全国文化教育的重心所在。[1]至于唐宋以后宰相地理分布的均匀化则与选官制度有很大关系。汉代是察举制，没有严密的评审标准，类似于推举，其权力在地方官手里，因此很快产生了“举秀才，不知书；察孝廉，父别居。寒素清白浊如泥，高节良将怯如鸡”[2]等流弊。东晋以后，士族政权日益腐朽，高门世族的宗法政治势力迅速张大，九品中正制实际上已经在相应程度上转化为一种特权制度，形成“上品无寒门、下品无势族”的格局。直到唐宋实行科举制，才促使寒族士子崛起，《樊川文集·上宣州高大夫书》言：“国朝自房梁公以降，有大功、立大节，率多科举第人。”正道出了唐代科举制度生气勃勃的社会效应。正是由于科举制把庶族寒士推向中国文化舞台，成为地主阶级的精英分子，才使唐宋以后宰相籍贯分布均匀化，而不像唐宋代以前那样宰相地理分布明显地浓缩在个别地点上。

综上所述，影响宰相地理分布的主要因素有如下几个方面：(1) 政治和军事中心给人物行政能力的培养和发展提供了有利条件，如大规模战争给尚武习战的边地人士提供了入相机会。而政治中心又倍受统治阶级所重视，所以帝乡多宰相，宰相籍贯分布在政治中心尤为密集。(2) 全国性的交通干线延伸带常常聚集较多的宰相。(3) 宰相一般具有较高的文化水平，因此区域文化发达程度对宰相籍贯分布起着重要的制约作用。(4) 经济富庶程度是人物产生和发展的基础。经济繁荣才使人们在丰衣足食之余能够致力于社会活动。因此区域经济发展水平是影响宰相籍贯分布最根本最重要的因素。从整个封建社会来看，经济发达区域宰相籍贯分布总是比较密集的，经济落后地区的分布相当稀疏。

注释

[1] 吴霓《中国古代私学发展诸诸问题研究》. 北京：中国社会科学院出版社，1995 年版：第 220-221 页。

[2] 葛洪《抱朴子内外篇（中）》卷一：审举五. 王云五. 万有文库第二集七百种. 上海：商务部书馆，1937 版，第 509 页。

第三章　明代人物的地理分布研究

人物的研究不能脱离自然条件和社会历史条件。如果在研究人物兴衰时，不顾及特定地区的地理环境对人物所起的决定作用和长期作用，那么所得出的结论就不一定可靠。为了深化对明代人物的研究，必须加强它和有关学科的联系。本章试图在前人研究的基础上，将明代人物的地理分布作一较为系统的量化分析。

第一节　《明史》入传人物地理分布概况

本章统计《明史》入传人物的原则是想包括全部入传人物，但考虑到立传体例及皇族的独特性，所以在统计时除去了诸王传、后妃公主传及土司、外国和西域诸传，这样，《明史》入传人物共有 3472 人。但是由于史文阙略，有些传主的籍贯有待于继续考求，实际上能具体确定籍贯的只有 3263 人。其统计如表 3-1。

表 3-1　《明史》入传人物籍贯和分布密度统计表

地名	人数	%	名次	面积（万 km^2）	密度（人/万 km^2）	名次
浙江	436	13.362	1	10	43.60	2
河北	181	5.547	7	19	9.53	10
安徽	255	7.815	4	13	19.62	6
四川	76	2.329	13	47.8	1.59	19
陕西	159	4.873	8	19	8.37	13
贵州	27	0.827	19	17	1.59	19
海南	9	0.028	22	3.2	2.81	16
山东	186	5.701	6	15	12.4	9

续表

地名	人数	%	名次	面积（万 km^2）	密度（人/万 km^2）	名次
广西	28	0.858	18	23	1.22	20
湖南	63	1.931	15	21	3.00	15
福建	158	4.842	9	12	13.17	8
江西	385	11.799	3	16	24.06	5
甘肃	23	0.705	21	39	0.59	23
北京	52	1.594	16	1.7	30.59	4
天津	3	0.092	25	1.1	2.73	17
上海	70	2.145	14	0.6	126.67	1
重庆	23	0.705	21	8.2	2.81	16
湖北	157	4.812	10	18	8.72	12
新疆	2	0.062	26	160	0.013	28
河南	231	7.079	5	16	14.44	7
广东	90	2.758	12	19	4.74	14
辽宁	24	0.736	20	15	1.60	18
山西	141	4.321	11	15	904	11
青海	1	0.031	27	72	0.014	27
黑龙江	4	0.123	24	46	0.09	25
台湾	1	0.031	27	3.6	0.28	24
内蒙古	3	0.092	25	110	0.03	26
江苏	416	12.749	2	10	41.60	3
宁夏	5	0.153	23	6.6	0.78	22
云南	36	1.103	17	38	0.95	21
周边地区	22					
总计	3263			960	3.42	

从表 3-1 来看，《明史》入传人物按出生地的人数以浙江、江苏、江西三省最多，安徽、河南、山东、河北、陕西、福建、湖北次之。表 3-1 中苏浙赣三省合计占 37.91%。明朝文学家归有光说：“荆楚自昔多文人，左氏之传，荀卿之论，屈子之骚，庄周之篇，皆楚人也。”[1]古文有“惟楚有才”之说。如把湖北、湖南、安徽、苏北、豫南、江西等地的人才加起来共有 1084 人，占总数的 33.2%，那么这种说法是名副其实的。若以最初楚国的概念仅包含湖北、湖南来说，则仅 220 人，占总数的 0.7%，那么“惟楚有才”就言过其实。以入传人物密度而言，以上海、浙江、江苏最大，北京、江西、安徽、河南、福

建、山东、河北次之。从区域看，东南沿海地区（苏、浙、沪、闽）人物最密集，长江中上游流域（赣、鄂、皖、川、湘）次之，东北、西南和西北边陲地区最少，明显呈现出沿海、沿江、内地和边远几个不同的地理层次，其格局与安史之乱以来经济文化中心东渐南移的区域进程相吻合，也与中国商品化城市化的区域进程相一致。

第二节　明代各类人才的地理分布概况

一、明代进士的地理分布

首先，可以先看一下明代进士的地理分布，统计资料以《明清进士题名碑录索引》为准，但因明代多次的南北之争，使得进士人数与当地文化水平有一定误差。据《明史·刘三吾传》记载，洪武三十年（1397 年）翰林院学士刘三吾（湖南茶陵人）为会试主考官，所取宋琮等 52 名进士都是南方人，北方举人全部落第，引起北方举人不满，上疏说刘三吾偏袒南方举人，欺君罔上。朱元璋大怒，下令将刘三吾充军，并重新出题另考，钦定 61 名进士全是北方人。此事时人称之为“南北榜”事件，从此开始了科举制下无休止的南北之争。为避免南北榜事件的重演，洪熙元年（1425 年）仁宗命大学士杨士奇等定会试录取进士的名额，南方人取 6/10，北方人取 4/10。宣德、正统年间又“分南、北、中卷. 以百人为率，则南取五十五名，北取三十名，中取十名”，南、北、中地区的具体划分为：“南卷，应天及苏、松诸府、浙江、江西、福建、湖广、广东；北卷，顺天、山东、山西、河南、陕西；中卷，四川、广西、云南、贵州及凤阳、庐州二府、滁、徐和三州也。”[2] 从此按籍贯“分地而取”的原则最终确立。据《明清进士题名碑录索引》统计，在“分地而取”制确立以前的洪武、建文、永乐三朝各科进士共 2792 人，其中南方籍 2228 人，占总教的 79%。明仁宗朱高炽在论及南北分卷取士时坦率地说：“科举之土，须南北兼取，南人虽善文辞，而北人厚重，比累科所选，北方仅得什一，非公天下之道。”[3] 显然，明代进士人数与当地文人水平不完全吻合，但总体上仍足以反映明代文化格局的大势，这从表 3-2 可以看出：

表 3-2　明代进士籍贯分布统计表

省份	人数（人）	%	名次	面积（km^2）	密度（人/万 km^2）	名次
山西	1074	4.35	10	146448	73.34	8
福建	2319	9.39	4	120852	191.89	2
江西	2628	10.65	2	153900	170.76	3

续表

省份	人数（人）	%	名次	面积（km²）	密度（人/万 km²）	名次
浙江	3398	13.77	1	91692	37059	1
云南	228	0.92	13	373396	6.11	14
河南	1475	5.97	7	147090	100.28	7
贵州	81	0.33	15	123768	6.54	13
陕西	998	4.04	11	457146	21.83	11
山东	1630	6.60	5	132840	122.70	4
四川	1352	5.48	9	419580	32.22	10
广东	386	1.56	12	197964	19.50	12
广西	88	0.36	14	211896	4025	15
湖广	1393	5.64	8	362232	38.94	5
北直隶	1489	6.03	6	135432	109.94	5
南直隶	2376	9.62	3	224208	105.97	6
周边	290					
不详	3482					
总计	24687		329462	74.84		

注：面积栏据梁方仲《中国历代户口、田地、田赋统计》甲表 72。

从表 3-2 可知，明代进士的地理分布与《明史》入传人物的地理分布总体格局是一致的，主要集中分布在南方的浙江、江西、南直隶和福建；其次是北方的山东、北直隶和河南。东南沿海、沿江四个富庶省份的进士占总数的 43.43%之高。宋代以来，全国经济文化重心南移，江南省份成为全国财富的聚集地，也逐渐成为全国人才的渊薮。与南方省份相比，进士出自北方省份的比例要低得多。这与当时中国南北经济的发展状况有很大关系。北方省份中只有北直隶、山东和河南省籍进士较多，这与北京是京师有关。

二、明代武将的地理分布

对武将的统计，作者主要以《明史》《皇明将略》和《皇明功臣封爵考》为主要材料，再辅之以地方志、明清人文集、史传、笔记类典籍及碑文、年谱、事状、别传等古籍，统计出明朝著名将领 884 人，其地理分布如表 3-3。

表 3-3　明代武将籍贯统计表

省份	武将人数（人）	%	名次	面积（万 km²）	密度（人/万 km²）	名次
山西	45	5.09	8	146448	3.07	6
福建	17	1.92	11	120852	1.41	10
江西	28	3.17	9	153900	1.82	7
浙江	63	7.13	5	91692	6.87	2
云南	7	0.79	13	373396	0.19	15
河南	96	10.68	2	147090	6.52	4
贵州	6	0.68	14	123764	0.48	12
陕西	75	8.48	4	457168	1.64	8
山东	62	7.01	6	132840	4.67	5
四川	23	2.60	10	419580	0.55	11
广东	9	1.02	12	197964	0.45	13
广西	6	0.68	14	211896	0.28	14
湖广	59	6.67	7	362232	1.63	9
北直隶	90	10.18	3	135432	6.64	3
南直隶	263	29.75	1	224208	11.73	1
蒙古	17	1.92	11			
胡人	1	0.11	17			
女真人	1	0.11	17			
西陲人	2	0.23	16			
西番人	2	0.23	16			
朝鲜	3	0.34	15			
不详	9	1.02	12			
总计	884			3219862	2.38	

从表 3-3 看，明代武将与进士的分布不相一致。在武将中，南直隶、河南、北直隶最多；陕西、浙江、山东、湖广、山西、四川，次之；福建、广东、云南、贵州、广西最少。若按分布密度而言，其集中程度依次为南直隶、浙江、北直隶、河南、山东、山西、江西、陕西、湖广、福建、四川、贵州、广东、广西和云南。由于武将不受经济条件限制，打破了富家子弟垄断进士的格局，这样一来，浙江等富庶省份自然也失去了垄断的优势。南直隶将军最多，尤其集中分布在安徽凤阳一带，明显与朱元璋起事凤阳有关。明中晚期因用兵西南，川湘赣粤省的士子一向政治热情甚高，因此人才屡出。

三、明代硕儒的地理分布

黄宗羲《明儒学案》一书，根据明代学者的文集语录，分析宗派，立学案 19，叙述学者 207 人，为明代最系统的学术史专著。本章据《明儒学案》一书所记明儒的地理分布情况，统计列入表 3-4 中。

表 3-4 明代硕儒的地理分布统计表

省份	人数（人）	%	名次	面积（万 km^2）	密度（人/万 km^2）	名次
江西	53	25.60	1	16	3.31	3
浙江	43	20.77	2	10	4.30	1
河南	11	5.31	6	16	0.69	6
山西	1	0.48	11	15	0.07	14
江苏	35	16.91	3	10	3.5	2
陕西	17	8.21	4	19	0.89	4
广东	16	7.73	5	19	0.84	5
安徽	6	2.90	7	13	0.46	7
福建	5	2.42	8	12	0.42	8
四川	4	1.93	9	49	0.08	13
湖北	4	1.93	9	18	0.22	10
甘肃	1	0.48	11	39	0.03	15
山东	4	1.93	9	15	0.27	9
湖南	3	1.45	10	21	0.14	12
河北	4	1.93	9	19	0.21	11
总计	207			960	0.22	

从地理分布大势看，硕儒籍贯分布与进士具有惊人的相似，主要集中于江西、浙江、江苏一带，其中又以江西为最，占硕儒总数 25.6%，浙江、江苏次之。北方硕儒人数不多，又多集中于陕西、河南二省。儒家大多有较高的学历背景，受过良好的学校教育，因而必须有一定的经济实力作基础。江浙两省人才辈出的传统所造就的优越文化氛围，一直延续到近代，影响和规定着这些地区文化人才的数量保持出超的地位。据肖一山的《清代学者著作表》统计，在该书所列的 970 人中，江苏省占 62 人，[4]反映出江浙士子智慧的高超。

四、阁臣的地理分布

据《明史》《国榷》和《明史录》记载，明代共有阁臣 164 人，现将他们籍贯的具体统计列入表 3-5 中。

表 3-5　明代阁臣籍贯分布统计表

省份	阁臣人数（人）	%	名次	面积（万 km^2）	密度（人/万 km^2）	名次
浙江	27	16.46	1	10	2.7	2
河北	15	9.15	4	19	0.79	8
安徽	5	3.05	10	13	0.39	11
重庆	2	1.22	13	8.2	0.24	15
四川	8	4.88	9	47.8	0.17	16
陕西	2	1.22	13	19	0.11	18
海南	1	0.61	14	3.2	0.31	13
山东	13	7.93	5	15	0.87	7
广西	2	1.22	13	23	0.09	19
湖南	3	1.83	12	21	0.14	17
福建	11	6.71	6	12	0.92	6
江西	22	13.41	2	16	1.38	4
北京	2	1.22	13	1.7	1.18	5
上海	3	1.83	12	0.6	5.0	1
江苏	19	11.59	3	10	1.9	3
湖北	9	5.49	8	18	0.50	10
云南	1	0.61	14	38	0.03	20
河南	10	6.10	7	16	0.63	9
广东	4	2.44	11	15	0.27	14
山西	5	3.05	10	15	0.33	12
总计	164			960	0.17	

明代阁臣籍贯的分布以浙江最多，其次为江西、江苏、河北、山东、福建。在阁臣的总人数上．南方共 117 人，占阁臣总人数的 71.34%，具有绝对优势。仅浙江、江西、江苏三省即有 68 人，占阁臣总人数的 41.5%。这些阁臣除 7 人（乡举 1 人，生员 1 人，荐举 3 人，贡生 2 人）以外，全部由进士入选，其中有状元 17 人，榜眼 15 人，探花 9 人，

共41人，占进士入阁总人数的25%以上，显然内阁要员以浙江、江西二省最多，浙赣人对明代官僚政府影响之大由此可见一斑。据《明史》记载，当时全国著名儒生、文士共108人，其中南直隶30人，江西22人，浙江19人，福建9人，这四处占总数的74%。可见，其集中现象是十分突出的。

第三节　形成原因

在明代文武人才的空间分布上，总的来说，南方的历史渊源与经济繁荣形成了南方的人才优势。具体表现在：首先，在全国范围内南方多于北方，东部沿海多于西部；其次，在地区上，沿海省份最多，沿长江次之；黄河中游与珠江中、上游又次之，西部与北部的边疆地区最少；最后，人数最多的集中在南直隶、浙江与北直隶三地。以今天地理而言，则集中在江苏、浙江两省与上海、北京、天津三市。

这种现象的产生主要有经济和历史等几方面的原因。

第一，从历史情况看，南直隶和浙江两地从北宋开始就已逐渐成为全国的文化中心，北宋政权的覆灭更加速了这一中心的稳定。以宋代进士为例，两浙路和江南东、西路及成都府路共有1939人，为有籍可考进士总数的70%强，其中又以东南四路为最多，故有“东南之俗好文，故进士多”之说。[5]在明代，自洪武四年（1371年）至万历四十四年（1616年），每科的状元、榜眼、探花及会元共244人，南方籍为215人，占总数的88%。南方籍中主要集中在江、浙、赣三省。其所以如此，原因在于从三国、魏、晋，直到五代、南宋以来，这里就是北方士绅大族南迁之地。由于经济富足，学校遍立，藏书刻书之风盛行各地，著名学者层出不穷。相反，在边远少数民族地区，学校教育则发展较晚。永乐元年（1403年）八月始“设云南楚雄府楚雄县儒学。先是，本府言所属人民，类皆蛮夷，不知礼义。惟僰人一种，赋性温良，有读书识字者，府州已设学教养，其县学未设，今楚雄县所辖六里，而僰过半，近委官劝集民间俊秀子弟，入学读书，而无师范，请立学置官训诲。”永乐十五年（1417年）二月壬戌云南鹤庆军民府顺州知府王义言，“州虽系蛮夷，然归附以来，沾被圣化三十余年，声教所暨，语言渐通，子弟亦有俊秀，请设学教育，庶几人才可成。”[6]直到天启五年（1625年）三月刑科给事中霍维华疏考选之要仍称：“用黔滇之人以重封疆，黔滇远在天末，科第寥寥。今两省多事，庙堂握算者，遥忆揣摩，得十一而失什九，何不培植该省之人，资其桑梓之筹划，以通朝廷之闻见也。”[7]

第二，在经济方面，就明代人才的成长机制来看，江浙地区处于长江下游和沿海富庶之区，生产发达，实力雄厚，为人才的成长提供了较好的经济基础。松江府位于长江口南岸的冲积平原上，是举世闻名的江南鱼米之乡。自宋元以来江南地区即以其富庶傲视全国。苏松杭嘉湖五府是江南繁华的中心。其中苏州府与松江府如双峰并峙，更占据了突出地位。王鏊在其弘治《上海县志》序中写道："松一郡耳，岁赋京师至八十万，其在上海者十六万有奇。重以土产之饶，海错之异，木棉、文绫衣被天下，可谓富矣。"顾炎武《日知录》引丘浚《大学衍义补》："韩愈谓赋出天下，而江南居十九，以今观之，浙西又居江南之十九，而苏松常嘉湖五府，又居两浙之十九也。"松江地区又基本形成一个自成体系的经济区域。上海也从一个普通县邑成为"东南名邑"。弘治《上海县志》称："列圣深仁厚泽，培植百余年来，人物之盛，财赋之多，盖可当江北数郡，蔚然为江南名邑矣。"粤闽地区作为明朝的门户在接受外来信息和西方现代文明方面得风气之先，为人才的成长提供了较为有利的地域地区。一方面，湖广、四川地处华中腹地，北阻大湖，东西南三面环山，既远离全国政治文化中心，近代先进的生产方式在当地出现又较晚，中外文化交流也较迟。这些因素均束缚和限制了当地士子在明代科举领域的成就。而另一方面，湖广、四川士子的政治意识极为强烈，加之楚地素有民风强悍、朴实耐苦之誉，这种强悍的民风是熏陶一代湖广、四川政治和军事人才群起的重要因素。

第三，在学校建设方面，南方沿海诸省为了配合其经济的建设与发展，学校建设与发展速度明显高于北方和西部各省份。学校数量的多少往往是一个地区人才兴衰的标志，没有良好的学校教育就产生不出杰出的人物。而明代南方人才众多的省份恰恰是学校教育比较发达的省份，尤其是书院教育比较发达，如江西有书院 73 所，与官办学校不相上下。而北方书院则普遍偏少，甚至或缺。

第四，在社会风化方面，中国古代人才布局的形成原因涉及社会政治、经济、文化、教育、风俗和地理环境诸多方面，其中社会风俗最为直接。问学成风之区不仅为学术活动提供了必要的社会条件，而且对于区域文化发展水平、人物行政能力的提高，都起着重要作用。明代人才分布密集之区几乎全是习文为尚的区域。如处州府："君子尚礼，小人勤稼，家习儒业，狱讼甚稀。"绍兴府："以舟楫为车马，民性敏柔而慧，食物常足，不以奢侈华丽为事，好学笃志，敦题择友。"宁波府："人杂五方，俗类京口，衣冠文物甲于东南诸郡，诗书之多。"南昌府："讲诵为业，衣冠萃芷，颇有文物，处士有岩穴之雍容，文章有江山之秀发，勤生而啬施，薄义而喜争，士知尚儒，民皆务本。"饶州府："饮食丰赡，其人喜儒，故其俗不鄙，文献相续。"袁州府："士大夫秀而文，细民险而健，知廉耻，好俭啬，儒风之盛甲于江西。"[8]

第五，地理环境方面，对于以农为本的古代中国来说，地理环境对于人才的分布有巨大影响，地理环境差异与中国文化分异之间存在着直接的联系。明人冯应京曾说："中华地三分：一自汉蜀江南至海，二自汉江至平遥县，三自平遥北至蕃界、北海也。南方大热，北方大寒，中央兼寒热。"[9]考察明代三个区域内的土地利用方式、农业开发程度、经济发展水平、人口密度状况、城市发展进程、民族分布特征和社会历史传统等诸文化现象，皆有显著差异。实际上，从人才的形成来讲，明代地理远不止上述三种区域差异。即如南方东南地区经济繁荣，人口密集，人才济济，而贵州之地“尺寸皆山，欲求所谓严原旷野者积数十里而不得袤丈”，经济上富不足中州一大郡，贫则“其土田物产，较他方瘠薄者尚不能及十之二”。[10]“赋税所人不足以供官廉兵饷。”[11]由于社会经济落后，教育极不兴旺，因而人才稀少。认识这些特征和它们对人才所产生的影响，对于分析明代人才区域的发生、发展，是不无裨益的。

注释

[1]《五岳山人前集序》。

[2]《明史》卷70《选举二》。

[3]《明仁宗实录》卷9。

[4]《中国现代化的区域研究：江苏省（1860—1916)》，台北：1984年版，第56、47页。

[5]肖华忠《略论宋代人才的区域分布》，《晋阳学刊》1987年第6期。

[6]《明太宗实录》卷21。

[7]《明熹宗实录》卷52。

[8]《明太宗实录》卷104。

[9]《月令广义·方舆高下寒热界》引《内经释》。

[10]《黔书》卷1。

[11]《黔南职方纪略》卷1。

第四章　《明史》入传人物本贯的地理分布及形成原因

第一节　《明史》入传人物本贯分布的轮廓

本章统计资料以中华书局标点本《明史》为准，对于这个本子目录中所列的传目与后面正文各卷前的子目不相同处，论述一律以正文所录的为准。关于入传人物籍贯记述方式，《明史》中有三种情形：一是列传中直接称某某是某地人也，这就直接讲明了该人的籍贯，一般地说这就是他的出生地。二是在行文中只称其为某一行政区人，本章在处理时，就以该行政区的治地为准。如列传第159就说“赵率教，陕西人也”，陕西布政使司的治地在今西安市，故将赵率教列入今西安市人。因这种情况在《明史》列传中出现的次数极少，按此处理，料想不会使本章的统计出现大的失真。三是在列传中称某人其先居甲地，后“迁”或者“寓居”乙地，本章统计时一律以乙地为准。

与上一章处理方法相同，本章统计列传人物的原则是想包括全部入传人物，但考虑到立传体例及皇族的独特性，所以在统计时就除去了诸王传、后妃公主传及土司、外国和西域诸传，这样《明史》入传人物共有3475人。但是由于史文阙略，有些传中并未记载传主的本贯，或者有所记载而语焉不详，还有待于继续考求，实际上能具体确定本贯的只有3276人，此外至少有199人的本贯尚待稽考。

明代地方区划是采用布政使司的制度。各布政使司内复设府州县，但明代前后长达269年，其行政区别嬗变明显，因此本章不以明代行政区划为准，而将其本贯所在地全部换成今天地名。当然即使是今天的行政区划亦难免有违异之处，所以本节以1989年的政区为准。当时有确切籍贯的3254人，分布在全国29省（区、市），其中陕西159人，内蒙古3人，天津3人，北京52人，宁夏5人，新疆2人，甘肃23人，上海70人，青海2

人，河北181人，辽宁24人，山西141人，江苏416人，浙江436人，安徽255人，福建158人，江西385人，海南9人，台湾1人，山东186人，湖南63人，河南231人，云南36人，广东90人，湖北157人，广西28人，贵州27人，四川99人，黑龙江4人，另外周边（含今蒙古、越南、朝鲜）各地尚有22人。

上述在统计时，对每位入传人物只统计一次。这样的统计，无疑是很严格的，但是由于入传人物各人的能力不同，机遇不等，因此对历史发展和社会进步的影响迥然有别，所以上述统计不免失于疏简。为此本章又在此基础上按照各人物对历史发展影响程度的大小再分出两类进行统计：一是将忠义、孝义、外戚、列女、宦官、奸臣去掉进行统计，因为这些或因德行，或因亲姻，或因献媚而列入诸传的人物，大部分缺才少德，对社会进步的影响十分有限，甚至逆历史潮流而动；二是只统计入传的阁臣人数。根据明代各朝《实录》《国榷》的记载，明代共有阁臣164人，但《明史》列传只记载143人，而且还比较分散。少数阁臣还没有专传，如权谨入孝义传，薛宣入儒林传，焦芳、刘宁、曹元、顾秉谦、黄立极、施风带、张瑞图、来宗道、杨景辰入阉党传；严嵩、周延儒、温体仁入奸臣传。为了更好地说明问题，对这三个层次的统计数字分别用甲、乙、丙分类表示：甲类表示除诸王、后妃公主、土司、外国、西域诸外传的所有入传人物；乙类则是在甲类统计基础上除掉忠义、孝义、外戚、列女、宦官、奸臣诸传人物；丙类只是入传的阁臣。现将他们的具体统计人数列如表4-1。

表4-1 《明史》入传人数地区分布统计表

省份	地区（地市）	甲	乙	丙	省份	地区（地市）	甲	乙	丙
浙江省	杭州市	67	47	4	安徽省	合肥市	17	16	
	宁波市	133	92	4		淮北市	18	11	
	瑞州市	10	9	2		蚌埠市	13	8	
	温州市	6	4			马鞍山市	9	5	
	海宁市	28	20	2		安庆市	41	21	1
	嘉兴市	15	11	2		黄山市	35	30	1
	湖州市	35	22	4		宿县地区	12	11	
	绍兴市	46	28	2		滁县地区	56	51	
	金华市	43	29	1		巢湖地区	12	6	1
	衢州市	11	10			宣城地区	10	9	
	台州地区	32	29			六安地区	20	16	
	丽水地区	10	7			阜阳地区	12	3	
	小计	436	308	21		小计	255	187	3

续表

省份	地区（地市）	甲	乙	丙	省份	地区（地市）	甲	乙	丙
河北省	石家庄市	3	3		四川省	成都市	10	10	1
	邯郸市	7	7			重庆市	15	14	2
	邢台市	1				自贡市	7	4	
	保定市	13	5			泸州市	5	14	
	张家口市	8	6			德阳市	2	1	1
	承德市	1	1			绵阳市	3	3	
	秦皇岛市	4	3			广元市	2	1	
	沧州市	10	8			遂宁市	5	5	1
	石家庄地区	1	1			内江市	9	9	1
	邯郸地区	15	13	3		乐山市	8	7	2
	邢台地区	29	12	2		宜宾地区	6	4	
	保定地区	14	6	1		涪陵地区	2	1	
	张家口地区	31	18	3		万县地区	6	4	
	承德地区	7	3			凉山自治州	1		
	廊坊市	1	1			南充地区	15	11	2
	沧州地区	12	8			达县地区	3	3	
	衡水地区	18	10	2		小计	99	81	10
	小计	181	106	11					
陕西省	西安市	17	13		广西壮族自治区	柳州市	3	2	
	铜川市	4	3			桂林市	5	5	
	宝鸡市	25	25			梧州市	1	1	
	咸阳市	27	12			北海市	1	1	
	榆林地区	29	26			南宁地区	1	1	
	延安地区	13	6			柳州地区	1		
	渭南地区	31	22	2		百色地区	1		
	商洛地区	10	6			桂林地区	12	6	1
	安康地区	1	1			玉林地区	3	3	
	汉中地区	2	1			小计	28	19	1
	小计	159	115	2					

续表

省份	地区（地市）	甲	乙	丙	省份	地区（地市）	甲	乙	丙
贵州省	贵阳市	5	1		湖南省	长沙市	5	5	
	遵义地区	1	1			醴陵市	7	5	1
	铜仁地区	4	2			湘潭市	2	2	
	安顺地区	5	1			衡阳市	2	2	
	黔东南自治州	7	4			邵阳市	1		
	黔南自治州	3	2			岳阳市	8	8	
	毕节地区	2	1			郴州地区	11	7	
	小计	27	12			零陵地区	8	6	
海南省	海口市	9	8	1		怀化地区	3	1	
山东省	济南市	15	12	1		常德市	13	10	1
	青岛市	6	4			益阳市	3	3	
	淄博市	4	4	2		小计	63	49	2
	枣庄市	4	3		福建省	福州市	50	43	1
	潍坊市	32	19	4		厦门市	3	3	1
	烟台市	19	16	1		三明市	7	3	
	威海市	2	2			莆田市	43	37	
	济宁市	15	12			泉州市	1		
	泰安市	7	7	1		石狮市	36	24	5
	德州地区	13	11			埠州市	18	14	
	惠民地区	14	14	1		南平地区	18	12	1
	菏泽地区	22	19			宁德地区	3	3	
	聊城地区	21	15	1		龙岩地区	5	3	
	临沂地区	12	10	1					
	小计	186	148	11		小计	158	142	8

续表

省份	地区（地市）	甲	乙	丙	省份	地区（地市）	甲	乙	丙
江西省	南昌市	60	52	4	江苏省	南京市	44	39	2
	景德镇市	7	5			徐州市	6	5	1
	新余市	9	6	1		连云港市	1		
	九江市	11	8			淮阴市	7	7	
	鹰潭市	9	7	2		盐城市	2	2	
	上饶地区	58	51	2		扬州市	57	42	3
	宜春地区	35	31			南通市	3	2	
	抚州地区	57	44	2		镇江市	19	12	1
	吉安地区	130	120	10		常州市	39	32	
	赣州地区	9	8			无锡市	65	56	2
	小计	385	332	22		苏州市	84	70	4
甘肃省	兰州市	3	3			常熟市	20	18	1
	白银市	2	2			张家港市	69	57	4
	定西地区	2	1			小计	416	342	18
	平凉地区	2	2		湖北省	武汉市	21	10	1
	庆阳地区	7	5			黄石市	1	1	
	陇南地区	3	2			襄樊市	11	10	3
	张掖地区	1	1			孝感地区	21	9	
	酒泉地区	1	1			黄冈地区	43	31	1
	甘南自治州	1	1			咸宁地区	13	10	
	临夏自治州	1	1			荆州地区	38	32	2
	小计	23	19			宜昌地区	6	5	
北京市		52	23	2		郧西地区	2		
天津市		3	1			郧西土苗自治州	1		
上海市		70	60	3		小计	157	108	7
青海省	西宁市	1	1		宁夏	银川市	4	3	
黑龙江省	牡丹江市	4	4			固原地区	1	1	
台湾地区	台南市	1	1			小计	5	4	
内蒙古	呼和浩特	1	1		新疆	乌鲁木齐市	1		
	赤峰市	1				吐鲁番市	1		
	锡林郭勒盟	1	1			小计	2		
	小计	3	2						

续表

省份	地区（地市）	甲	乙	丙	省份	地区（地市）	甲	乙	丙
云南省	昆明市	17	7	1	云南省	楚雄自治州	5	1	
	曲靖地区	1	1			大理自治州	7	1	
	玉溪地区	1				红河自治州	4	3	
	保山地区	1	1			小计	36	14	1
河南省	郑州市	10	8	1	广东省	广州市	28	22	2
	开封市	28	18	1		韶关市	5	5	
	平顶山市	4	3			清远市	1	1	
	洛阳市	42	26	1		梅州市	1		
	焦作市	2	2			汕头市	8	6	
	鹤壁市	4	4			惠州市	6	6	
	新乡市	14	11			东莞市	14	12	
	安阳市	8	5	2		汕尾市	3	3	
	濮阳市	3	1	1		深圳市	1	1	
	许昌市	8	5	1		湛江市	3	1	
	漯河市	3	1			茂名市	1	1	
	三门峡市	9	3	1		佛山市	14	11	1
	商丘地区	34	25	1		肇庆市	2	2	
	周口地区	13	9			中山市	3	2	1
	驻马店地区	4	3	1		江门市	1	1	
	南阳地区	12	10	1		阳江市	1	1	
	信阳地区	23	15			小计	90	75	4
	小计	231	145	11					
山西省	太原市	13	10		辽宁省	本溪市	1	1	
	大同市	9	7			锦州市	7	7	
	阳泉市	4	3			营口市	1	1	
	长治市	12	6			阜新市	1		
	晋城市	26	18			辽阳市	12	12	
	雁北地区	25	17			铁岭市	2	2	
	忻州地区	13	7			小计	24	23	
	晋中地区	10	6		蒙古		14	14	
	吕梁地区	2	1		越南		7	1	
	临汾地区	10	5		朝鲜		1	1	
	运河地区	27	17		总计	3263	2440	143	
	小计	141	97						

一、甲类入传人物本贯分布特点

《明史》入传人物籍贯可考者3263人，俱已计入表4-1统计数字中。下面根据各省市区每万平方千米产生入传人物人数之多少（见表4-2），打破省市区界限，将明代全境分成若干区域，勾画明代入传人物本贯的分布状况。

明代入传人物密集分布区域（每省市区产生入传人数每万平方千米均超过30人以上的地区）有两个：一是北京市；二是长江三角洲地区和钱塘江流域，包括上海、浙江、江苏两省一市，占全国入传人物总数的28.5%。其中上海松江一县独占41人，江苏昆山县40人，无锡33人，浙江省杭州市42人，宁波市41人，慈溪39人。

明代入传人物次密集分布区（各省市区产生入传人数每万平方千米均在10至30人之间的地区）有两个：一是北方的河南、山东两省，其中开封21人，洛阳18人；二是南方的江西、福建和安徽三省，其中莆田市42人，晋江县30人，南昌市30人，泰和县29人，安福县27人，福州市34人，安徽省桐城县24人，定远县23人。

明代入传人物一般分布区（每省市区产生入传人数每万平方千米在3.42至10人之间的地区）有三个：一是南方的广东省；二是南方的湖北省；三是北方的陕西、山西、河北三省。其中广州独占15人，武汉市16人，晋城市15人，山阴县20人，榆林17人，黄冈20人。

稀疏分布区也有三个：一是内地的湖南；二是沿海的天津；三是桂、海南、云、贵、川、藏、新、青、陇、宁、内蒙古、黑、吉、辽、台沿边各省份，这些省市区每万平方千米产生的入传人数一般为1—2人，多者3人，少者不到1人，西藏、吉林两省尚处于空缺。

表4-2 各省市区《明史》入传人物分布密度表

省份	面积（万 km^2）	人数（人）	密度（人/万 km^2）	省份	面积（万 km^2）	人数（人）	密度（人/万 km^2）
云南	38	36	0.95	江苏	10	416	41.60
贵州	17	27	1.59	上海	0.6	76	126.67
四川	56	99	1.77	黑龙江	46	4	0.09
海南	3.2	9	2.81	辽宁	15	24	1.60
广西	23	28	1.22	宁夏	6.6	5	0.78
广东	19	90	4.74	山西	15	141	9.4
湖南	21	63	3.00	河北	19	181	9.33
湖北	18	157	8.72	青海	72	1	0.01

续表

省份	面积（万 km^2）	人数（人）	密度（人/万 km^2）	省份	面积（万 km^2）	人数（人）	密度（人/万 km^2）
河南	16	231	14.44	甘肃	39	23	0.59
新疆	160	2	0.013	台湾	3.6	1	0.28
山东	15	186	12.4	陕西	19	159	8.37
江西	16	385	24.06	北京	1.7	52	30.59
福建	12	158	13.7	天津	1.1	3	2.73
浙江	10	436	43.60	内蒙古	110	3	0.03
安徽	13	255	19.62	全国	960	3263	3.42

为了便于了解，分析《明史》入传人物本贯分布状况，兹列“《明史》入传人物本贯分布简表”如表 4-3：

表 4-3　《明史》入传人物本贯分布简表

分布状况	地区	面积（万 km^2）	入传人数（人）	密度（人/万 km^2）
密集	京	1.7	52	30.59
	沪、苏、浙	20.6	928	45.05
次密集	鲁、豫	31	397	12.81
	闽、赣、皖	41	798	19.46
一般	粤	19	90	4.74
	鄂	18	157	8.72
	陕、晋、冀	53	481	9.08
稀疏	湘	21	6.3	3.00
	津	1.1	3	2.73
	周边诸省份	754	256	0.34

首先，地区分布极不平衡。其主要表现：一是南北方差距悬殊。秦淮一线以北地区 778 县，入传人数总共不过 994 人，每县平均仅 1.28 人。而秦淮一线以南地区（不含台湾）1358 县，其入传人物却达 2255 人，平均每县 1.67 人。二是东西对比明显，东多西少。北方黄河下游的华北平原呈大面积分布，中游的黄土高原仅集中分布在汾渭平原，而黄河上游及其以西的河西走廊地区，则仅有零星分布。同样南方亦在沿海地区呈密集分布，苏、浙、沪、粤、闽五省市共有入传人物 1176 人，占当时全国人数的 36.5%。从沿海往内地，愈往西分布愈少。

其次，各地集中程度亦有天壤之别，南方的分布相对集中，而北方则相对分散。明代入传人物密集区北方只有北京市一地，每万平方千米人数仅 30 人，与南方相比，其密集程度大为逊色。而南方的密集区不仅面积广大，占有两省一市，而且密集程度高，每万平方千米人数在 45 人以上。这个总体情形是符合当时历史事实的，因为就入传人物总数而言，北方比南方要少得多。再从各县人数来看，入传人数在 20 人以上的县，北方仅开封、北京、山阴三地，而南方却多达 12 处，包括宜兴、常熟、扬州、南京、湖州、绍兴、桐城、定远、泰和、安福、临川、黄冈各县（县级市）。至于入传人数在 30 至 40 人之间的 7 县（县级市）则全部在南方，它们是无锡、余姚、慈溪、福州、晋江、吉水、南昌。同样入传人物在 40 人以上的 6 县（县级市）亦全在南方，其中松江 41 人，昆山 40 人，苏州 84 人，杭州 42 人，宁波 41 人，莆田 42 人。

最后，分布的地域十分广泛，明王朝王化所及的绝大部分地区都已有入传人物。就省市区而言，仅仅是西藏和吉林两省没有入传人物，这说明当时儒学的教化已经相当普及，汉文化圈的范围已扩大到边疆各省份，甚至渗入到周边各国，所以在蒙古、越南、朝鲜当时亦有 22 人入传。

二、乙类入传人物本贯分布特征

《明史》乙类人物本贯可考者共 2440 人，俱已计入表 4-1 统计数字之中。据此可以求算出乙类人物在各省份的分布密度，列入表 4-4 中。这里打破省市区界限，按照各省份乙类人物分布密度的大小将明代全境分成若干区域，勾画出《明史》乙类入传人物本贯分布状况。

表 4-4 乙类入传人物在各省份的分布密度表

省份	面积（万 km^2）	人数（人）	密度（人/万 km^2）	省份	面积（万 km^2）	人数（人）	密度（人/万 km^2）
陕西	19	115	6.05	宁夏	6.6	4	0.61
内蒙古	110	2	0.02	福建	12	142	11.80
天津	1.1	1	0.19	江西	16	332	20.75
北京	1.7	23	13.53	海南	3.2	8	2.50
甘肃	39	19	0.49	台湾	3.6	1	0.28
上海	0.6	60	100	山东	15	148	9.87
青海	72	1	0.01	湖南	21	49	2.33
河北	19	106	5.58	河南	16	145	4.06
辽宁	15	21	1.40	云南	38	14	0.37
山西	15	97	6.46	广东	19	75	3.95
江苏	10	342	34.2	湖北	18	108	6.0

续表

省份	面积（万 km²）	人数（人）	密度（人/万 km²）	省份	面积（万 km²）	人数（人）	密度（人/万 km²）
黑龙江	46	4	0.09	广西	23	19	0.83
浙江	10	308	30.8	贵州	17	12	0.71
安徽	13	187	14.39	四川	56	81	1.45
				全国	960	2440	2.54

《明史》入传乙类人物密集分布区域（各省市区产生的乙类入传人数每万平方千米均超过20人以上的地区）只有上海、江苏、浙江、江西这些地区，其中松江35人，无锡28人，苏州70人，昆山31人，杭州32人，宁波33人，余姚22人，慈溪20人，南昌27人，吉水30人，泰和28人，安福26人，是这一地区入传人物的集聚点。

《明史》入传乙类人物次密集分布区（各省市区产生的乙类入传人数每万平方千米在8—20人之间的地区）有四个：一是北京市，一是河南、山东地区，一是安徽省，一是福建省。其中福建的莆田多达36人，福州多至30人，晋江亦有22人，定远县21人。

《明史》入传乙类人物一般分布区（各省市区产生乙类入传人数一般每万平方千米在2.54～8人之间）有三个：一是陕西、山西、河北三省，一是湖北省，一是广东省。至于稀疏分布区也是三个：一是内地的湖南，一是沿海的天津，一是海南、桂、云、贵、川、藏、青、新、陇、宁、内蒙古和黑、吉、辽、台沿边各省份，这些省市区每万平方千米产生的乙类入传人数都不足3人，多者2人，少者1人，吉林、新疆、西藏三省份则处于空缺。

为了便于了解，分析《明史》入传乙类人物本贯分布状况，兹列“《明史》乙类入传人物本贯分布简表”如表4-5。

表4-5　《明史》乙类入传人物本贯分布简表

分布状况	地区	面积（万 km²）	入传人数（人）	密度（人/万 km²）
密集	沪、江、浙、赣	36.6	1042	31.01
次密集	京	1.7	23	13.53
	皖	13	187	14.39
	闽	12	142	11.80
	鲁、豫	31	293	9.45
一般	陕、晋、冀	53	318	6.00
	鄂	18	108	6.00
	粤	19	75	3.95

续表

分布状况	地区	面积（万 km^2）	入传人数（人）	密度（人/万 km^2）
稀疏	津	1.1	1	0.91
	湘	21	49	2.33
	周边诸省份	754	194	0.26

从表4-5可以看出，《明史》乙类入传人物本贯分布与甲类人物本贯分布特点基本一致。首先在地区分布上亦极不平衡，秦淮一线以北地区778县，共有乙类入传人数702人，每县平均仅0.91人。而秦淮一线以南地区的1358县却共有乙类入传人数1737人，平均每县1.28人。其次是集中程度极为悬殊，密集区仅结集在长江和钱塘江下游地区。这一地区面积共36.6万平方千米，不到全国的4%，而乙类入传人数却达1042人，占当时全国的42.7%。每县乙类人数在20人以上的16县中，这一地区独占12县，为总数的75%。另外4个县在福建和安徽两省。可见乙类人数在20人以上的16县全部在秦淮一线以南。

但是乙类入传人物本贯的分布与甲类入传人物本贯的分布亦有许多不同之处，其中最为突出之处，是乙类人物的密集区只有一个，且面积更为宽广，集中的程度亦更高。而次密集区却又多达4个，比甲类人物的次密集区多两个，但是分布面积却只有57.7万平方千米，反而比甲类人物次密集分布区的72万平方千米更少。

三、丙类入传人物本贯分布特征

明代阁臣入传的分布情况，可以用表4-6表示，其地理分布特征与甲、乙类入传人物的分布差相仿佛。从阁臣的本贯来说，在这143人之中，江西最多，有22人，其次浙江21人，江苏18人，再次是河北、河南、山东各11人，四川10人。在阁臣的总人数上南方共101人，占有绝对优势，仅江西、浙江、江苏三省即有61人，占总阁臣人数的42.7%。因为那里是当时财赋所出之处，是人文荟萃之区，所以阁臣必然多于其他省市区。就各省份阁臣分布而言，以上海居首，其次是浙江、江苏、江西和北京。这些地区也是甲类入传人物密集分布之区。

表4-6 明代阁臣入传的分布密度表

省份	人数（人）	面积（万 km^2）	密度（人/万 km^2）	省份	人数（人）	面积（万 km^2）	密度（人/万 km^2）
陕西	2	19	0.11	湖南	2	21	0.10
浙江	21	10	2.1	广东	4	19	0.21

续表

省份	人数（人）	面积（万 km^2）	密度（人/万 km^2）	省份	人数（人）	面积（万 km^2）	密度（人/万 km^2）
福建	8	12	0.67	四川	10	56	0.12
山东	11	15	0.73	北京	2	1.7	1.18
云南	1	38	0.03	河北	11	19	0.58
广西	1	23	0.04	安徽	3	13	0.28
山西	5	15	0.33	海南	1	3.2	0.31
上海	3	0.6	5.0	河南	11	16	0.69
江苏	18	10	1.8	湖北	7	18	0.39
江西	22	16	1.38	全国	143	960	0.149

综上所述。《明史》入传人物本贯分布的基本特征可归纳如下：

①人数最多，密度最大，比率最高的是江南东部地区，其次是华北平原和珠江三角洲，其中上海、浙江、江苏、江西人数最盛。

②秦淮以南地区的人数多于以北地区。

③沿海多于内地，且由东往西有逐渐减少的趋势。

第二节　《明史》入传人物本贯分布形成原因

《明史》入传人物本贯的这种分布是明代社会统一整体中的一个成分或环节，同整个明代社会的政治、军事、经济、文化教育、自然环境和区域关系等各种自然和人文因素之间都存在着必然的联系，并受这些因素的支配和制约。毫无疑问，这就是形成上述明代入传人物分布的基本原因。但是本章不准备对上述诸因素做全面的一般的理论探讨，只是就当时入传人物本贯分布区域的主要特征进行若干具体的研究和分析。

明代入传人物分布的范围十分广泛，几乎覆盖了明王朝王化所及的全国各地，最基本的原因有两个：第一，从社会基础看，明朝中叶开始农民非农化的倾向已十分明显，但是明朝中国社会仍是一个封建自然经济的汪洋大海，所谓资本主义萌芽不过是这汪洋大海中的几叶浮舟。在这样一种经济结构中，很难在整个社会产生新型的人际关系，形成新的价值观念，孝道、妇道、长幼之道、尊卑之道依然被奉为神圣无比、永恒存在的纲常名教。传统的封建道德、伦理观念仍旧是维持家庭关系、宗教关系的一条红线。在这种传统的道德伦理观念制约之下，忠孝之士、贞烈之妇遍布全国各地应该是不难理解的。第二，从经济基础看，明代经济全面繁荣。历史唯物主义认为，物质资料的生产是人类社会赖以存在的条件，因而社会生产力的发展与落后也就决定着人物的兴盛与衰落，因为只有在社会生产力发展、人们的物质生活有了保障的情况下，才可能去从事更加广泛的社会活动，人物才有可能大批产生。明中叶以后，农业和手工业生产水平有显著提高。从明末徐光启《农政全书》的记载看，当时耕耘、选种、灌溉、施肥、园艺等方面都已积累了丰富的经验，北方推广了凿井灌田，南方推广了水车灌田，尤其是闽浙地区普遍推广了双季稻，岭南还有三季稻。花生种植越来越普遍，番薯、玉米已从南洋引进，棉花“遍布于天下，地无南北皆宜之，人无贫富皆赖之”[1]。福建、广东广种甘蔗，湖州地宜桑蚕，种桑养蚕者“在在有之”[2]。同样手工业也有了很大发展。冶铁中心有广东佛山、山西阳城、福建尤溪，制陶中心有景德镇。而且在工场内还出现细密分工，苏州丝织业中有车工、纱工、缎工、织工等专门工匠。在织绸时还有打线、染色、改机、攥花等明确分工。这些精细的分工无疑会极大地增加产量。手工业和商业的发展促进了城市经济的繁荣。南北两京是全国最大的都市，“四方财货骈集”“南北商贾争赴”[3]。苏州自“吴闾至枫桥，列市二十里”，杭州“内外衢巷绵亘数十里”[4]，民物繁庶，“车毂击，人肩摩”[5]。这些手工业市镇的兴起和城镇居民脱离农业从事工商业，成为明代城市经济发展的显著特征。而发达的社会经济，不仅为社会上层人物的政治活动提供了必要的物质条件，而且对于区域文化发展水平、人物行政能力的提高，也都起着决定性作用。全国入传人物籍贯分布密集、次密集地区几乎全是经济发达区域正是其具体体现。第三，明代学子价值取向的转换。传统的儒家学子，以修齐治平为己任，他们都以不同的方式参与社会生活，如韩愈、王安石、欧阳修等人，以其学子入政在历史上留下令人注目的一页。可是明代的学子却不以之为然，其价值取向明显地转化为经世致用。而西方传教士的到来，西学的东渐，对外贸易的扩大，更促进了这种价值取向的转型。宋代颇有建树的程朱理学因其僵化的教条受到明代学子不同程度的批评和瓦解，致使“嘉、隆而后，笃信程朱，不迁异说者，无复几人矣”。随着嘉隆时江南地区资本主义的萌芽和发展，一部分知识分子跳出传统的儒学范畴。泰州学派高歌“百姓明即道”[1]；徐光启提倡学习西洋，并遍习天文、农业、历法、几何、光学等西洋之长，翻译西人著述，其思想的核心是实用。这是中国传统道德的大转型时期。“商贾既多，土田不重。操货交换，起落不常”“高下失均，锱铢共竞；互相凌夺，各自张皇。”海禁的开放，商品经济的发展，社会生活、道德观念发生重大转变，知识分子为使自己重新定位而积极活动，从而形成广泛的社会影响和群众基础。李贽在麻城讲学，儒释从之“几千万人”[9]；何心隐被杀，武昌有几万人为之鸣冤[10]；苏州、常州市民为保护东林党人自发组织起来，抗击阉党，成为民变。一时各地的学子从政治、经济、伦理上提出了新的价值取向。因此在明代，人才辈出，百科鼎盛。

《明史》入传人物在地域上分布极不平衡，南方明显多于北方，东部明显多于西部，尤其是苏浙沪闽赣皖地区是明代全国入传人物核心分布区。这是由许多具体原因决定的：

第一，明代东部地区和南部地区农业商业发达。这就为人们的政治活动和区域文化发展水平的提高提供了物质保障。明代入传人物分布密集、次密集的地区，几乎全是经济发达区域。这在极大程度上是受明代儒家“治生”说的泛滥所及。清代沈垚在《落帆楼文集》卷二十四《费席山先生七十双寿序》中说：“宋太祖乃尽收天下之利权归于官，于是士大夫始必兼农桑之业，方得赡家，一切与古异矣。仕者既与小民争利，未仕者又必先农桑之业者方得给朝夕，以专事进取。于是货殖之事益急，商贾之势益重，非父兄先营事于前，子弟即无由读书以致身通显，是故古者四民分，后世四民不分。古者士之子恒为士，后世商之子方能为士，此宋、元、明以来变迁之大较也，天下之士多出于商，则纤啬之风益甚。”“元明来，士之能致通显著，大概籍资于祖、父，而立盲者或略之，则祖、父治生之瘁，与为善之效，皆不可得见。”将这一段文字看作是对明代社会的描述，大致是可以成立的。所以《震川先生文集》卷十三《白庵程翁八十寿序》亦云：“新安程君少而客于吴，吴之士大夫皆喜与之游。……古之四民异业。至于后世而士与农商常相混。……程氏子孙繁衍，散居海宁、黟、歙间，无虑数千家，并以读书为业。君岂非所谓士与商者欤?”可见明代中叶以后，士与商之间已不易清楚地划分界线了。“良贾何负闳儒”[11]已成为当时十分普遍的社会现象，而黄河流域富庶的经济地区经过唐代后期和五代的相继摧残之后，已达到了难以恢复的地步，其后金元两个政权对于黄河流域经济地区的破坏无异于雪上加霜，致使北方的经济破坏更为严重，直到明朝，黄河流域的经济仍是相当萧条的。相反长江流域自安史之乱后，其经济的发展是阔步前进的。南宋时已享有“苏常熟，天下足”的美誉，到明代长江下游地区更致力于经济作物的经营，苏州、杭州、湖州、松江、常州、南京各处已经成为丝织业的重要城市。苏州东北半城皆为机户，而郡城之东皆习织业[12]。松江虽以棉织业为盛，而绫与布亦“衣被天下”，所有精线绫尤为“当时天下第一”[13]。湖州“隆万以来，机杼之家，相沿比业，巧变百出”[14]，显示出长江下游太湖周围及其附近地区是当时全国丝织业区域的中心。同时这里还是一个重要的产棉纺织地区。顾燮《消夏闲记摘钞》中《类蓉塘条》就云：“前明数万家布号，皆在松江。”所产的纱布向北销行到秦晋，南边到闽、粤，其间湖广浙赣等处也都随时畅销。松江而外，苏州的太仓、嘉兴亦多以织布为业。[16]在经济不断发展的情况下，都会也自然会随之更加繁荣起来。明朝规定在一些较大的都市中征收市肆门摊税，一些靠水路的都还会规定征收船钞。有市肆门摊税的全国共 32 处[17]，其中江、浙、赣、闽四省独占 16 处。征收船钞的地方全国共有 7 处[18]，江、浙、赣三省又占 5 处。充分地表现出江南经济在全国中的显赫地位。

第二，长江中下游地区成为入传人物分布的核心地区，亦与这一带具有悠久的文化传统有关。明代这一地区是全国的重要文化区域，这里书院林立，学风鼎盛，讲学自由，著述流行，学者辈出。当地读书人通过科举考试大批进入政界，成为当时名流，而入传《明史》。在明代，进士等科举功名最能反映当地文风或人物的盛衰。自洪武四年（1371 年）到万历四十四年（1616 年）245 年之间，每科的状元、榜眼、探花和会元共 244 人，南方计 215 人，占总数的 88%。而江、浙、沪、赣、皖、闽六省市又占南方总数的 74.2%。宰相为仕途的最上目标，也是一般人要谋取的最高职位，因此阁臣籍贯的分布是确定文化中心的最好指标。从 143 位入传阁臣的经历来看，除 4 人（乡举 1 人、荐举 3 人，其中包括挂名的内阁权谨在内）以外，全部是由进士入选的，其中有状元 17 人，榜眼 11 人，探花 7 人，共 35 人，占总人数的 1/4 以上。而长江下游地区的江、浙、沪、闽、赣、皖六省市共有 74 人，其中状元 13 人，榜眼 9 人，探花 6 人，进士 46 人，充分表明了长江中下游地区科举文化的发达。

华北平原也是明代入传人物分布较多的地区。其主要原因有两个：第一，此地区乃国都所在地，是全国的政治经济中心，当地人物在行政技能培养、仕进环境和入仕升迁机遇等诸多方面皆居于优越地位。进入社会上层群体的人数自然要更多些。政治中心附近人物本贯分布密集，这是古代人物分布的一条通则。第二，此地区是全国南北交通大动脉，即京杭大运河通过的地区。而交通枢纽不仅是当地经济发展的主杠杆，同时也是当地文化繁荣和交流的主动力。由于对外文化学术吸引力增强，使得各种文化学术动态增殖出许多不被原地理环境约束的超越这种地理环境的因子。所以通过学术文化交流、传播而实现的与外界交往的机会愈多，其学术文化的生命力也就愈强。因此，文通的便利是华北平原人物分布较多的主要原因。

至于珠江三角洲地区成为明代入传人物分布较多的地区亦与当地经济的兴起有关。与华北平原和长江中下游地区情况不同，由于珠江三角洲地理环境的特殊性，它的经济活动与海外贸易关系极大，因此元明两代因受同时期欧洲地理大发现的冲击，农业和手工业技术取得了极大进步。尤其是由于资本主义的萌芽生长，封建生产方式处于瓦解之中，因此形成了农业手工业生产的许多专门化部门，生产分布上有明显的地域分异。这里的人们按照土地类型的不同摸索出一整套配置农业生产的耕作制度，分异出不同的农业地域类型，其中以桑基鱼塘、稻蔗果桑鱼塘最富特色。在这里，经济作物已占有很重比例，它们在不少地区属于专门化生产；而且手工业门类众多，花式齐全，制作精工，诸如冶炼、造船、五金、制糖、纺织、食品都是饮誉当时的部门。特别是广州已成为明代全国最大的外贸中心，中外商贾云集，极其繁盛，有“广南富庶天下闻”之誉。佛山亦发展成为全国四大镇之一，其手工业发达程度大有驾于广州之上。据史载景泰年间（1450—1457 年），佛山全市划分为 24 铺，“民庐栉比，屋瓦鳞次，几万余家”。[19]显然广州、佛山的兴起不是由于政治关系，而是明代商品经济发达，资本主义萌芽的产物。经济上的繁荣使人们的物质生活有了保障，可以从事更加广泛的社会活动，从而为整个社会提供了更多的优秀人才。

综上所述，可以总结出《明史》入传人物的地理分布规律：第一，经济繁荣、教育发达是人物产生和发展的基础。经济繁荣使人们在丰衣足食之余能够致力于社会活动，而教育发达又是培养优秀人才的重要条件，两者的结合就为社会培养出大批人才。第二，政治和军事重心给人物的发展提供了有利条件，如北京是明朝统治中心，加上北方边境受到蒙古的强大威胁，因为防御而部署大量军队，是全国政治和军事重心之所在，受到统治阶级的重视，所以人才也比较多。第三，地区开发晚，经济和文化落后的地区受统治阶级的重视次之，为人才最少地区。第四，都城所在地是人才最为集中的地区，如北京 25 人，南京 27 人，都是明代入传人物较多的地区之一。在上述诸多因素中，区域经济发展水平又是其中影响人物本贯分布的最重要最根本的因素。从较长的历史时期看，经济发达区域人物本贯分布总是比较密集的，经济落后地区虽然可能出现人物本贯分布密集的现象，但往往历史短暂，极易受其他因素影响而发生波折。

注释

[1] 丘浚《大学衍义补》卷二二《贡赋之常》。

[2] 朱国桢《涌幢小品》卷二《蚕报》。

[3] 张瀚《松窗梦语》卷四《商贾记》。

[4] 康熙《松江府志》卷五四《遗事》下。

[5] 万历《杭州府志》卷三四《衢巷市镇》。

[6]《明史》卷一七二《儒林传》。

[7] 王守稼《封建末世的沉淀和萌芽》，上海人民出版社 1990 年版第 111 页。

[8]《天下郡国利病书》卷二七《江南十五》引《歙县风土论》。

[9] 沈瓒《近事丛残》。

[10] 李贽《何心隐论》。

[11] 汪道昆《太函集》卷五五《诰赠奉直大夫户部员外郎暨赠宜人闵氏合葬墓志铭》。

[12]《古今图书集成·职方典》卷六七六《苏州府部汇考》。

[13] 朱国桢《涌幢小品》卷二《蚕报》。

[14] 乾隆《湖州府志》卷四一《物产》。

[15] 叶梦珠《阅世编》卷七《食货》。

[16] 康熙《苏州府志》卷五《疆域志·风俗》。

[17]《明显宗实录》卷五〇。

[18]《明史》卷八一《食货志》。

[19] 乾隆《佛山忠义乡志》卷一〇。

第五章　明代人才地域性分布空间相关性研究

究竟什么是人才？这是一个非常严肃而复杂的问题，既包括社会属性，也包含历史意义。不同的社会发展阶段，不同的阶级乃至于不同的社会势力和社会集团都对人才有不同的评判角度和审慎条件。例如《明史》能够入传的不仅有那些为了维护明朝政府统治和利益而死心塌地、肝脑涂地的风云人物，而且也包括所谓隐士孝廉、假仙释道、贞妇烈女等平民百姓。《明史》大肆宣扬这类平民，并为之树碑立传，试图以此作为人们言传和道德的规范，用以束缚人们的思想行为，达到统治的目的。这些人当然不能算人才。因此本章搜集整理出来的明代云南人才主要是指名见经传的进士和举人。因为举人进士人数的多少，不仅反映一个地区的文化素质水平，而且也构成一个地区社会经济的中坚。所以通过对当时举人、进士进行数理统计和总结，可以看出其文化轮廓。自洪武十八年（1385 年）至崇祯十六年（1643 年），云南取中进士 211 人，举人 2390 人。本章以天启《滇志》中对明代进士、举人的有关记载为主，参考各府、州、县志及有关文集、文物资料，研究云南进士、举人籍贯分布状况及形成原因。这对于今日云南人才开发研究以及人才的培养定是有积极意义的。

第一节　人才的地域分布规律

明代云南进士 211 人、举人 2390 人。其籍贯都有明确记载，分布在全省 16 府 1 州中。以万历十年（1582 年）的行政区划为准，其籍贯统计数字列入表 5-1 中。

天启《滇志・选举》所载明代云南的 211 位进士、2390 名举人按籍贯统计俱已列入表 5-1 的统计数字之中。下面根据表 5-2 所列各有关府州单位面积产生的进士、举人人数之多少（即进士密度和举人密度）将云南全省分若干区域（表 5-3），可以大致勾画出全省进士、举人分布之状况。

明代云南人才密集分布区（每万平方千米产生的举人在 300 人、进士 25 人以上的地区）有两个，一是大理、蒙化和鹤庆府，其人才密度依次为：大理府进士密度 38 人/万 km²，举人密度 420 人/万 km²；蒙化府进士密度 27.8 人/万 km²，举人密度 394.4 人/万 km²；鹤庆府进士密度 47.7 人/万 km²，举人密度 355.2 人/万 km²。一是云南府，其进士密度 51.6 人/万 km²，举人密度 757.2 人/万 km²。

明代云南人才次密集分布区（每万平方千米产生的举人 300～100 人、进士 25～10 人的地区）有两个，一是临安府、澄江府，其人才密度依次为：临安府进士密度为 11.6 人/万 km²，举人密度为 125 人/万 km²；澄江府进士密度为 21.2 人/万 km²，举人密度为 276 人/万 km²。一是永昌府，进士密度为 10.1 人/万 km²，举人密度为 118 人/万 km²。

明代云南人才一般分布区（每万平方千米产生的举人 100～35 人，进士 10～2 人之间的地区）也有两个，一是楚雄府、姚安府，其人才密度依次为：楚雄府进士密度 2.4 人/万 km²，举人密度 70 人/万 km²，姚安府进士密度 5.3 人/万 km²，举人密度 35.5 人/万 km²。一是曲靖府，进士密度 9 人/万 km²，举人密度 47.5 人/万 km²。

表 5-1　明代云南各地人才分布表

府别	州县	举人数	进士数	府别	州县	举人数	进士数
临安府	临安府治	224	1	澄江府	澄江府治	75	
	宁州	28	5		江川县	9	
	石屏州	85	4		新兴州	3	1
	阿迷州	17	3		路南州	4	
	通海县	48	1		广南卫		1
	河西县	31			河阳县		5
	峨县	15			小计	91	7
	建水州	7	5	大理府	大理府治	212	
	临安卫		25		太和县	45	26
	蒙自县	25	1		云南县	41	1
	小计	480	45		赵州	41	1
鹤庆府	鹤庆府治	103	4		邓川县	43	2
	剑川州	32	6		浪穹县	27	
	鹤庆御		5		宾川州	29	
	大理卫		3		大理卫		11
	小计	135	18		洱海卫		1
					小计	420	44

续表

府别	州县	举人数	进士数	府别	州县	举人数	进士数
云南府	云南府治	341	2	永昌府	金齿司	64	5
	昆明县	105	7		腾冲司	9	
	嵩明县	44	2		永昌府治	103	2
	安宁州	77	4		腾越州	16	1
	晋宁州	73	3		保山州	47	2
	昆明州	19			永平县	5	
	呈贡县	17	2		永昌卫		10
	归化县	1			永昌县		1
	宜良县	7			小计	244	21
	禄丰县	3	1	楚雄府	楚雄府治	42	
	罗次县	2			南安州	13	
	右卫		6		楚雄县	21	1
	后卫		5		镇南州	8	
	前卫		4		广通县	2	
	南卫		1		定远县	2	1
	左卫		5		楚雄卫		1
	中卫		6		小计	22	3
	小计	689	47	元江府	元江府治	17	
曲靖府	曲靖府治	73		广西府	广西府治	5	
	马龙州	5		姚安府	姚安府治	27	1
	沾益州	1	3		姚州		2
	六凉卫	2			姚安所		1
	平夷卫	3	2		小计	27	4
	曲靖卫		7	蒙化府	蒙化府治	71	5
	越州卫		1	景东府	景东府治	9	
	小计	84	16	寻甸府	寻甸府治	4	
北胜州	北胜州	15		武定府	武定府治	6	
	澜沧司		1	顺宁府	顺宁府治	5	
	小计	15	1	总　　计		2390	211

说明：(1) 本表以万历十年（1582 年）行政区划为准，但考虑到明代前后 200 余年的变化，其间略有调整。(2) 全表进士分布在云南 17 府州中，此外尚有广南、镇沅、丽江、永宁四府；孟定、孟艮二羁

麋府；里麻、澜沧、千崖、芒市、乐里、钮兀、孟琏、陇川、勐缅九宣慰（抚）司；新化、威远、大候、镇康、湾甸、南甸六羁麋州无进士分布。

滇南、滇西南、滇西北、滇北沿边各府是人才籍贯稀疏分布区，这些地区每一万平方千米面积产生的举人在35人以下，进士多者不过1～2人，多数地区无进士分布。

为了更明确地反映明代云南人才分布的地区差异性，这里还采用人才集中指数来反映单位数量人口中举人、进士的百分率。其定义如下：

$$C_i = \frac{1}{2}\sum_{i=1}^{n} \mid P_i - E_i \mid (0 \leqslant C_i \leqslant I)$$

式中 C_i 为举人(含进士)人口集中指数，P_i 是 i 地区人口占全省人口的比重，E_i 是 i 地区举人人数占全省举人人数的比重，n 系府数。当举人人数完全按人口多少分布，也就是各府每万人中拥有举人人数相等时，有 $P_i = E_i$，$C_i = 0$；而当举人全部集中于某一府，并且该府人口全部是举人时，C_i 趋近于1。可见 C_i 值越大，显示举人越集中分布于某府。根据表5-4所列明代云南各府人才集中指数可知，明代举人明显集中于云南、永昌、楚雄、澄江、广西、元江六府。再结合表5-3中所列人才密集次密集地区是大理、蒙化、鹤庆、云南、临安、澄江、永昌来看，明代云南的人才分布中心地区是在云南、永昌和澄江三府，尤以云南府人才最盛。

表5-2　云南明代人口、进士、举人分布密度表

府别	面积（万 km^2）	人口（万人）	人口密度（人/km^2）	举人（人）	举人密度（人/万 km^2）	进士（人）	进士密度（人/万 km^2）
云南府	0.91	12.82	14.1	689	757.2	47	51.6
大理府	1.16	24.18	20.0	420	362	44	38
临安府	3.89	27.42	7.1	486	125	45	11.6
永昌府	2.07	8.77	4.2	244	118	21	10.1
楚雄府	1.26	10.11	8.0	88	70	3	2.4
曲靖府	1.77	4.36	2.5	84	47.5	16	9.0
澄江府	0.33	2.85	8.6	91	276	7	21.2
蒙化府	0.18	2.07	1.1	71	394.4	5	27.8
鹤庆府	0.38	9.54	2.5	135	355.2	18	47.4
姚安府	0.76	2.78	3.6	27	35.2	4	5.3
广西府	1.26	8.28	6.5	5	4		
武定府	0.76	2.88	3.8	6	8		
寻甸府	0.33	2.14	6.5	4	12.1		
元江府	0.68	8.01	1.2	17	25		

续表

府别	面积（万 km^2）	人口（万人）	人口密度（人/km^2）	举人（人）	举人密度（人/万 km^2）	进士（人）	进士密度（人/万 km^2）
景东府	0.61	2.97	4.8	9	14.7		
顺宁府	0.45	1.57	3.5	5	11.1		
北胜州	0.93	2.38	2.6	15	15.8	1	1.1
全布政司	37.4	146.85	3.9	2390	63.9	211	5.6

注：人口系天启五年（1624年）数字。

表 5-3　明代人才区域分布状况表

分布状况	地　区	府、州数	面积（万 km^2）	举人数（人）	举人密度（人/万 km^2）	进士数（人）	进士密度（人/万 km^2）
密集	大理、蒙化、鹤庆府	3	1.72	626	364	67	38.9
	云南府	1	0.91	689	757	47	51.6
次密集	临安、澄江府	2	4.22	571	135.5	52	12.3
	永昌府	1	2.07	244	118	21	10.1
一般	楚雄、姚安府	2	2.02	115	57.5	7	2.5
	曲靖府	1	1.77	84	47.5	16	9.0
稀疏	周边诸府	29	24.7	61	2.5	1	0.04

表 5-4　明代云南举人人口集中指数

府别	举人占全省比重	C_i 值	府别	举人占全省比重	C_i 值
云南	0.288	0.10	澄江	0.038	0.017
大理	0.175	0.005	蒙化	0.030	0.008
临安	0.203	0.005	鹤庆	0.056	0.002
永昌	0.102	0.02	姚安	0.011	0.004
楚雄	0.037	0.016	广西	0.002	0.021
曲靖	0.035	0.003	武定	0.0025	0.0082
寻甸	0.0015	0.0063	顺宁	0.002	0.0043
元江	0.006	0.024	北胜州	0.006	0.005
景东	0.004	0.0082			

表 5-5　云南省《明史》入传人物分布统计

	昆明市	曲靖地区	玉溪地区	保山地区	楚雄自治州	大理自治州	红河自治州	小计
甲	17	1	1	1	5	7	4	36
乙	7	1		1	1	1	3	14

作者曾统计了云南省入传《明史》的人物。除去诸王传、后妃公主传及土司、外国和西域诸传外，入传《明史》的人物，云南省共 36 人（见表 5-5 甲栏）。但是这 36 人中大部分属封建社会时代的忠义、孝义、外戚、烈女、宦官、奸臣，倘若除掉这部分人，那么云南入传《明史》的人物不过 14 人（见表 5-5 乙栏）。这 14 人中昆明市就占有一半，其中作为整个明代云南入阁臣的杨一清就是云南府安宁人氏。

综上所述，明代云南人才分布基本特征如下：第一，人才最多，密度最大的是滇池盆地，其次是洱海盆地。如果以行政单位“府”来论，则云南府人才最盛，大理、蒙化、鹤庆人才密度次之。这四府有进士 114 人，举人 1315 人，分别占全省总数的 54.5％和 55％，是全省文化最发达的地区。这些地区很普通的州县就产生出十几个甚至几十个举人、进士，这是本省其他地区所罕见的。第二，人才的分布沿交通驿道呈带状延伸，尤其集中在贯通川滇的建昌路和连接两广的粤西路。第三，开发较晚，经济和文化落后的地区为人才最少的地区，如广南、镇沅、丽江、永宁四府及一些羁縻州、宜慰（抚）司等地区，这些地方实际上还处在未完全开发状态，甚至终明之时，其版图仍未纳入中央王朝，人才自然稀少。第四，府治所在地及交通枢纽中心城市是人才最为集中地区，如云南府治举人 341 人，大理府治举人 212 人，都是明代人才最多的府治之一。第五，自然环境优越的地区一般也是人才分布较密的地区。

第二节　人才地域性形成的原因

明代云南人才的上述分布是明代社会这个统一整体中的一个成分或环节，同整个社会的政治、军事、经济和文化教育等各种因素存在着必然的联系，并受这些因素的支配和制约。毫无疑问，这就是形成明代云南这种人才分布状况的基本原因，具体分析如下。

一、政治和军事原因

云南是一个多民族地区，自古以来有数十个民族的先民在这片地域上生息繁衍。自秦汉时代起，中央王朝就开始在今云南境内设置郡县并移民，汉民族即已参与对当地的开发。但中央王朝和汉民族的联系时断时续，其经营活动若隐若现，对人才的培养影响不大。直到元朝，中央政府虽对云南实行军事统治，但在行政管理上仍然是土司制度。尽管历代都有部分汉民移人，却因汉人是在人多势众的少数民族范围内生活，必然入乡随俗，无论语言服饰还是生活习俗多被“夷化”，因此明代以前的云南仍被视为“荒徼”“西南夷”“蛮夷”“蛮僚”之地。

自元末群雄起兵到太祖统一区宇，历时20年，不过元顺帝退回蒙古后仍拥有广阔的土地和强大的军事实力，西北方面的王保保和东北方面的纳哈出均养兵蓄马，虎视中原。正是这种军事形势使得明政府在版图扩大方面将注意力转向西南地区。从洪武十四年（1381年）开始用兵云南，一年之后云南土司纷纷投顺。洪武十五年（1382年）正月置云南都指挥使司，树立了军事统治的中心，与此同时，明政府为了使有关政策制度能在西南推行、巩固，又不断向云南地区大规模地移民屯田。正是由于军屯、民屯的空前展开，使得汉族人口集团式地移入，中央王朝才能在此构成统治云南、施行汉族政策制度的社会基础。而这批移居云南的汉人，大部分居住在城镇交通线，借助卫所及官府的庇护。同时云南境内各民族、云南与邻省各民族也借助驿道进行其政治、经济、文化的交流和渗透，从而导致云南人才的地理分布沿交通驿道呈带状延伸的格局。

二、社会经济原因

上面从政治、军事方面分析了明代云南人才分布的基本原因。这只是问题的一个方面。历史唯物主义认为，物质资料的生产是人类社会赖以存在的条件，因而社会生产力的发达与落后也就决定了人才的兴盛与衰落。只有在社会生产力发展，人们的物质生活有了保障的情况下，人们才可能去从事更加广泛的社会活动，人才才有可能大批产生。

学术界普遍认为，就明代云南经济而言，平坝地区特别是滇池盆地和洱海盆地为全省经济精英所在。主要表现在：第一，耕地面积扩大，其主要途径是军屯和民屯。洪武十九年（1386年）沐英认为“云南土地甚广，而荒芜居多，宜置屯，令军士开垦，以备储存”，提出军士垦荒屯田的建议，立即受到明王朝的赞同。洪武十九年（1386年）在洱海卫（今祥云）“立屯量”；洪武二十年（1387年）又在“云南品甸之地（洱海卫）屯种”。自此“卫、御、所东西星列，此不惟开疆辟土，垂示远略，其镇压周密，殆雄视百蛮也”，其分布主要位于平坝区，若按相连的府州来划片，大体说来，云南、澄江、广西三府为一片，曲靖、寻甸、武定三府为一片，楚雄、姚安、蒙化、景东四府为一片，大理、鹤庆两府及北胜州为一片，临安府为一片，永昌州及腾越州为一片。全省除丽江、水宁、镇沅、元江、广南、乌蒙、东川等府与边境的御夷府、州以及土司区域未设卫所外，整个靠近内地各府的平坝都有卫所的屯田，而且主要集中在滇池、洱海两大盆地。仅云南府军屯田即达324875亩，占全省军屯田土130余万亩（包括职田、屯田）的四分之一[1]。第二，水利事业的发展。明代云南水利亦以滇池、洱海两大盆地为最多，许多历史上有名的水利灌溉工程都得到兴建和整修。宜良坝子的汤池渠长达 36 里，是 15000 名屯军开凿的。昆明一带的水利工程成绩尤大。滇池自昔有名，明初“付友德、沐英首为灌溉之利”，整修疏通滇池海口，使其周围避免了“每岁秋末，雨集水溢，田庐且没”的洪患。昆明县城西北的白龙潭水，在灌溉方面也发挥了很大的作用。潭西的横山水洞，“引泉以灌八村之田。”《滇记》称：“隆庆六年（1572 年）左布政陈善始成其役，溉田四万五千六百余亩。”[2]素以干旱著称的云南县（今祥云）坝子，当地群众创造了“地龙”灌溉网，减少了水的蒸发量，使大片荒田变成绿野。当地就有“祥云熟，大理足”的谚语。邓川的弥苴却江坝是军民合作的，“东坝军民修筑，西坝里民修筑。”正统十三年（1448 年）邓川的“湖尾沟渠淤塞，以致水不能泄，禾苗淹没”，幸得“州卫军民相兼疏浚”。[3]这些水利工程的兴修，对促进当地生产发展起了决定性的作用。第三。先进工具的使用。明时一些用于深耕细作的重要农业工具都先后在云南得到广泛的推广。洪武二十六年（1387 年）明王朝命令四川选精兵二万五千人置军器、农具，并用钞二万二千锭从四川买耕牛万头，前往大理洱海卫屯田，命令湖广靖州、沅等卫新军中挑选四万五千精干的人“于云南听征”，并购牛二万头“分屯曲靖、越州”。[4]内地几十万汉族劳动人民把先进的生产经验和耕作技术带到云南，使云南在耕作方法上由原来的“二牛三夫”改为一牛或二牛牵引，由一人或二人驱犁耕作，并且已经对土壤进行改良，实行较高水平的精耕细作。当地农民还运用筒车提水浇灌庄稼，并把一部分旱地改作水田，从而促进了农业生产的发展。在手工业和商业方面，平坝区亦占有相当重要的地位，这是因为云南冶炼业如铁、钢、玉石、大理石等，其开采的主要技术力量都是来自当时内地的“军匠”。而这些汉民为寻求政治庇护势必沿卫所周围结集。

综上所述，明代云南的滇池盆地、洱海盆地等坝区不论是农业，还是手工业和商业的发展，都占全省极其重要的地位，成为全省的经济重心所在。一般地说，哪里经济发达，哪里的文化就比较先进，培养的人才也就越多。因为发达的社会经济不仅为社会上层人物的政治活动提供了必要的物质条件，而且对于区域文化发展水平、人物行政能力的提高也起决定性作用。云南人才分布密集、次密集的地区，几乎全是经济发达区域，便是最好的证明。而滇西、滇南、滇北地处云南边陲，当地人仍过着刀耕火种或半游牧生活。俗习射猎，民风强悍，地区开发晚，经济和文化都比较落后，因而成为云南人才分布最稀疏的地区。如顺宁府境内男女“鲜习文字”。元江府“境内皆百夷，性懦气柔”。“庠序寥落，社读几废。”[5]直到民国，滇南、滇北、滇西实际上还处于未完全开发状态，人才分布十分稀少。

三、科举和教育原因

明代立国后，一直重视文治，无论中央还是地方，各级行政官员多由文人担任，特别推崇“礼乐教化”，把在边疆地区设学作为巩固边防统一国家的重要政策之一，在云南采取了许多鼓励兴学的措施。洪武五年（1372 年）十二月朱元璋颁布了《农桑学校诏》，认为：“农，衣食之本；学校，道理之原。朕尝设置有司，颁陈条章，使敦笃教化，务欲使民丰衣足食，理道畅焉。何有司不遵朕命，往往纷由赴军者，皆无桑株数目，学校缘由，甚与朕意相违。特敕中书：令有司今后敢有无农桑、学校者，论拟违制，杖降罚，历三年后请以吏事出身。”[6]这就规定各地官吏入京朝觐时必须上报其所在地区的“农桑”和“学校”，并以此政绩作为他黜陟的根据。

科举产生于隋朝，到明代更为兴盛，已成为封建统治阶级通过考试选拔治国安邦人才的重要途径。而进举科第又必须深谙儒学，因此要想求得科举功名就必须尊师重教，诵习儒经。科举考试的发达客观上推动了教育事业的发展，而教育事业的发展，又培养了更多优秀的人才，两者互相作用，互相促进。明代教育组织的基本形式是官学、宗学和社学这三种。官学主要是儒学，分为中央国子学和地方的府、州、县学。国子学“所习自四子本经（即《四书》）外兼及刘向《说苑》，及律令、书、数、《御制大浩》”。府、州、县学的生员“专治一经，以礼、乐、射、御、书、数设科分教”。“宗学之设，世子、长子、众子、将军、中尉年未弱冠者俱与焉”，“学生诵习《皇明祖训》《孝顺事实》《为善阴骘》诸书，而《四书》《五经》《通学》性理亦相兼诵读。”社学则遍设于各地乡社，“延师以教民间子弟，兼读《御制大浩》及本朝律令。”[7]明代社学设置相当普遍，仅云南府就有社学 35 所。大理府社学亦遍及城内乡间。[8]社学多由地方官员、乡绅等捐资兴办，是一种初级教育组织，它对传播基础知识和培养升入高一级学校的学生仍有很大作用。正是由于明政府以科举考试作为其选拔人才的重要方式，而教育事业的发展又是培养更多的优秀人才的主要途径，因此明代云南人才分布疏密与书院、府州县学和社学数量的多寡是呈正向相关的，这从表 5-6 可得到反映。

四、社会风气和移民因素

实践表明，一个开放型的人口集体，可促进社会、经济、教育的发展，有利于提高人口素质。一个封闭型的人口集体，各方面发展都相对缓慢。洪武“高皇帝既克滇中。尽徒江左良家闾右以实之”“衣冠、礼法、言语、习尚大率类建业，二百年熏陶渐染，彬彬文献与中州埒矣，然惟云南、临安、鹤庆、永昌诸郡四民乐业守法度，子弟颖秀。士大夫多才能尚节义。曲靖、楚雄、姚安、澄江之间山川夷旷，民富足而生礼义，人文日益兴起”“寻甸、武定、景东、沅江、蒙化、顺宁诸郡皆夷汉杂处”“丽江、广南、广西、永宁纯乎夷矣”。[9]显然云南各地移民人口的多少成为制约当地文化水平高低的重要因素。大理府是汉民密集之处，“俗本于汉，民多士类”，以致当地“科第显盛”。云南府汉民之多更冠于全省，“气厚风和，君子道行之所系”“民遵礼教，畏法度，士大夫多才能，尚节义，彬彬文献，与中州埒”。同样鹤庆府在大批汉民入迁之后，“义慨相尚，有燕赵悲歌感慨之风”“文化丕兴，科第不乏”。[10]这是由于移民的迁入，移风易俗，汉文化勃然兴起，形成了一种良好的文化环境。如浪穹何邦渐父子以贤能闻名，才高德重。浪穹县邑诗学的兴旺实肇自两位倡导。这些少数民族聚居之地在移民潜移默化的影响下，亦渐渐研习儒学。清代大文学家朱彝尊的《静志居诗话》曰，“黔之宋氏昆友、滇之木氏祖孙，各著诗文，媲于风雅”，对云南木氏祖孙的诗文给予极高的评价。这实际上就是人们常说的共生效应，即地缘、家族、文化气氛的制约。即使一个家族，由于历代文化的沉积，亦相效法乃至竞争，如永昌张合父子，不仅俱中进士，而且文行同载，均入《一统志》。保山闪继迪及其长子仲俨、次子仲侗，均致力诗文，历官之地，尽情游览，所到之处，父子唱和，均有诗文结集流传。此外蒙化范运吉父子，通海缪宗周父子莫不如是。[11]看来培养一种向上的社会风气是造就人才的一个重要方面，而家庭教育即父母对子女、兄长对弟妹的影响亦往往在日常生活中起着潜移默化的特殊效应，所以杰出人才的出现与家庭的影响有着极为重要的关系。

表 5-6　明代云南书院与人才分布相关关系

府别	书院、府学所数	州学、县学所数	进士人数	举人人数
云南府	8	11	47	689
大理府	14	7	44	420
临安府	4	8	45	486
永昌府	5	3	21	244
楚雄府	6	6	3	88
曲靖府	2	2	16	84
澄江府	5	3	7	91
蒙化府	2		5	71
鹤庆府	3	1	18	135
姚安府	4	1	4	27
广西府	1	1		5
寻甸府	2			4
武定府	2			6
景东府	1			9
元江府	2			17
顺宁府	1			5
北胜府		1	1	15

五、自然环境的制约

经济繁荣正是文化繁荣的物质基础，文化发达则是人才辈出的动力条件，而自然环境又是最根本的前提、背景。一般地说，人才是否辈出首先与当地的自然条件相关。大理府居“高山大川，钟灵毓秀，代有人物”；同样云南府也是“人禀名山大泽之气，子弟多颖秀，科第显盛”。[12]所以明代云南人才主要分布在大小盆地、坝子地区。这些地区地势开阔，土壤肥沃，气候温暖湿润。众多的河流，密布的水网，发达的交通，以致人烟密集，城镇繁荣，信息灵通，儒学兴盛。因此人才在这样的地理环境中聚集绝不是偶然的。

本章强调明代云南人才的地域差异，不等于就否定云南人才有它的共同性。共同性和差异性是辩证地同时存在的。那么什么是明代云南不因地而变的共同的人才特征？这个问题不包括在本章的论述范围内。不过应当提及的一点就是从全国横向比较而论，明代云南无论是教育水平、人才数量或是人才质量，较之全国仍是相当落后的。《明史·儒林传》基本上汇集了明代著名的理学家，总共115人，而云南却无一人。以入传《明史》人物而论略去诸王传、后妃公主传及土司、外国和西域诸传，籍贯可考者共3263人，而云南只有36人，占全国的1.10%。在此基础上，若再略去忠义、孝义、外戚、列女、宦官、奸臣的统计，则入传《明史》人物共2440人，而云南只有14人，占全国的0.57%。这些数字足以说明云南人才开发的落后性。

注释

[1] 万历《云南通志·兵食志》。

[2]《读史方舆纪要》卷一一四《云南》。

[3]《读史方舆纪要》卷一一六《云南四》。

[4] 万历《云南通志·兵食志》。

[5]《滇志》卷三《地理志》。

[6]《明太祖实录》卷本七；《国榷》卷五。

[7]《明史》卷六九《选举志》。

[8]《滇志》卷八《学校志》。

[9]《滇略》卷四《俗略》。

[10]《滇志》卷三《地理志》。

[11]《滇系》卷一《人物系》。

[12]《滇志》卷三《地理志》。

第六章　抗战时期西南地区的史学研究

抗战时期是中国史学发生巨变的时期，若干学派同时并存，相互交错，激烈争锋，使中国史学发展呈现了新的特色，发生了剧烈的变迁与分化，出现了新的趋势。而当时国民政府迁都重庆，西南成为全国政治、经济、文化重心。一些革命史学家也汇集重庆，以国民党的文化工作委员会这一合法组织作为活动中心。显然，考察中国近代史学发展的基本线索时，必须实事求是地分析抗战时期西南地区的中国史学。考虑到当时中国史学研究的主要阵地是高等院校，因此，作者的研究主要着眼于内迁高校的史学研究机构，同时也涉及中央研究院史语所等史学研究机构及抗战时期原设和新建西南高校的历史系。这里所引用的资料除注明的外，其余参考的主要是《中华文史资料文库·文化教育编》（中国文史出版社，1996 年版）、《抗战时期西南科技》（四川科学技术出版社，1995 年版）、《抗战时期内迁西南的高等院校》（贵州民族出版社，1988 年版）及《抗战时期西南的教育事业》（贵州省文史书店，1994 年版）。这些书中编辑的内容均为各类历史现象的当事人或见证人提供的中国近现代历史资料，所述大多是亲历或亲见、亲闻，只有少量是通过采访和调查研究整理而成的。

第一节　抗战时期西南地区主要的史学研究机构

1937 年 7 月抗日战争全面爆发后，我国文化教育事业的主要聚集地华东、华北地区很快陷入敌手，为了保存我国文化教育的精华，在国民政府的组织、领导之下，一些国立、省立和私立的大专院校纷纷内迁，从而形成了中国教育史上第一次大规模自东向西的大迁徙。据国民政府教育部 1939 年的统计，战前我国专科以上学校共 108 所，因战争爆发而迁至后方者共 25 所，迁入上海租界及香港等地的 52 所，停办的 17 所，其余 14 所或是原设于后方，或是原设上海租界，或是各国教会所办大学能在沦陷区内勉强维持。[1]这次大迁徙以 1937 年 10 月国立中央大学西迁重庆为肇端，其他各校虽有再三的辗转迁徙，但大多数将最后的落脚点选在西南地区。在这内迁大后方及暂时迁至上海和香港等地，尔后因太平洋战争爆发又继续迁移的 77 所大专院校中，据统计先后迁入西南地区的各类高校多达 58 所。随着这些高校的内迁，高校中的史学研究机构也随迁西南。加上战时原设和新建西南的 27 所高校，这样西南地区共有高校 83 所。当时著名的史学研究机构除高校外，比较重要的还有中央研究院和国民政府军事委员会第三厅。中央研究院是在 1937 年 11 月 12 日上海沦陷后，因战争日益紧急而奉命西迁，其中历史语言所西迁昆明，1941 年又从昆明迁到四川南溪县李庄。此外，周恩来系国民党政府军事委员会政治部的副部长，而该部主管宣传的第三厅又是由郭沫若主持工作，部分革命史学家即在此运用马克思主义总结我国史学思想遗产。现将当时的主要史学研究机构列入表 6-1 中。

表 6-1　抗战时期西南地区主要高校历史系及史学研究机构统计表

省市	大学名称	学院	系、所
重庆市	中央大学	文学院	历史系
	四川教育学院	教务处	史地系
	复旦大学	文学院	史地系
贵州省	浙江大学	文学院	史地学系
		师范学院	史地学系
		研究院	历史研究所、史地教育研究室
	大夏大学	文学院	历史社会学系
	贵州大学	文理学院	文科研究所、历史社会学系
	贵阳师范学院	教务处	史地科
云南省	西南联大	师范学院	史地教育
		文学院	历史学系
	华中大学	文学院	历史社会系
	中山大学	文学院	历史学系
		师范学院	史地系
		研究院	文科研究所历史学部
	中法大学	文学院	文史学系
	云南大学	文科部	文史系、西南文化研究室

续表

省市	大学名称	学院	系、所
四川省	华西协和大学	文学院	哲史系、历史研究部、中国文化研究所、中国社会史研究室
	四川大学	文学院	史地系、西南社会科学研究所
	武汉大学	文学院	史学系
	燕京大学	文学院	历史系
	金陵大学	文学院	历史系
	金陵女子文理学院	教务处	历史系
	光华大学	文学院	历史系
	东北大学	文学院	文科研究所、史地学部
	齐鲁大学	文理学院	历史政治系、国学研究所

第二节　西南地区主要高校历史系与史学研究机构的史学成就

“战时性”“民族性”是当时历史研究的本质特征。基于这一认识，作者将着重评述抗战时期各史学研究机构是如何将历史研究与现实斗争紧密结合在一起的。抗战时期的西南高校历史系和史学研究机构为挽救国家和民族的命运，注重“史学鉴戒”作用，强调“以史为鉴”“以史资治”，积极地以不同的方式利用历史为现实政治服务。

抗战时中国共产党利用郭沫若为军事委员会政治部第三厅主任的有利条件，号召史学工作者要努力从思想战线上同御用史学者展开斗争。当时吴泽、尚钺、吕振羽等都在这里从事历史研究工作，努力钻研中国历史文献，探索中国历史的发展规律。他们的史学思想、学风特色对后人均产生了深远的影响。特别是他们为挽救国家和民族的命运，在治学过程中注重史学鉴戒作用。当时，日军大举南下，中原沦丧，他们除有国破家亡的屈辱感外，还滋生出民族文化即将灭亡的危机意识。中研院也强调，孔子删《春秋》的意义不仅是对文化典籍的整理，重要的还是一种民族文化的复兴。因此中研院对史学和文籍进行了大量的校订工作，包括校勘《明实录》、考证《居延汉简》，尤其是1946年出版的《居延汉简考释》堪称当时巨著。同时因“感慨时事”而大力研究边疆史。历史所先后调查了川、滇、黔诸省的汉语及该地区的苗、瑶等少数民族语言，并整理出云南汉语言、云南罗罗语研究、台湾系语言之比较研究、苗瑶语言研究等数十篇论文和调查报告。再是人类学研究。此项研究除对殷代头骨、贵州苗族人体质、近代中国人胫骨等进行研究外，还在1941年组成川康民族考察团考察羌、罗罗、西番等民族的婚丧制度、生活习惯及文化有关的各种问题。并于1942年12月赴川南与滇黔交界的叙永、兴文各县调查了白苗、花苗等族文化，尤其注重苗族原始文化之特性及其同化的过程与现状。同时，受中国太平洋国际学会的委托，编纂《中国疆域沿革史》，以承担复兴民族文化的历史使命。此外中研院社科所还对社会经济史，包括明代田赋、清代道光以前的财政、晚清兵志进行深入研究。

由北大、清华、南开三校组成的联合大学是抗战时期西南地区研究力量最强、成果最丰的大学之一。历史系主任先后由刘崇鋐、雷海宗担任。雷海宗战时的主要成果有《中国的兵》《中国的家庭制度》《皇帝制度之成立》《无兵的文化》《断代问题与中国史的分期》和《世袭以外的大位继承法》等论文，后合编入《中国文化与中国的兵》一书（商务印书馆1940年版）。此后他为《战国策》半月刊和重庆《大公报·战国副刊》撰稿，其主要文章《历史形态与例证》《外交：春秋与战国》和《历史警觉性的时限》，后编入林同济主编的《文化形态史观》一书（上海大东书局1946年版）。西南联大的研究精于断代史，尤其是明清史和隋唐史研究，如郑天挺精于清史，吴晗强于明史，陈寅恪专于隋唐史。同时历史系还进行边疆史研究，向达系统研究过中西交通史，在抗战前后先后出版了《鞑靼千年史》（译著，商务印书馆1937年版）、《中外交通小史》（商务印书馆1947年版）。邵循正除研究蒙古史外还整理过西域史料，他们都对西北边疆史地做过一些开拓性研究。此外，历史系还与北平图书馆合作成立“中日战争史料征辑会”。[2]

1937年抗日战争爆发后，复旦西迁重庆。1941年1月改名为国立复旦大学。复旦的史学研究多处于大后方高等学府的前列，并聘请到周谷城、顾颉刚、吕振羽、邓广铭等著名学者。著名宋史专家邓广铭教授在讲授中国通史之余，还写了《陈龙川传》（独立出版社1943年版）一书。周谷城的《中国通史》（开明书店，1939年版）、《中国政治史》（中华书局，1940年版）及《史料与史学》（中国文化出版社，1946年版）等都在此时出版面世。特别是聘请到历史学家吕振羽到复旦任教，对学生产生了很大的影响。

武汉大学在1938年内迁乐山，史学系主任为方壮猷、吴其昌。方壮猷不仅对东胡民族史研究卓有声誉，而且在史学理论研究方面亦颇有心得，所撰《中国史学概要》（中国文化出版社，1944年版）即其代表作。吴其昌主要从事金文研究，撰有《金文世族谱》（商务印书馆，1936年版）和《金文历朔疏证》。

抗战时期迁川的朝阳学院聘请了杨伯恺、侯外庐、邓初民等著名史学教授。侯外庐这时期的代表作有《中国古代思想学说史》（文风出版社，1944年版）、《王国维古史考释集解》（三友书局，1943年版）、《抗战建国的文化运动》（上海杂志出版社，1939年版）、《中国近世思想学说》（三友书局，1944年版）、《船山学案》（三友书局，1944年版）和《中国古典社会史论》（五十年代出版社，1943年版）。此外邓初民的《中国社会史教程》（文化学社，1942年版），杨伯恺的《财产之起源与进化》（译著）都带有辩证唯物主义和历史唯物主义新观点，促进了革命史学的发展。

金陵大学1937年11月举校从南京西迁成都，历史系著名教授有冯汉骥、蒙文通、陈恭禄、徐益堂和商承祚。蒙文通的《儒学五论》、徐益堂的《雷波小凉山之罗尼》、商承祚的《长沙古物闻见记》、陈恭禄的《中国通史》第一册（由远古至春秋战国，商务印书馆，1941年出版）、第二册（秦汉史，商务印书馆，1943年出版）及《秦始皇与儒家思想》《汉代文化统一记》《三国时蜀户口之估计》等学术论文都是这一时期的重要史学著作。此外，王绳祖教授也经常在《世界政治》《星期评论》《学海》等刊物发表《南京条约的历史背景及对百年来中国外交之影响》《九龙租地问题》等重要文章，开拓了近代中外关系史和欧洲国际关系史研究领域。

东北大学于1938年3月迁至四川三台，文学院编印的杂志有《志林》，文科研究所编印的杂志有《东北集刊》。此外还出版图书《东北通史》（上编）。在萧一山任院长期间，他的《清史大纲》和《曾国藩》两部书相继问世，并且延聘了不少知名学者在文学院任职，如金毓黻、贺昌群、陆侃如、冯沅君等，当时东北大学文学院的人才一时极盛。贺昌群的《魏晋南北朝史》一书学术精深，声名弥远。同时，他还嗜好文学、哲学和心理学，对思想史尤为注重，写成于抗战后期的《魏晋清谈思想初论》一书别具一格，夹叙夹议，在批评传统思想中，蕴含了对腐败时局的针砭，透射着作者那种藐视权贵，敢说敢骂的凛然正气。这正好是他自己所强调的“历史之学，非故纸之钻研，而为生命之贯注”。[3]金毓黻更是群言是宝、著作等身，仅1942年就出版有《中国史》（正中书局）、《辽海书征》（东北文献丛书本）、《东北文献零拾》（东北文献丛书本）、《辽会要作法》（东北文献丛书本），稍后又出版了《中国史学史》（商务印书馆，1944年版）和《宋辽金史》（商务印书馆，1946年版）。此外，远宗孟在1938年也出版了《东北史研究》一书。

四川大学由于地处大后方，生活相对安定，大批学者辗转入川，应聘川大，“一时蔚为蜀学中心”。蒙文通到川大后颇好阅读汉译社会经济诸名著，对社会经济在历史中的重要性开始有一定的认识。他所撰写的有关社会经济史诸论文，都是于此之后。正是战争的冲击，使他慢慢地认识到史学之所以为史学的真正缘由。他常用孟子“观水有术，必观其澜”作譬喻，指出观察历史也是这样的，变化转折处就是它的波澜壮阔处。史学的任务就在于“明变”，既要考究其演变的过程，又要考究其演变的原因。《越史丛考》是蒙文通的绝笔之作，是书虽针对越南史著中之纰缪而发，但前后十二节始终贯串着爱国主义精神。他在川大所编的第一部讲义即《周秦民族史》篇中于戎狄侵陵华夏处，愤激之情，溢于言表。就当时形势而论，“严夷夏之防”无疑是爱国主义的一种表现形式。在四川大学任教的还有黄文弼教授，他在秦汉史、魏晋南北朝史和边疆史等方面均有造诣。1937年11月回国的冯汉骥受聘四川大学历史系，获四川大学西南社会科学研究所的资助，只身前往岷江上游松、理、茂、汶等地考察羌族社会，历时三月，此行除在民族学上获大量资料外，又在汶川县雁门乡清理了一座石棺葬，其后发表《岷江上游的石棺葬文化》一文，首次科学地报道了此类墓葬，探讨了西南古代民族与北方草原民族的联系，开创了川西高原考古发掘研究的先声。其中以 1942 年至 1943 年发掘的前蜀王建墓最为有名。像这种规模较大的地下墓室的发掘，不仅在西南是首次，就是在全国范围内也是没有先例的。冯汉骥在抗日战争时期艰苦的条件下主持其事，筹谋策划，显示了他较高的组织能力和科学发掘技术。之后，他发表了《王建陵墓的发现和发掘》《相如琴台与王建永陵》《驾头考》《前蜀王建墓内石刻伎乐考》等一组文章，考证了永陵的沿革、唐宋驾头制度和坐卧风俗的改变，及唐、五代时期的乐器及乐队组织。此外，他还在成都平原进行过一些考古调查，撰《成都平原的大足遗迹》一文，正确指出在四川古史上广为流传的有关大石的神话，实即考古上之大石遗迹。在人类学方面，他的重要著作有《由中国亲属名词所见之中国古代婚姻制》等。

华西大学哲学历史系先后聘请陈寅恪、蒙文通、何鲁之、顾颉刚、缪钺、钱穆、韩儒林、徐中舒等著名史学家到系任教。韩儒林通晓多种语言文字，尤擅长我国边疆史地之学，研究的领域主要是蒙元史、西北民族史和西藏史三个方面，把我国边疆史地，尤其是蒙元史的研究推进到一个新的阶段。钱穆抗战期间亦先后出版了《中国近三百年学术史》（商务印书馆 1937 年版）、《国学概论》（商务印书馆 1945 年版）。先秦史专家刘朝阳在 1944 年出版的《晚殷长历》和《周初历法考》，开创了商周历法研究之先河。华西大学还出版两种文化刊物《华西大学中国文化研究所论丛》《华西大学文化研究所集刊》，所载韩儒林《吐蕃之王族与汉族》即为一时之力作。

贵州大学历史系由姚薇元教授任主任。姚薇元早年师从陈寅恪研究魏晋南北朝隋唐史，后对清史亦颇有研究，在抗战时期接连发表了《可汗称号源出中国说》《藏族考源》《唐代诸帝享年考》《北朝帝室氏族考》《唐代回纥人华化考》《四史解题》等多篇有影响的论文，并出版《鸦片战争史事考》一书（贵阳文通书局，1942 年版）。

中央大学是最早迁入重庆的大学。历史系缪凤林主任所主讲的《历史的教训与国家的前途》《战斗至上论——从国史证明战斗至上为历史的真理》等专题涉及范围广泛、学术性极强。他先后出版《中国通史要略》（商务印书馆，1943 年版）、《中国民族之文化》（新中国文化出版社，1940 年版）和《中国通史纲要》（商务印书馆，1943 年版）。汪辟疆除经济史研究称著一时外，亦广泛涉猎史学各个领域，唐代小说、司马迁评传和目录学研究诸方面都有专著出版问世。张其均出版有《中国军事史略》（正中书局，1942 年版）、《中华历代大教育家史略》（中华书局，1944 年版）。学校还出版《文史哲学刊》《科学季刊》和《社会科学季刊》等三种刊物。

齐鲁大学文学院下设历史政治系，著名史学家张维华在成都齐鲁大学期间，写成《明清之际欧人东渡及西学东渐史》一书，详细论述西方文化在中国传播情形，以及士大夫对待西方文化的态度，他认为明清之际是中西文化接触并相互激荡的一个重要时期。这本专著填补了中外关系史上一段空白，具有较高的学术价值。在齐鲁大学期间，张维华还和顾颉刚共同主办国学研究所，一时集中了国内二十余位著名学者，如杨向奎、胡厚宣等都在其列。

云南大学文学院下设文史系，著名教授有方国瑜、陈复光、李佛一、方树梅和朱杰勤等，朱杰勤教授世界古代史，撰写《中南半岛史》，同时对中国古代军事史亦颇致力，写成《成吉思汗》和《诸葛亮及其时代》两书。方国瑜教授还兼任《云南通志》编审，从事审定续修工作，著有《云南通志・疆域考・宗教考・金石考・民族考》四十卷以及《抗日战争滇西战争篇》。抗战期间，他同凌纯声、向达、楚图南、闻在宥等主办《西南边疆》杂志，并主持云南大学西南文化研究室工作，出版《大理古代文化史》《滇西边区考察记》等数十种关于西南边地史地的专著。李佛一除编译《泐史》外，还撰写有《车里宣慰世系考订》。陈复光和方树梅分别编写出《有清一代之中俄关系》和《明清滇人著述书目》。

此外，内迁西南的杭州大学、中法大学、华中大学、大夏大学、燕京大学、四川教育学院等高校的历史系和史学研究机构也都在史学研究中具有抗战时中国史学的一般特征和自己的特点。

第三节　抗战时期西南地区主要史学家的研究成就

由于多方面原因，我国的历史研究事业在抗日战争爆发前一直集中在沿海的几个大城市，如北平、天津、上海、南京等地。战争爆发后，西南地区成为国民党中央政府的统治中心，因而有更大的吸引力将这些史学研究机构和众多史学家吸引在西南地区，尤其是陪都重庆及其附近地区。这样，在西南地区政治地位迅速提高，经济事业迅速发展，文化事业日趋进步的同时，史学研究事业也得到了前所未有的大发展。这种大发展除表现在前述的史学研究机构纷纷内迁西南外，还表现在史学界大批名家硕儒也日益聚集到西南地区，这当中虽然一部分是为国民党的独裁统治服务的，也不乏一些宣传反共反马克思主义的史学著作，但其中也有不少革命史家，即便是资产阶级唯心主义史家也在民族战争的历史关头出现了分化，出现了众多进步、爱国的资产阶级史学家，其代表人物主要有陈寅恪、顾颉刚、郑天挺、萧一山和岑仲勉等。

陈寅恪 1938 年 4 月到滇，被西南联合大学中文系和历史系合聘为教授，任“隋唐史研究”和“白居易研究”课。1940 年暑假被聘为香港大学客座教授，离滇赴港，等待时机拟赴英国牛津大学做汉学教授。后因太平洋事变未成行。1942 年离港达桂林，任广西大学教授，次年秋天因湘桂战局告急，又经黔入川，至年底到达成都，任教于燕京大学。在西南期间，陈寅恪先后撰写出《陈垣明季滇黔佛教考序》《顺宗实录与续玄怪录》《刘复愚遗文中年月及其不祀祖问题》《读洛阳伽蓝记书后》《敦煌本心王头陀经及法句经跋尾》

《以杜诗证唐史所谓杂种胡议》《长恨歌笺证》《白乐天之先祖及后嗣》《白乐天之思想行为与佛道之关系》等。1939年春陈寅恪“在昆明病中作《隋唐制度渊源论略稿》”[4]，将隋唐史研究推向一个新阶段。该书系统地论述了从汉魏到隋唐礼仪、职官、刑律、音乐、兵制、财政等制度的渊源和演变，认为隋唐制度的渊源十分复杂，除传统观点所提出的西魏北周之遗业外，还承袭了北魏、北齐和梁、陈的影响，三者之中又以北魏、北齐和梁、陈对隋唐制度影响更重要，相反西魏、北周实属微末。陈寅恪治学方法细密极于毫芒，虽沿袭清人治经途术，实汇中西治学方法而一体。这一时期他对唐史和唐代诗文的研究用力特勤。

顾颉刚1938年冬到昆明任云南大学教授，住昆明北郊浪口村。因感到边疆问题的严重，组织边疆学会并在《益世报》上办了一个《边疆周刊》，唤起国人注意边疆问题。在其上发表《中华民族是一个》一文，用意是强调民族团结。将自己多年的笔记以近似《日知录》的方式，整理古史中一个个具体问题，写成《浪口村随笔》一书。1939年秋到成都任教齐鲁大学、创办《责善半月刊》及《齐大国学季刊》，陆续发表《燕国曾迁汾水流域考》等考辨古史论著。1941年秋辗转到重庆，任教于中央大学，在历史系讲授《春秋战国史》，创立通俗教育馆，又主编《文史杂志》。发表《商王国的始末》《周人的崛起及其克商》《周室的封建及其邦属》等十余篇考辨古史论文。尤其是《古代巴蜀与中原的关系说及其批判》《〈蜀王本纪〉与〈华阳国志〉所记蜀国志》和《秦汉时代的四川》三篇论文，考释了古代巴蜀有自己独立发展的文化与历史，颇有新见。同时这些研究并不只是为学术而学术，创办这一刊物之际正是处于日本侵略者淫威压境之时，可以说从刊物的创办到论文的撰写，尤在激起爱国义愤。因此顾颉刚这一时期的史学研究多以浅显易懂的语言宣传历史知识，激起民众抗敌情绪。这一时期顾颉刚在治学上开始认识到唯物史观在研究历史中的重要作用，表示“绝不反对唯物史观”。但却又以为这一理论在研究古代思想和制度等方面，一定要用它指导，而自己考辨古史资料的工作还用不上这些理论，只能为这一高级的历史唯物主义的研究工作做基础准备，[5]说明顾颉刚在思想和学术上的进步。

抗日战争爆发，郑天挺随北京大学迁居到昆明，任西南联合大学历史学教授、总务长、北京大学文科研究所副所长。在极其艰难的条件下，除了讲授明清史及隋唐五代史等课程外，针对日本帝国主义侵占我国东北三省而制造的“满洲独立”等谬说，郑天挺还先后写出了《满洲入关前后几种礼俗的变迁》《清代皇室之氏族与血统》诸论文，以不容争辩的事实，证明东北省“元明以来我国疆圉固极于其地”。同时还运用音韵学对古代西南边疆地区的地理进行考证，写出《发羌之地望与对音》《〈隋书·西域传〉附国之地望与对音》《〈隋书·西域传〉薄缘夷之地望与对音》及《历史上的入滇通道》等文章。后来又写出一些清史方面的论文，如《孟心史先生晚年著述述略》，对孟森研究清史的业绩予以钩玄提要的概括，后来将这些论文合为一集，名为《清史探微》。[6]从他这一时期的研究来看，虽然属于“史料派”治学方法，但已开始史论结合，从具体的材料引出结论。其中西藏史是他到云南后新开拓的研究领域。实际上他融汇了隋唐史研究和音韵学知识的成就而有新见新论。可见他对历史的研究总结，为的是作为今天的启迪和借鉴，以解救中华民族面临的民族和政治危机。他的《清史探微》一书体现了这一特点。

萧一山是我国老一辈清史专家，1938 年他随东北大学流寓四川三台，任东北大学文理学院院长。他利用休假之暇写成《清史大纲》（经世学社，1944 年版）、《清代史》（商务印书馆 1945 年版）和《曾国藩传》（胜利出版社 1944 年版）三书，约数十万言，阐述他对清代历史中一些重大问题的看法及对曾国藩的评价。在东北大学任文理学院院长期间，他曾延请一些著名史学家如丁山、蒙文通、金毓黻、何鲁之、贺昌群等任教。1944 年改任西北大学文学院院长。

1938 年岑仲勉随中央研究院历史语言研究所入滇，任历史组专任研究员，主要校读《元和姓纂》《文苑英华》《唐人行第录》《全唐文》和《全唐诗》等古籍，在八年离乱中完成了自三十年代初开始进行的《元和姓纂四校记》和《突厥集史》的主体部分。岑仲勉先生最优秀的盛年之作都写成于这个时期。

抗日战争时期以重庆为中心，在西南地区形成一支掌握马克思主义世界观和方法论，自觉为无产阶级事业战斗的革命史家队伍。如在重庆的郭沫若、吕振羽、翦伯赞、侯外庐、杜国庠、华岗、胡绳、吴泽、嵇文甫、赵纪彬、陈家康等人，创办了《读书月报》《理论与实践》《群众》等刊物，还组织了“新史学会”，成为新文化的一支劲旅。与此同时他们也对社会史、思想史等课题进行了研究，出版了一批史学新著，如侯外庐的《社会史导言》、华岗的《研究中国历史的锁钥》、吴泽编著《中国历史研究法》、翦伯赞的《略论中国史研究》，都对马克思主义史学理论的建设作出建树，推动了对历史理论的探索。在中国古代社会史方面研究更加深入，而且有更新的突破和新作问世，如吴泽的《中国原始社会史》（1943 年），郭沫若的《殷周奴隶制度考》（1942 年）、《青铜时代》（1945 年）、《十批判书》（1945 年），侯外庐的《社会史导言》（1939 年）、《中国古典社会史论》（1943 年），陈家康的《中国历史研究法读后》（1943 年）。与此相关，对封建社会发展的长期性问题和农民战争的历史作用也展开了讨论，如李达《中国封建社会发展迟滞的原因》（1941 年），蒙达坦《与李达先生论中国发展迟滞原因》（1942 年），陈家康的《明末农民运动研究》（1943 年）。思想研究史方面成就更为突出。郭沫若的《青铜时代》和《十批判书》（1945 年），整理出了先秦思想史的一个比较完整的轮廓。侯外庐的《中国近世思想学说史》（1945 年）将中国马克思主义史学的研究范围扩展到了近代思想史领域，有筚路蓝缕之功。在分部门研究的基础上，作为综合性研究的通史编纂，在这一时期也是硕果累累，出现第一批马克思主义的中国通史著作，如翦伯赞的《中国史纲》（第 1 卷，1943 年），吴泽的《中国社会简史》（1942 年）昭示着中国马克思主义史学已步入茁壮成长的新阶段。

1940 年 2 月翦伯赞由湘入渝，迄于抗日战争胜利。翦伯赞作为马克思主义史学家一直在周恩来同志的直接领导下，从事革命工作，他的合法身份是中国文化协会总会理事兼《中苏文化》杂志副主编。在重庆六年中先后写了六十多篇论文，重要的有《两宋时代汉奸及傀儡组织》（1940 年 4 月）、《中国历史科学与实验主义》（1940 年 5 月）、《论明代倭寇及御倭战争》（1940 年 7 月）、《论中国甲午战争》（1945 年 2 月）、《论南明第二个政府的斗争》《南明史上弘光时代》等，分别收集在其两辑《中国史论集》（1943 年 12 月和 1947 年 5 月）中，同时又完成了《中国史纲》第一卷和第二卷，为我国最早运用马克思主义观点编纂的中国通史之一。抗战初期，翦伯赞即把马克思主义唯物史观的原理与当代中国史学研究提出的理论问题的实际相结合，对中国史学理论作出了重要贡献。1938 年 8 月出版的《历史哲学教程》是其标志，表现在史学理论阐发上既有系统性，又有针对性和时代特点，并在结合历史研究实际对马克思主义的中国历史体系的理论做了总结。在抗战中后期，翦伯赞运用马克思主义史学原理探索中国历史发展规律，写出了研究中国古代史的一批论文和专著（分别收集在两部《中国史论集》中），提出了自己的学说，形成一家之言。抗战末期，翦伯赞运用马克思主义观点评价中国封建史学，提出对封建史学的批判与继承问题，这是他对史学理论上的另一贡献。如《刘知几的历史学》和《略论中国文献学上的史料》[7]及《论司马迁的历史学》[8]等都是他对古代史学所作出的初步评价。特别是有关南明史的研究，对探索封建社会末期的历史发展规律和揭露蒋介石王朝的腐朽妥协，都具有重要的历史意义和现实意义。他针对国民党对日妥协、对内镇压的种种倒行逆施，写了《桃花扇底看南朝》（1944 年 4 月）、《南明史上的永历时代》（1945 年 12 月）等著名文章，对南明王朝的灭亡进行了深入研究。在“以史为鉴”“以史资治”，利用历史为现实政治服务，鞭挞日寇侵略和国民政府最高统治集团方面，翦伯赞是一个典范。

1939 年吕振羽由湘入渝，在此他有三年时间在周恩来的直接领导下，从事革命斗争，他是我国马克思主义史学派奠基者之一。他身经战乱，对时局痛感极深。因而他敢于以古往今来的历史事实告诫国人，希望国民能从中得到启迪和借鉴。当时日本帝国主义为了配合它的武装侵略，驱使其反动文人，打着研究学术的幌子，无耻地歪曲中国历史，对中国人民进行精神麻醉。秋泽修二于 1937 年抛出《东方哲学史》，宣传中国社会为“亚细亚的停滞性”，非以外力推动则不能发展的反动理论。为了批判这种法西斯史学观点，他从 1939 年至 1940 年连续写出了《“亚细亚生活方式”和所谓中国社会的“停滞性”问题》《关于中国社会史的诸问题》《创造民族新文化与遗产的继承问题》等十多篇战斗性的历史论文，发表在重庆的进步杂志上，其中几篇被辑成《中国社会史诸问题》（上海耕耘出版社，1942 年版）一书。同时他着手编著《简明中国通史》，上卷于 1941 年 5 月问世。这些论著都是当时少见的以马克思主义唯物史观研究中国历史的佳作，构成了抗战时研究中国历史的一家之言。

七七事变后，吴晗应云大校长熊庆来聘请到云大历史系任教开明史课。1940 年夏天，他从昆明到联大的叙永分校担任文科的中国通史课。1941 年 9 月返回昆明。此后不久，吴晗开设中国社会史，逐渐把研究历史和现实斗争紧密地结合起来，并逐渐由爱国的资产阶级史学家转变成为当时著名的进步的马克思主义史学家和思想家。他尤其注重“史学鉴戒”作用。吴晗曾经说过：“过去自以为是不问政治，治学也以考证为主，但从 1940 年开始政治来过问我了。”[9] 吴晗在 1940 年以后，政治观点的逐渐转变，学术观点、写作方法也跟随着转变。此后写考证文章就少了。学术在他的具体实践中，从自以为和政治无关的研究方法，变成主动联系政治、抨击时政的研究方法，从而逐步开始了他一生的新的历程。特别是 1943 年加入民盟以后，接受了中国共产党人的影响和领导，自觉地了解共产党，学习马列主义。他的桌案上有了《新民主主义论》《联共党史》《新华日报》等书刊[9]，并针对国民党的腐败进行痛斥。如 1947 年 11 月 14 日，吴晗在《云南日报》发表《论贪污》一文，以古论今，斥责国民党反动派的贪污成风。两个月后又在《云南日报》上发表《贪污史的一章》，以明朝吏治贪污成风为例，分析造成贪污的原因，揭露国民党政府的腐朽吏治。值得一提的是，吴晗治史的目的，在注重“史”的“鉴戒”作用的同时，也注重“史”的“资治”作用。1944 年，吴晗在《昆明正义报·新论衡周刊》上发表《三百年前的历史教训》，是以纪念明朝覆亡三百年的名义写的，提醒人们：历史是一面镜子，要用三百年前南明小朝廷这面镜子来照照蒋家王朝，从而不对它寄予幻想。吴晗在这个时期写的历史杂文很多，仅在 1946 年就有几十篇之多。这些杂文是和国民党反动派进行斗争的有力武器，被称为“战斗的历史科学的一支奇兵”。

1938 年郭沫若到达重庆，任国民政府军事委员会政治部文化工作委员会主任，在这里战斗、生活近八年。皖南事变后，主要从事历史剧、史论的创作。1941 年 12 月至 1943 年 3 月改写剧本《棠棣之花》，又写了剧本《屈原》《虎符》《高渐离》《孔雀胆》《南冠草》五个历史剧，成为他文学生活中的“第二个青春”[10]。这些历史剧，配合党在当时提出的革命任务，具有强烈的政治倾向性和时代气息，以其深刻的历史真实性和动人的艺术魅力，起到了教育人民、打击敌人的作用。另一方面他又继续对我国先秦社会的性质，特别是先秦诸子的思想进行了系统研究。同时对秦以后的某些历史人物、历史事件作出了专门研究。他在这一时期的重要史学论著有《十批判书》《青铜时代》和《历史人物》等。抗日战争时期，郭沫若的历史思想有着极为丰富的内容。主要表现在三个方面：第一，对现实主义的强调；第二，对奴隶社会研究的独到见解；第三，坚持以人民为创造历史的本位观点。这三者之间有着紧密的联系。郭沫若是提出中国古代经历了奴隶社会的第一人，为马克思主义史学在中国的发展奠定了基石。这一学说在抗战前即已提出，但由于对马克思理论的掌握和中国历史实际的认识都还不深入，其论述多有欠周。抗战时郭沫若对早期的研究进行了全面自我批判，由此提出了中国奴隶社会一系列全新的见解，基本上建立了他自己的古代社会史的完整体系。他对历史研究又一个突出特点，即基于对现实的社会政治危机有着强烈反应，要求借鉴历史经验，以实现社会变革。因此郭沫若不仅热衷于读史、治史、讲史、写史，而且善于借鉴历史经验，善于总结历史经验为现实服务，即为拯救时局而研史，为振兴民族文化而写史。既撰写了《历史人物》等史学论著，更运用历史上的人和事为现实政治提供启迪和借鉴，而撰写了《甲申三百年祭》等史学论文。他对历史研究的另一个突出特点即强调人民是历史的创造者，必须以人民为历史本位。其目的是“为最大多数人谋最大幸福。它的反面是一切变相的帝王本位，牺牲大多数人的幸福以谋少数人的尊荣。前者是扶植主人，后者是训练奴隶。”[11]而在国统区，由于国民党大肆贩卖和推行，由于受了几千年封建传统思想的影响，历史界还存在着各种形式的反人民本位的思想。郭沫若强调以人民为本位的历史思想，不仅是对这些错误思想的批判，而且对于抗日战争民主运动的开展无疑有积极的作用。

第四节　高校历史系和史学研究机构内迁西南的历史意义

抗战时期高校历史系和史学研究机构内迁西南是一场空前绝后的中国史学事业和史学研究人员的战略大转移。因此，总结和评说这场内迁运动的历史意义，自然要认识和考察这种高校历史系和史学研究机构内迁对于坚持抗战和争取抗战胜利、对于中国史学事业的保存和发展、对于西南地区史学研究的影响为基础。事实证明，高校历史系和史学研究机构内迁对于西南新的历史学科建设发挥了重要推动作用。

第一，内迁高校历史系和史学研究机构，奠定了西南史学发展框架。高等学校的内迁不仅打破了日本帝国主义毁灭摧残中国传统史学的梦想，粉碎了他们企图利用中国原有史学研究阵地、设施进行奴化教育的野心，而且保存了我国史学研究的精华，使得中国的史学传统不因抗战而中辍；更主要的是为抗战培养了大批的宣传者，为抗战的最终胜利作出了巨大贡献。华北及沿海一些著名高等院校的迁入，大量的知名历史专家、教授随校迁来，不仅把沿海地区高校先进历史学研究方法和大批典籍史书带到中国西南地区，而且还使大批历史学专家、教授汇集到西南，给西南地区史学教育的发展和质量的提高增添了人才因素。

学校内迁西南的结果，使中国主要的高校历史系和史学研究机构都集中到西部地区，成为西南战时史学研究战线的主体。国民党当局在迁移高校的同时，从适应战时的科研需要出发，对高等教育的政策法令作出了一些必要的调整，同时也对各高校的历史系结构作了调整，从而形成了战时内迁西南高校的新特色：一是在继续开设战前原有科目的基础上，根据实际需要增设了一些新的科目，体现近代传统史学的职能。二是应战之急需，开展各种培训班和演讲会，直接为民族解放事业服务，较好地体现高校史学教育研究服务于政治的职能。抗战期间，不少著名的高校历史系和史学研究机构内迁，这些院系和史学研究机构都各有严谨的治学精神和不断进取的学术风气，也不乏国内外知名的史学教授、学者和专家，并有不少的爱国志士。他们广泛持久地开展学术演讲和学术研究活动，如中央大学在头顶敌机炸弹，吃住生活条件都非常艰苦的环境中，坚持开展学术演讲。罗家伦校长讲《二十二年之回忆》，历史系缪风林讲《历史的教训与国家的前途》和《战斗至上论——从国史证明战斗至上为历史的真理》。同时还邀请校外专家来校演讲。如请实验剧院王泊生院长讲《明末戏剧在政治上的策动》，剧作家洪深讲《历史与戏剧》，郭沫若讲《二期抗战中国青年应有之努力》等等。其探讨之深、研究之广、倡导之力，是史学界一大贡献。中法大学还专门成立了文史学会，文史系罗庸主任和罗喜闻教授亲自参加指导，举办了文史十四讲，广泛开展文史学术研究活动。吴晗教授讲的《明代特务组织——锦衣卫和东西厂》，以古喻今，讽刺国民党中统特务的罪恶活动。闻一多教授讲的《庄子反儒思想》启迪青年学生反正统、破束缚的革命意志。不仅涉及范围广泛，专业性强，而且在中华民族处于危亡的严重时刻，史学研究始终是声援抗战的积极组织者和参加者。1945 年 5 月 4 日，昆明学联举行纪念五四运动的游行和晚会，吴晗、曾昭抡、费孝通等都成为大游行的先导。

第二，高校历史系和史学研究机构内迁对于西南史学教育与研究的影响和作用。战前我国基础薄弱的近代高等教育主要集中在沿海沿江一带的大中城市，西南地区的高等教育非常落后，尤其是贵州，基本上无近代高等教育可言。据史料统计，抗战前西南地区专科以上高校共 8 所，仅占全国高校总数的 7.4%。沿海沿江大批高校内迁西南后，大大加强了西南地区近代高等教育的力量，对促进西南史学教育的发展起了很大的作用和影响。如贵州大学历史系、贵阳师范学院史地系都是这个时期创建的。加之，各校历史系都在内地招收了大量的新生，也为当地造就输送了史学专业人才。所有这些都对抗战后方发展史学教育事业起了积极的促进作用。

抗战时期聚集在西南地区 85 所高校里的史学界的专家、学者、教授，大都是当时的史学精英，他们在此著书立说，传道授徒，不仅推动了当时西南地区史学教育学和学术的发展与进步，而且改变了西南地区原有史地教育的落后面貌，对今天西南史学教育的发展起了不可磨灭的贡献。一方面抗战胜利后内迁高校虽然大部分复迁回原址，但在复员中不少学生从数千里以外到南京教育部请愿，西北、西南的学生要学校留在原地，华北、中原、江浙、华南等地学生要求学校迁回。双方学生矛盾尖锐，以致斗殴流血。为此教育部开会决定，凡内迁学校一律留在西南。这样一些历史系或史学机构以及大量史籍便留在西南。1946 年 5 月西南联大复员北迁时，决定将其师范学院留昆，8 月正式独立设院，定名为国立昆明师范学院，并保留了原来的史地教育。更重要的是当时联大每年 500 名左右的毕业生大多在云南教育部门就业，完全改变了云南教师队伍的不足和质量低的现状。这就为昆明市大量兴办私立中学提供史学师资条件。如五华中学校长李希泌在联大历史系毕业后创办了这所学校，他聘请联大教务长潘光旦为董事长，又聘请一些历史系教授和同学来校任教。这中间当然也包括历史学的学生。据 1945 年云南教育厅统计，公立中学由战前 9

校63班增加至10校85班，私立中学由2校6班增至19校98班，几乎增加了10倍。昆明私立中学异乎寻常的突起，内迁高校的史学教育是做出了特别贡献的。

注释

[1]《教育杂志》第二十九卷第5号，韦卓民：《抗战时期中国的教育》。

[2]《中华文史资料文库》卷十七《文化教育》第415页。

[3] 见《贺昌群史学论著选·尹达序》，中国社科出版社，1985年版。

[4] 蒋天枢《陈寅恪先生编年事辑》第108页，上海古籍出版社，1981年版。

[5] 刘起《顾颉刚先生学述》第252页，中华书局1986年版。

[6] 冯尔康、郑克晟《郑天挺学记》第389-394页“郑天挺自传”。生活·读书·新知三联书店，1991年版。

[7] 荣天琳《论抗战时期翦伯赞对中国马克思主义史学的贡献》，刊北京大学历史系编《翦伯赞学术纪念文集》，北京大学出版社，1985年版。

[8] 刊重庆《中山文化季刊》2卷1期，1945年8月。

[9] 苏双碧、王宏志《吴晗学术活动编年简谱》，刊《吴晗的学术生涯》，浙江人民出版社，1984年版。

[10]《沫若文集》卷7第10页。

[11]《沫若文集》卷13第153页。

第七章 抗战时期内迁西南的高等院校与西南教育的发展

抗日战争时期，由于受国民政府西迁重庆这一巨大历史事件的影响，中共中央南方局也设在重庆，西南地区成为占有重要地位的大后方之一。为了保存我国文化教育的精华，在国民政府组织领导之下，一些国立、省立和私立的大专院校纷纷内迁，从而形成了中国教育史上有史以来第一次大规模地自东向西的大迁徙。

第一节 战区大专院校内迁西南的经过

1931年发生“九一八”事变，日本关东军突袭沈阳，以武力侵占我国东北。随后的“一·二八”事变、华北事变，标志着日本侵略的不断扩大，上海及其他沿海经济、文化中心面临着日趋严重的威胁。在这种形势下，一方面，国民政府被迫考虑建设抗战大后方问题，需要教育中心西移；另一方面，战区大专院校的教职员生不甘为亡国奴，积极主动地负载校具图书、仪器西移。当时教育部为各级学校的安全及保存现有设备，颁布战区学校处置办法，命令各省市教育厅局和专科以上学校斟酌情形，选择比较安全的地区作迁移准备。1938年国民政府成立全国战时教育协会，专门负责全国各地学校的迁建工作。战区大专院校内迁西南大致分为三个时期。

一、抗战爆发的初期阶段

1935年华北局势紧张，高等教育战线上的许多名流专家提出高校内迁。当时北平的清华大学在长沙岳麓山营建校舍新址，南京的中央大学也在校长罗家伦动员下将学校的图书仪器装运重庆，校址选在重庆大学附近松林坡。1937年7月中旬，蒋介石在庐山发表谈话后，宣布抗战国策，随后罗家伦即向兼任行政院长的蒋介石建议，把东南沿海的主要大学和科研机构西迁重庆。蒋介石接受建议，要教育部指令南京的中央大学及杭州的浙江大学等立即迁校重庆。这次大迁徙，以各大学、学院及专科学校为主，以 1937 年 10 月国立中央大学西迁重庆为肇端，其他各校虽再三辗转迁徙，但大多数将其最后的落脚点选在了国民政府政治、经济、军事、外交、社会活动中心的成都附近。据国民政府教育部 1939 年统计，战前我国专科以上学校共 108 所，因战争爆发而迁至后方的共 52 所，停办的 17 所，其余 14 所或是原设于后方，或是原设上海租界，或是各国教会所办大学能在沦陷区勉强维持。[1]当时华北、东南沦陷区及其他战区的大专院校，除就原省原地区和迁移香港外，从 1937 年至 1939 年迁往云、贵、川、渝诸省、市的有 40 所，包括国立中央大学、山东大学（合并入中央大学）、私立复旦大学和武昌华中大学内迁重庆。私立金陵大学、金陵女子文理学院、齐鲁大学、光华大学、朝阳学院和国立清华大学迁成都，武汉大学迁乐山，东北大学迁三台，南开大学经济研究所迁重庆，私立铭贤学院迁金堂等。

二、太平洋战争爆发前后

武汉、广州沦陷以后，抗日战争进入战略相持阶段。与正面战场相对沉寂的同时，自全面抗战以来的波澜迭起的高校内迁的洪流，也逐渐平静下来。到 1940 年中期高校内迁基本完成，但并没有结束，在此后的数年中，仍有部分地区的个别高校内迁。特别是太平洋战争爆发后，上海租界形势日趋恶劣，华南岌岌可危，香港沦陷，原避难于上海租界内香港、华南等地方的大专院校迁往西南。自 1940 年至 1943 年春共 11 所，泸江大学、国立上海医学院、国立上海交通大学即此时期迁入重庆的。留在北平的私立燕京大学也因太平洋战争爆发而被日寇封闭，鉴于成都已有金大、金女大、齐大、华大等 4 所教会大学，为便于合作，1942 年 2 月决定迁往蓉城，并于 10 月正式复校开学。

三、1944 年到抗日战争胜利

1944 年 3 月，日本为打通从中国的东北到越南的大陆交通线，发动豫湘桂战役，短短的 8 个月，国民党政府丧失了湖南、广东、福建诸省的大部分和广西的一部分，原迁入该省的大专院校和该省原有高校被迫迁往西南，如桂林师范学院即此时迁入贵州。

内迁高校大致分三个时期迁往西南，主要是由战争进程决定的，同时也有地域环境因素的影响。原校址在南京、上海、武汉的高校，所在驻地陷落后，旋即相随国民党政府迁都重庆而内迁西南，途中未久停他地，内迁西南的时间大都在第一时期（1937－1939 年）。这与其地处长江沿岸，利用长江水运可以较快地将师生员工、校具仪器迁往西南有较大关系。原校址在华北的高校及东南的部分高校，驻地失陷较早，选择安全地区的范围相对来说大一些，于是择易迁徙的地区复课。不料战火一再蔓延，只得辗转来到西南。这类院校曾分别驻过湖南、广西等地区，故迁到西南较晚，大都在第二、三时期。

抗战时期内迁大后方及暂时迁至上海和香港等地，尔后又因太平洋战争爆发又继续迁移的77所大专院校中，内迁西南的高校共58所，占战前全国高校总数的53.7%，占整个内迁高校的75.3%。[2]在这内迁西南的58所高校中，按省域而论，重庆26所（包括璧山3所，万县、江津各2所，巴县、江安各1所），四川12所，云南13所，贵州7所。可见，内迁西南的高校又以聚集在重庆的为最多，占战前全国高校总数的22.2%，占内迁西南高校的42.9%。这些迁渝高校不仅数量多，而大多是当时国内的一些知名学府，如国立中央大学、中央政治学院、国立交通大学、国立上海医学院、私立复旦大学等。同时还有各种各样的专门技术学校，如私立南开大学经济研究所、交通大学北平铁道管理学院、国立北平艺术专科学校、中央国术体育专科学校等。四川的13所高校有7所集中在成都，但多数为教会学校，如美、英、加等国教会在成都所设立的华西协和大学，历史悠久，规模较为完备。迁蓉的金陵、齐鲁、燕京、金陵女子文理学院等院校，与华西大学受同一中国教会大学联合董事会管辖。此外，迁乐山2所，三台、金堂、泸县、南溪各1所。这些学校按其性质分，有国立、公立、私立和教会办的几类，以其科别分有文、理、法、工、农、商、医、师范教育、艺术和戏剧、音乐、体育等专业，还有陆、海、空军各级军事学校。当时海内名流、专家学者皆荟萃于西南，他们与四川原有的4所、重庆原有的2所和云南原有的2所大专院校的人士相处一地，相得益彰。这时西南文风之盛为有史以来所仅见。高校事业的发展可谓盛极一时。抗战前，我国共有专科以上学校在校学生四万余人，1937年因迁校关系减少学生一万人，但自1938年后在校学生人数又逐渐增加，1945年竟增至八万人。并在重庆北碚的夏坝、重庆市中区的沙坪坝和成都的华西坝形成三个高校文化区，合称西南三坝。

第二节　高校内迁西南对于坚持抗战和争取抗战胜利的重要意义和作用

抗战时期高校内迁西南是一场空前绝后的中高教事业和知识精英的战略大转移。参加这场高校内迁西南运动的民众包括师生员工及教师家属估计不下50万人。国民政府策动高校内迁的直接原因是抗日战争爆发，被迫考虑建设抗战大后方问题。其内迁的直接目的是保存教育实力，抗战建国，将沿海或逼近战争前线的高校迅速内迁，充分利用已有高校，以提高内地教育水平复兴中华民族。事实证明，高校内迁对西南新的教育基础建设发挥了重要作用。

第一，内迁高校奠定了西南高校的门类和发展框架。据 1945 年底的不完全统计，入迁西南的高校 58 所，按行业划分，共设有文理综合大学 26 所，农工学院 2 所，法商学院 4 所，医学院 8 所，工学院 3 所，交通学院 2 所，师范教育学院 3 所，艺术学院 5 所，体育学院 3 所，其他高校 2 所。这些院校系科比较齐全，共设会计、银行、工商管理、政治经济、法律、化学、物理、中国文学、外国文学、历史社会、土木、矿冶、管理、地理、数学、理化教育、农艺、蚕桑、国艺、病虫害、农业经济、电机、机械、化工、行政、卫生教育、体育、农林等多个专业，为国家培养了一代有知识、爱国、爱民族，为抗日救亡和为建设祖国献身的人才。

第二，高等学校的内迁不仅打破了日本帝国主义毁灭摧残中国教育的梦想，粉碎了他们企图利用中国原有教育阵地、设施进行奴化教育的野心，而且保存了我国教育的精华，使得中国的传统不因抗战而中辍。更主要的是为抗战培养了大批的专门人才，为抗战的最终胜利作出了巨大贡献。华北及沿海一些著名高校院校迁入，大量的知名专家、教授随校迁来，还有不少的爱国进步的文化人士也来到西南，不仅把沿海地区高校较为先进的技术和管理经验带到中国西南地区，而且还使大批专家、教授汇集到西南，给西南地区教育的发展和质量的提高增添了人才因素。

国民政府策动高校内迁的另一个直接目的是适应战时在科研上之急需。在论及高校内迁的意义和作用时，还应了解高校内迁对于西南战时的科研发挥了什么样的作用。这些科研在多大程度上适应国民党抗战在经济、军事、医疗等方面的需要。

学校内迁西南的结果，使中国主要的高校集中到西部地区，成为西南地区战时教育战线的主体。国民党当局在迁移高校的同时，从适应战时的科研需要出发，对高等教育的政策法令作出了一些必要的调整，同时也对各高校的学科结构作了调整，从而形成了战时内迁西南高校的新特色：一是在继续开设战前原有科目的基础上，根据实际需要增设一些新的科目，体现近代传统教育的职能。为保证正常教育的实行，教育部 1938 年颁布了大学文理法师范各学院共同必修科目表的施行要点与大学文理法师范各学院分系必修及选修科目的表施行要点，对高校所设科目作了严格的规定。迁到西南的高校按照教育部令设置各学系，尽可能维持战前规模，但亦根据当时具体形势略有调整。如中央大学迁后开办的文、理、法学院及附设的牙医专科都是战时所设院系。而国立国术体育师范专科学校迁渝后因感于当时体育师资的匮乏，在已有三年体制师范专科的基础上，增设五年制师范专科。复旦大学原有文、理、法、商学院，1938 年又增设史地系、统计系和垦殖专修科。私立文华图书馆学专科学校，“为适应社会需要，配合政府提高行政效率起见”，1940 年秋添设档案管理科。国立江苏医学院新设卫生教育专修科、医学专修科，以补充战时医务人才的缺乏。内迁西南高校的系科设置上，愈来愈从实际需要出发，调整学校科目。其中于教学措施中重要一项内容，就是设立军事训练课，其方式或为各校分别进行或定期集中训练。前者要求每人接受一个学期的军事训练，每周安排两小时进行军事训练，由省方派军事教官到校授课。后者由政府规定在暑假或寒假，调集当时各校学生参加集训，受训期一般为三个月左右。西南联大为适应当时需要，工学院增设了航空工程学系。1939 年 2 月又附设电讯专修科，在课程安排上也增添了一些战时应用性的专门课程，如曾昭抡的国防化学、杨石先的药物化学、张大煜的染料化学等。再如中法大学理学院因鉴于对于抗战之重要，曾与空军军官学校合作，办了无线电通信人员训练班，培养了一批空军人才。二是应战时急需，开办各种训练班与经济部、交通部、军备部所属单位合作，直接为抗战科研服务，较好地体现高校的教育和科研职能。内迁西南高校适应战时需要，利用现存的师资设备，开办各种培训班，如国立中央工业专科学校开设无线电训练班、机械训练班、测绘训练班、汽车机务训练班。私立立信会计专科学校设市区、市郊会计职业训练班，迁蓉的金霞大学成立应用科学专修科，尤其是高校科研工作为了民族解放事业，大力发展应用科研。鉴于战争需要大量的粮食，敌人对我国搞经济、物资封锁的现实情况，农业科研着重培养良种，改进耕作技术；国防方面的科研着重枪炮和弹药的仿制；交通方面，着重研制代替汽油的燃料。这些学术科研活动的开展，对于解决抗战之需发挥了重要作用。

第三节　高校内迁对于西南教育格局的影响和作用

战前我国基础薄弱的近代高等教育主要集中在沿海沿江一带的大中城市，西南地区的高校教育非常落后，尤其是贵州，基本上无近代高等教育可言。据史料统计，抗战前西南地区专科以上高校共 8 所，仅占全国高校总数的 7.4%。沿海沿江大批高校内迁西南后，大大加强了西南地区近代高等教育的力量，对促进教育的发展起了很大的作用和影响。

一、艰苦建校，恢复教学，改变了过去不合理的教育布局

内迁西南的各大专院校在教室、实验室、图书馆和仪器设备都不足的情况下办学，然而各校师生在西南原有大学和政府的支持帮助下，团结互助，共赴国难，不仅没有中断办学，而且把高教事业不断推向前进。比如，抗战时期地处前线的中央大学医学院、金陵女子文理学院、金陵大学、济南的齐鲁大学、苏州的东吴大学生物系、北平的燕京大学、协和医院的部分师生和它的护士专科学校等都是先后迁来成都，借用华西大学校园、校舍、实验室、教学医院和图书设备与华大合作办学，这样在原来成都华西坝共有一所华西大学，抗战时期这所仅 1000 余亩的校园里，接纳了六七所战争威胁之下濒于关闭的学校，容纳了数千师生，经过艰苦奋斗，内迁西南的 58 所高校重新建立，恢复了教学与科研，并在这些内迁高校的推动和帮助下，西南地区的有识之士和政府又新建了一些高校。云南

在抗战前共有省立云南大学和省立体育专科学校两所高校。抗战后北京大学、清华大学、南开大学合并组成西南联大迁来昆明。同时迁来的还有中法大学和华中大学。为了给云南培养师资，云南省府和联大协商，由联大增设师范学院。此外，云南还新建省立英语专科学校。抗战前四川高校最多，原有 4 所，即四川大学、私立华西协合大学、私立西南美术专科学校、私立求精商业专科学校。抗战时期新建四川省立艺术专科学校、四川省立会计专科学校、国立成都理学院和四川省立体育专科学校四所高校。抗战前夕在重庆的高校只有两所，一是设在沙坪坝的重庆大学，一是设在磁溪口的四川省立教育学院。抗战时便增设了国立女子师范学校、国立重庆商轮船专科学校、国立体育师范专科学校、中华剧专、国立重庆师范学校、乡村建设学院、兵工学校、音乐学院、私立重辉商业专科学校、私立汉华农业专科学校和国立中央工业专科学校等 11 所高校。其中国立女子师范学校和乡村建设学院均系内迁师生新办。贵州抗战前，没有一所专科以上学校。学生要读专科以上的学校，必须远赴外省。抗战期间，上海私立大厦大学和国立交通大学首先迁黔，外迁学校在当时局势影响下，1938 年贵州省成立了贵州医学院，这是贵州有专科以上学校的开始，也是贵州有史以来的第一所高等学校。随后又新建国立贵州工学院（次年改名为贵州大学）和国立师范学院，当时新办的高校多由教育专家主持工作，坚持自己的办学方针。由于教育思想、办学传统不尽相同，因而形成了各具特色、百花齐放的局面。这样外地迁到西南地区的高校 58 所，本地新设高校 19 所，加上原来拥有的 8 所大专院校，作为中华民族战时经济、政治、文化中心的西南地区已拥有的 85 所高校，占当时全国高等院校总数的 3/4 左右，是战前本地区高校的 10 倍。如此众多的大专院校密集在西南地区，这不仅在西南地区历史上是前所未有的，而且在中国教育史上也是第一次。特别是原教育基础最好的重庆、四川，到 1945 年已有高校 59 所，与战前 1937 年的相应数字比较，学生数和学校数分别增加 5 倍和 9 倍，可见整个西南地区的高校在内迁高校的推动下有了蓬勃的发展，完全改变了西南地区仅有少量高校的不合理的教育布局，并在西南地区形成了三个新的教育文化中心。

二、抗战时聚集在西南地区 85 所高校里的各行各业的专家、学者、教授，大都是当时乃至今天的文化精英

他们在此著书立说，传道授业，救生授徒，不仅推动了当时西南地区文化教育学术的发展与进步，壮大了当时民主运动的队伍，而且改变了西南地区原有教育的落后面貌，对今天西南教育的发展起了不可磨灭的作用。一方面抗战胜利后内迁高校虽然大部分复迁回原址，但在复迁中不少学生从数千里以外到南京教育部请愿，西北、西南的学生要学校留在原地，华北、中原、江浙、华南等地学生要求学校迁回。双方学生矛盾尖锐，以致斗殴流血。为此教育部开会决定，凡内迁学校一律留在西南，如 1939 年内迁四川金堂的私立

铭贤学院在抗战胜利后虽筹备复员，但因时局变动，交通受阻未遂。又如1947年在重庆万县成立的私立辅成法学院、1946年4月在重庆巴县成立的私立正阳法学院实际上分别是上海法学院和北平私立朝阳学院的分院，在本院迁回原址后为便利西南学生乃在此建留分院。同样1946年5月西南联大复员北迁时，决定将其师范学院留昆，8月正式独立设院，定名为国立昆明师范学院，并保留了附中、附小，该院接收联大新校舍及光华中学南北两院校址。1946年6月中法大学开始复迁北平，所属附属中学也留在昆明，改名为昆明中法中学。内迁四川乐山的武汉大学于1945年返迁时，把在乐山添置的房舍、家具和中小学一切设备，无偿地全部送给乐山。现乐山四中的前身便是当时武汉大学的附中。另一方面，内迁西南的高校为当地联合培养师资，改变过去师资不足的状况，使中等教育得到迅速发展。武汉大学在武昌时只有一名乐山籍学生，到乐山第一届招生就有乐山籍5人，以后逐年增加，1946年新生中便有30余人了。当时武大很多师生到中小学任课，从而提高了中小学教学质量，尤其是返迁武昌时还留下一批研究生、讲师、助教、技术人员在乐山继续工作，西南联大迁滇后便增设师范学院，每年在云南招收保送生50名。更重要的是当时联大每年500名左右的毕业生大多在云南教育部门就业，完全改变了云南教师队伍的不足和质量低的现状。这就为昆明市大量兴办私立中学提供了师资条件。如五华中学校长在联大历史系毕业后创办了这种学校，又如天祥中学是江西同乡会筹建，但校长及教师都是联大学生，其中江西籍的占多数。[3]

注释

[1]《教育杂志》第29卷第5号，韦卓民《抗战时期中国的教育》。

[2] 韦卓民在《三年来的中国战时教育》（转自余之侠《抗战时期高校内迁及其历史意义》），一文称战时高校内迁人数77万余人，而内迁西南高校数又占整个内迁高校总数的75.3%。

[3] 冯楠之编《抗战时期西南的教育事业》第11—13页。

下　篇

专题篇

第八章　明代四川教育地理

第一节　明代四川兴办教育的政策和措施

一、儒学

朱元璋统一全国后，立即下令从中央到地方普遍建立学校。当时在四川不仅按地方建制设立有府、州、县儒学，而且还在一些少数民族地区设立土司儒学。这些学校的课程主要是儒学经典，即以四书、五经为教材，但在内容上则严格地把政治标准放在第一位。朱元璋曾令其大臣刘三吾删去《孟子》中诸如“民为贵，社稷次之，君为轻”；“君子视臣如草芥，则臣视君如寇仇”等内容的文字八十五条之多。此外，学生还必修课程《御制大诰》，其内容主要是朱元璋对人民的训语，要大家安分守己，积极缴纳田赋和服兵役。《大明律令》是做官必修法典，也是一个顺民所必须熟记的条文。明政府大力发展教育，目的是通过学校教育、科举考试来培养巩固统治地位的人才。

二、书院

明代是四川书院发展的高峰，特别是明宪宗成化（1465—1488 年）以后，到嘉靖年间（1522—1566 年）达到顶峰。如长宁的文明书院、嘉定的东坡书院、丰都的平山书院都是先后在这个时期建立起来的。当时大多数的府州都有书院设立。据不完全统计，明代全国共建有书院 1239 所，四川就有 99 所书院。[1] 这些书院除少数官办外，大多数为私人所办。一些不愿入仕或未中举的读书人，在富绅的支持下，选择历史上有名的人物所居住生活的地方建造书院。正如嘉庆《四川通志》所说，书院“多以名贤遗址为之，其在蜀者，如北岩（在涪州）、紫岩（在绵竹）、青莲（在彰明）、金华（在射洪）数书院，皆名人遗迹。”目的是表彰前贤，鼓励后进。由于明代书院多属私人教育组织，因此书院的主持人往往是根据自己的愿望、想法来管理书院，不仅具有较大的独立性，讲学自由，而且学术风气浓厚，甚至成为议政的中心。以致明代曾先后发生过四次大规模的捣毁书院活动，分别在嘉靖十六年（1537 年）、嘉靖十八年（1539 年）、万历五年（1571 年）和天启五年（1625 年）。经过一浪高过一浪的捣毁运动，四川书院也屡遭查禁，从而影响了明代四川书院的教育的发展。

三、义学

义学既不是官办学校，也不是私人办学，而是一种集体办学性质的教育。明代义学在四川各地都有发展，它完全是一种基础性质的教育，多由地方官员和乡绅集资兴办。

四、科举考试

明代学校教育，无论官学、书院或义学都同科举制度有密切关系，甚至成为科举制度的服务工具。明代科举制度因袭唐宋旧制，但比过去更重视，其制度和办法也更加完备和复杂。最大特点是以八股取士，《明史·选举志》说：“科目沿唐宋之旧，而稍变其试士之法，专取四子书及《易》《书》《诗》《春秋》《礼记》五经命题取士。盖其太祖与刘基所定。其文仿宋经义，然代古人语气为之，体用排偶，谓之八股，通谓之制义。”

明代科举只设进士一科，从洪武十七年（1384 年）开始正式规定三年举行一次考试，称之为“三年大比”制度。四川的科举考试按照明政府的规定执行，每逢子、午、卯、酉年八月在成都举行“乡试”，共考三场，每次录取 20 名至 30 名举人。

表 8-1 明代四川各府州县儒学、书院分布表

府　名	州县名	儒学名	书院名
成都府（31，18）	府治	府学	锦江、少陵、大益、紫岩
	成都	县学	
	华阳	县学	潜溪
	双流	县学	
	郫县	县学	子云
	温江	县学	紫奎
	新繁	县学	
	新都	县学	平山
	彭县	县学	
	崇宁	县学	
	灌县	县学	
	金堂	县学	
	仁寿	县学	
	井研	县学	凤山、崇正
	资县	县学	来凤
	内江	县学	学古
	安县	县学	九峰
	威州	州学	
	简州	州学	
	资阳	县学	
	崇庆州	州学	
	汉州	县学	南轩
	什邡	县学	
	绵竹	县学	
	德阳	县学	少陵
	锦江	州学	思贤
	罗江	县学	罗隐
	彭明	县学	
	茂州	州学	太白
	汶州	县学	
	新津	县学	

续表

府　名	州县名	儒学名	书院名
顺庆府（11，12）	府治	府学	兼山、嘉湖、金泉、嘉陵
	南充	县学	
	西充	县学	
	邻水	县学	
	大竹	县学	
	蓬州	州学	果山、振德、南山、蓬莱
	营山	县学	西林
	仪陇	县学	
	广安州	州学	甘棠
	渠县	县学	
	岳池	县学	凤山、甘泉
夔州府（12，7）	府治	府学	夔龙、少陵、仰高
	奉节	县学	
	巫山	县学	
	大昌	县学	
	大宁	县学	
	云阳	县学	
	万县	县学	五龙
	开县	县学	三贤
	梁山	县学	
	新宁	县学	丰都、龙池
	达州	州学	
	东乡	县学	

续表

府　名	州县名	儒学名	书院名
重庆府（21，17）	府治	府学	凝道、来凤
	巴县	县学	云霞
	江津	县学	楼清、梅溪
	璧山	县学	
	永川	县学	
	荣昌	县学	
	大足	县学	
	安居	县学	
	綦江	县学	
	南川	县学	
	长寿	县学	香泉
	黔江	县学	
	合州	州学	合宗、濂溪
	铜梁	县学	岳鹿
	定远	县学	和溪、印山
	忠州	州学	集贤
	丰都	县学	平山、凌云
	垫江	县学	
	涪州	州学	北岩
	武隆	县学	白云
	彭水	县学	
泸州（4，0）	州治	州学	
	纳溪	县学	
	江安	县学	
	合江	县学	
雅州（4，0）	州治	州学	
	名山	县学	
	荥经	县学	
	芦山	县学	

续表

府　名	州县名	儒学名	书院名
会理州		州学	
越州		卫学	
九姓司		司学	
叙永厅		厅学	
保宁府（11，7）	府治	府学	锦屏、雅材、三陈
	阆中	县学	
	苍溪	县学	
	南部	县学	母丘
	广元	县学	
	昭化	县学	
	剑州	州学	兼山
	通江	县学	
	南江	县学	
	巴州	州学	丹梯、琅轩
	梓潼	县学	
叙州府（10，12）	府治	府学	三台、孝节、翠屏、涪瓮
	宜宾	县学	
	南溪	县学	云台、南溪
	庆符	县学	
	富顺	县学	学易、西湖、龙州
	长宁	县学	清平、文明、东溪
	兴文	县学	
	隆昌	县学	
	高州	州学	
	筠连	县学	
	珙县	县学	
龙安州（4，0）	府治	府学	
	平武	县学	
	江油	县学	
	石泉	县学	

续表

府　名	州县名	儒学名	书院名
潼州府（7，7）	府治	府学	
	射洪	县学	金华
	中江	县学	
	盐亭	县学	
	遂宁	县学	斗城、书台、育秀
	安岳	县学	
	乐至	县学	名世
	蓬溪	县学	石鱼、蓬莱
马湖府（3，2）	府治	县学	
	屏山	县学	楼山、沐川
	雷波厅	厅学	
眉州府（4，1）	州治	州学	鹤山
	彭山	县学	
	丹棱	县学	
	青神	县学	
邛州府（3，2）	州治	州学	鹤山
	大邑	县学	
	蒲江	县学	鹤山
嘉定府（7，12）	府治	府学	东坡、九峰、九龙、东岩
	峨眉	县学	峨山
	夹江	县学	平川、一崖
	洪雅	县学	修文、遗直
	犍为	县学	子云、凤凰
	荣县	县学	凤鸣
	威远	县学	
永宁卫		卫学	
松潘卫		厅学	
酉阳卫		州学	
宁番卫		卫学	
盐井卫		卫学	

续表

府　名	州县名	儒学名	书院名
建昌卫		卫学	
会理州		州学	
杂谷厅		厅学	

说明：①表中资料以正德《四川志》和嘉庆《四川通志》为主，并参阅四川各府州县志编辑而成。但时间不明，地址不详者未列入。②括号内的数字，前者表示儒学所数，后者为书院所数。

第二节　明代四川进士的地域分布规律

人是环境的产物，特定的地理条件、经济条件和历史条件，对人才的成长具有重大作用。程颢在《河南程氏遗书》卷三中强调“西北东南，人才不同”正是这个道理。自隋炀帝大业二年（602 年）“始建进士科”[2]以来，科举取士便成为封建文化和封建教育的指挥棒，所以各地的科举状况、录取状况在很大程度上体现着当地文化水准与特点，而进士科举又是科举的主要形式，因此进士人数的多少不仅反映了封建王朝人口的文化素质水平，而且也构成了该王朝的社会中坚。进士的地域分布表明了人才的空间存在形式，特定地区的人才分布受那里的自然因素和人文因素的影响，并取决于当时的社会经济状况结构，所以研究历代进士地域分布，分析其人才地域结构，就可以看出封建时代经济文化发展的大致轮廓。自洪武十八年（1385 年）至崇祯十六年（1643 年）的 260 年中文科考试共进行了 88 场，四川共取进士 1440 人，本章以嘉庆杨芳灿《四川通志・选举》中对明代进士的有关记载为主，参考各府、县志及有关文集、文物资料，研究四川进士籍贯分布状况、变迁趋势及其变迁原因。

一、籍贯分布状况与变迁趋势

明代四川进士共 1440 人，其籍贯都有明确记载，分布在今天四川的 113 个县（县级市）中，以 1989 年行政区划为准，其籍贯统计数字列如下表 8-2。

表 8-2　明代四川各地进士人数统计表

地　区	县（市）	进士人数
成都市	成都	85（26，59）
	双流	9（5，4）
	金堂	7（3，4）
	新都	12（4，8）
	温江	11（3，8）
	崇庆	11（8，3）
	大邑	4（1，3）
	新津	4（3，1）
	邛崃	8（3，5）
	蒲江	2（1，1）
	郫县	7（1，6）
	都江堰	4（2，2）
	屏县	7（1，6）
	小计	173（61，112）
内江市	内江（县，市）	111（50，61）
	资中	17（7，10）
	乐至	1（0，1）
	资阳	8（1，7）
	简阳	3（2，1）
	隆昌	8（0，8）
	安岳	15（9，6）
	威远	4（1，3）
	小计	167（70，97）
遂宁市	遂宁	29（12，17）
	蓬溪	8（0，8）
	射洪	7（2，5）
	小计	44（14，30）

续表

地 区	县（市）	进士人数
宜宾地区	宜宾（市、县）	44（18，26）
	南溪	14（8，6）
	江安	6（4，2）
	长宁	4（4，0）
	兴文	3（3，0）
	共县	3（3，0）
	高县	4（3，1）
	筠县	2（0，2）
	彭山	4（3，1）
	小计	84（46，38）
南充地区	南充（市、县）	74（8，66）
	西充	16（4，12）
	南部	8（2，6）
	阆中	23（19，4）
	仪陇	1（1，0）
	营山	4（1，4）
	蓬安	3（3，0）
	岳池	12（7，5）
	武胜	7（1，6）
	广安	16（5，11）
	小计	165（51，114）
德阳市	德阳	4（1，3）
	中江	5（2，3）
	绵竹	6（1，5）
	广汉	17（2，15）
	什邡	7（2，5）
	小计	39（8，31）
雅安地区	雅安	3（0，3）
	名山	1（0，1）
	小计	4（0，4）

续表

地　区	县（市）	进士人数
涪陵地区	涪陵	27（9，18）
	丰都	4（2，2）
	垫江	9（1，8）
	小计	40（12，28）
绵阳市	绵阳	27（4，23）
	三台	19（1，18）
	盐亭	1（0，1）
	江油	2（1，1）
	梓潼	3（1，2）
	安县	3（0，3）
	平武	1（1，0）
	小计	56（8，48）
泸州市	泸州（市，县）	50（24，26）
	合江	10（1，9）
	纳溪	1（0，1）
	叙永	2（2，0）
	小计	63（27，36）
乐山市	洪雅	8（3，5）
	青神	9（5，4）
	仁寿	13（7，6）
	井研	15（2，13）
	彭山	3（2，1）
	乐山	26（7，19）
	夹江	9（4，5）
	峨眉山	3（1，2）
	犍为	4（2，2）
	眉山	25（18，7）
	丹棱	1（0，1）
	小计	116（51，65）

续表

地　区	县（市）	进士人数
达县地区	达县（市，县）	14（7，7）
	大竹	7（4，3）
	渠县	7（3，4）
	邻水	7（2，5）
	南江	2（1，1）
	通江	4（2，2）
	宣汉	2（1，1）
	开江	4（1，3）
	小计	47（21，26）
重庆市	重庆（含巴县）	107（42，66）
	长寿	26（16，10）
	綦江	4（1，3）
	台川	37（19，18）
	永川	11（5，6）
	江津	27（10，17）
	大足	5（2，3）
	荣昌	12（6，6）
	铜梁	42（17，25）
	小计	271（117，154）
广元市	广元	1（0，1）
	剑阁	1（0，5）
	苍溪	4（1，3）
	小计	10（1，9）
万县地区	万县（市，县）	4（2，2）
	渠平	7（1，6）
	忠县	13（4，9）
	开县	7（1，6）
	奉节	3（0，3）
	巫山	4（1，3）
	巫溪	2（1，1）
	云阳	3（2，1）
	小计	43（12，31）

续表

地　区	县（市）	进士人数
自贡市	自贡（含富顺）	109（32，77）
	荣县	9（3，6）
	小计	118（35，83）
总　计		1440（534，906）

说明：本表包括内的进士人数是指明朝前期、后期该地的进士数，其中前期包括洪武、建文、永乐、宣统、正统、景泰、天顺、威化、弘治九个时期；后期指正德、嘉靖、隆庆、万历、天启、崇祯六个时期。

嘉庆《四州通志·选举》所载明代四州的1440位进士，按籍贯统计俱已列入表8-2的统计数字中。下面打破地区（地级市）、县（县级市）的界线，根据各地区平均产生的进士人数之多少（列入表8-3），将四川全境分成若干区域，可以大致勾画出明代四川全省进士籍贯的分布状况。

表8-3　明代四川各地区平均每县进士人数统计表

地区	县数	进士人数	平均每县进士数
成都市	13	173（61，112）	13.3（4.7，8.6）
泸州市	6	63（27，36）	10.5（4.5，8.6）
重庆市	13	271（117，154）	20.8（9，11.8）
德阳市	5	39（8，31）	7.8（1.6，6.2）
自贡市	3	118（35，83）	39.3（11.7，27.6）
绵阳市	8	56（8，48）	7（1，6）
广元市	5	10（1，9）	2（0.2，1.8）
遂宁市	3	44（14，30）	14.7（4.7，10）
内江市	9	167（70，97）	18.6（7.8，10.8）
乐山市	14	116（51，65）	8.3（3.7，4.6）
宜宾地区	10	84（46，38）	8.4（4.6，3.8）
涪陵地区	5	40（12，28）	8（2.4，5.6）
万县地区	10	43（12，31）	4.3（1.2，3.1）
南充地区	12	165（51，114）	13.8（4.2，9.6）
雅安地区	8	4（0，4）	0.5（0，0.5）
达县地区	13	47（21，26）	3.6（1.6，2）
全省	191	1440（534，906）	7.6（2.8，4.8）

明代四川进士密集分布区域（各地区或地级市平均每县产生的进士人数均超过13人）有两个：一是成都、内江、自贡三市，每县都有进士分布，全区25县，仅及全省总数的

13.1%，而进士人数多至458人，占总数的32%。其中内江籍进士人数111人，高居本省各县之首。其次是自贡籍人数，亦有109人，居全省第二位。成都籍人数85人，列全省第四位。二是重庆、遂宁、南充两市一地区，除华蓥、璧山、潼南3市县外，各县都有进士分布，全区28县，占总人数的33.5%。其中重庆籍进士人数107人，居全省第三位，南充籍进士74人，排全省第五位。

明代四川进士密集分布区域（各地区或地级市平均每县产生的进士人数在8～13人之间）也有两个，其一是乐山、宜宾、泸州两市一地区，宜宾地区县县有进士，泸州平均每县进士人数在10人以上，其二是涪陵地区，每县平均产生的进士人数也达8人。

明代四川进士一般分布区（各地区或地级市平均每县生产进士人数在3～8人之间）亦是两个，一是广元、德阳、绵阳三市，全区共有进士105人，18个县平均每县有进士5.8人。一个是达县、万县两地区，全区共有23县，进士90人，平均每县有进士3.9人。

川西地区的雅安、甘孜、阿坝、凉山三州一地区以及川东南的黔江地区是进士籍贯稀疏分布地区，这些地区各县产生的进士人数多者不过3人，而绝大部分地区尚处于空缺，全区5个地区（自治州）除雅安出过4位进士外，其他4个地区都无进士分布。

由上所述，可以看出明代四川进士籍贯分布具有这样几个明显特点：

第一，重庆、内江、自贡、成都、泸州、南充是出高层次杰出人才的集中地区，这6个地区（地级市）共有56县，占总数的29%，而进士人数却达957人，占总数的66.7%，是全省文化最发达的地区，这6个地区又突出集中在各自的中心城市，多至536人，占全省进士总数的37.3%。如果进一步分析，不难发现比较集中的诞生地，主要是上述六个地区的中心城市和交通枢纽地。以“天府之国”成都市为代表的川西平原地区，素为四川文明古府，自“杜宇教民务农”[3]开始，四川古代的经济、政治、文化活动主要在川西平原地区。唐宋时登峰造极，宋高宗即言：“蜀中多士，几与三吴不殊。”[4]《宋史·地理志五》亦说四川“庠塾聚学者众……文学之士，彬彬辈出焉”。深厚的文化风气，使居民普遍具有一定文化素养，不仅优伶之辈“能涉猎古今，援引经史，以佐口吻，资笑谈”，[5]即使是深闺中的妇女也多识文断字，“蜀多文妇，亦风土所致。”[6]正如其他文化昌盛地区都发展于自然条件优越之处一样，成都平原地势低平，水川密如网织，是四川最肥沃的地区。正是这优良的自然地理环境，奠定成都地区古代文明的物质基础，加之成都府向来就是西南政治中心，历史文化积淀极厚，“蜀学”又世有渊源，躬行礼教为正本，正是这种深厚的风土儒教，再辅之蜀学学问和素来发达的经济，终于造就出一大批思想素质务实，忠心耿耿为政为国的知识分子，因此成都地区进士辈出，成为四川人才高能核区自然是水到渠成、顺理成章的事情。

唐代安史之乱后，随着西北丝绸之路的衰落，海上丝绸之路的发展，以及政治中心的转移，四川对外的贸易主要运输线相应地由川陕陆路转移到长江一线，长江水运日益发达。与此同时又开辟了由洋县西乡通往万源、达县、万县、重庆、涪陵的洋巴道，商务往来十分频繁。入宋之后，重庆的瓷器制造和采矿业、农业又有新的发展，一时客商云集重庆，经济迅速发展。经济繁荣正是文化繁荣的背景，文化发达是人才辈出的前提，随着四川经济中心的东移，文化分布重心也随之东渐，以各县所出的进士平均数而论，明代时成都仅 13.3 人，而重庆则已达 20.8 人。

第二，明代四川进士的分布除重庆、泸州、自贡地区高能核区之外，还有沿江和聚陆路干线分布的特点。如果说自贡、内江、成都、泸州、重庆、南充诸市是出进士集中分布的高能核区，即“人才片”，那么在明代四川进士的地理分布中还存在两条人才线或人才带，即长江流经地区与今宝成、成渝铁路干线穿过的地区，所出的进士亦很多。四川地理环境主要特点是交通闭塞。在现代交通出现以前，利用水陆运输是大规模运输的最佳方式，历史上四川最大的商业性交通孔道主要限于长江一线，到明代因得长江水道之便的重庆经济逐渐超过沃野之利的成都经济。而泸州经济的崛起更加速四川人才分布重心的南移，史载泸州“吴楚峨舸大艑方行而来”，“市廛亦盛矣”[7]。同时，随着流民的移入，川江又成为东西文化，南北文化交流和传播的纽带，而不同学术文化之间的互相渗透又是学术和文化发展的重要动力，因为对外文化学术吸引力增强，可以使得各种文化学术动态增殖出许多不被原地理环境所约束的超越这种地理环境的因子，所以通过学术文化交流、传播而实现的与外界交往的机会越多、频度越高，其学术文化的生命力也就越强。因此川江作为四川学术、文化交流与传播的中心地带，其进士分布密集也是天经地义的。从表 8-3 可以看出川江所穿流的宜宾、泸州、重庆、涪陵、万县 5 个地区共有进士 495 人，占总数的 34.6%。与川江比埒抗衡的又有一条川内陆路交通大道，即今宝成、成渝线所穿过的地区，这条横穿四川的南北交通干线为四川境内重要的运输线，南连滇黔，北通陇陕，多少年来这条陆上动脉对于四川经济繁荣、文化昌盛做出了巨大的贡献，直到明代依然是我国南北文化联系和影响的主要杠杆，其所经过的广元、绵阳、德阳、成都、内江、自贡、重庆等 7 个地区共有进士 834 人，占总数的 58.1%，也是明代四川进士分布的稠密地带。

为了便于了解、分析明代四川进士籍贯分布状况和变迁趋势，兹列表 8-4、表 8-5 如下：

表 8-4　明代四川进士籍贯分布简表

分布状况	地区（地级市）名	地区数	县级	进士人数		
				地区平均数	县平均数	总数
密集	成都、内江、自贡	3	25	152.6	18.3（6.6，11.7）	458（166，292）
	重庆、南充、遂宁	3	28	160	17.1（6.5，10.6）	480（162，298）
次密集	乐山、宜宾、泸州	3	30	87.6	8.8（3.1，5.7）	263（124，139）
	涪陵	1	5	40	8.0（2.4，5.6）	40（12，28）

续表

分布状况	地区（地级市）名	地区数	县级	进士人数		
				地区平均数	县平均数	总数
一般	德阳、绵阳、广元	3	19	35	5.8（1.0，4.8）	105（17，88）
	达县、万县	2	23	23	3.9（1.4，2.5）	90（33，57）
稀疏	雅安、甘孜、阿坝	5	62	62	0.07（0，0.07）	4（0，4）
	黔江、凉山					

表 8-5　明代四川各地区平均每县产生的进士人数排位表

地区	前期		后期	
	县平均进士数	名次	县平均进士数	名次
成都市	4.7	4	8.6	6
泸州市	4.5	7	6.0	9
重庆市	9	2	11.8	2
德阳市	1.6	12	6.2	7
自贡市	11.7	1	27.6	1
绵阳市	1	14	6.0	8
广元市	0.2	15	1.8	15
内江市	7.8	3	10.8	3
遂宁市	4.7	5	10	4
乐山市	3.7	9	4.6	11
宜宾地区	4.6	6	3.8	12
涪陵地区	2.4	10	5.6	10
万县地区	1.2	12	3.1	13
南充地区	4.2	8	9.6	5
雅安地区	0	16	0.5	16
达县地区	1.6	11	2.0	1.4
全省	2.8		4.7	

明代四川前期进士籍贯密集、次密集分布区（各县平均进士数高于 2.8 人）有自贡、重庆、内江、遂宁、成都、宜宾、南充、乐山 9 个地区（地级市），其中自贡市产生的进士最多，平均每县多达 11.7 人，其次是重庆市和内江市，平均每县产生的进士数分别为 9 人和 7.8 人。到后期随着经济、文化的发展变化，进士的籍贯分布格局发生了一些变化，其进士密集、次密集分布区（各县平均产生的进士人数多于 4.7 人）有自贡、重庆、内江、遂宁、南充、成都、德阳、泸州、绵阳和涪陵 10 个地区（地级市），其中自贡、重庆和内江仍然居本省前三位，各县进士平均人数分别为 27.6 人、11.8 人和 10.8 人。至于进

士籍贯分布的一般地区，在前期有涪陵、达县、德阳、万县和绵阳 5 个地区（地级市），到后期则有乐山、宜宾、万县、达县 4 个地区（地级市）。而广元、雅安、黔江、凉山、阿坝、甘孜 6 个地区无论前期或后期都是明代四川省进士分布稀疏之区。

由此可见，明代四川省的进士分布在前期与后期之间，既有明显的承继关系，但同时也有较大的差异存在。首先就承继关系而论，最突出之处就是明代四川进士籍贯分布的基本格局未有明显改变，都是从中央盆地、平原、丘陵部位向四周山区扩散，而且都有向中心城市明显集中的趋势。因这一趋势的形成与交通的杠杆作用紧密相连，所以密集地区的分布亦有顺着交通线延伸的特征。其次是四川进士籍贯分布的自贡、重庆、内江三个密集区和广元、雅安、阿坝、甘孜、凉山与黔江 6 个稀疏地区亦因循不变，自贡、重庆、内江三市各县平均进士人数终明一代一直遥遥领先于全省各地。

明代四川进士的籍贯分布虽然大体格局未变，但也显示出新的发展趋势，其间变化最明显的莫过于进士分布密集区和一般分布区之间的异动，如涪陵地区、绵阳市和德阳市在前期属于一般分布区，每县平均产生的进士人数都在 2.8 人以下，到明后期则都上升成次密集分布之区，每县平均产生的进士人数均超过 4.7 人。而乐山、宜宾两地区在明前期每县产生的平均进士人数都在 2.8 人之上，属于次密集分布区，到明后期反而下跌成为进士籍贯分布的一般分布区。就是进士分布的密集区和稀疏区，虽然总体骨架不变，但其内部具体分布亦有若干变化，如广元市和雅安地区在明前期各县产生的进士人数很少，甚至完全空缺，而到明后期则明显增加，这两个地区在洪武到弘治（1368—1505 年）的 140 余年只有苍溪刘芳在正统四年（1439 年）考中进士，而在明后期的 130 余年里却先后有苍溪的张鹗、任希祖，剑阁的梁之栋、赵炳然、朱彩、聂世润，广元的吴宇英、雅安的李向阳、甘来学、傅良选以及名山的晏朝寅等 13 人考中进士，虽然各县平均进士的总人数未能与其他先进一区持平，但亦是广元、雅安地区在科举文化发展史上的新气象，是值得称道和歌颂的。

二、明代四川进士分布形成与变迁原因

明代四川共有进士 1440 人，其籍贯分布在全省 16 个地区（地级市）的 113 个县（市）中。这里所说的籍贯即指地理环境，《中国大百科全书·地理学卷》中“地理环境”一条解释为：“生物，特别是人类赖以生存和发展的地球表层”，“可分为自然环境（或自然地理环境）、经济环境（或经济地理环境）和社会文化环境”，“上述三种环境各以某种特定的实体为中心，由具有一定地域关系的各种事物条件和状态所构成。这三种地理环境之间在地域上和结构上又是相互重叠、相互联系的，从而构成统一的整体地理环境。”本章所要讨论的地理环境是这种广义上的环境，实际上是包括地理环境、经济环境、思想政治环境和文化教育等在内的一个综合概念。从马克思主义的哲学观点看，地理环境就是存

在，是物质，是人类本身赖以生存和发展的基础，当然也是人类的意识或精神的基础。近人章太炎曾经把自然经济地理环境（“地齐”）与人文地理环境（“政俗”）和人才素质（“材性”）并列论之，共同视为学派成因，既重视自然因素的基础作用，又强调人文因素的能动作用，这一见解是相当完备的。虽然他是针对剖析中国学术派别众多的成因而言，实际上对于今天分析各地人才分布同样是十分中肯的。明代四川进士籍贯分布是明代社会这个统一整体中的一个成分或环节，其形成和变迁的原因涉及社会政治、经济、文化和自然环境、地域关系等诸多方面，是一个十分复杂的问题，这里拟就各进士籍贯分布区域的实际情况进行一些具体的研究和分析。

明代在今成都、重庆、内江、自贡、南充、遂宁 6 个地区的进士分布密集，最基本的原因有三个：一是这些地区农业商业发达。一般地说，哪里经济发展，哪里文化就比较发达，培养的人才也就越多。因为发达的社会经济不仅为社会上层人物的政治活动提供了必要的物质条件，而且对于区域文化发展水平、人物行政能力的提高也都起着决定性的作用。尤其“元明以来，士之能致通显者，大概籍资于祖、父，而立言者或略之则祖父治生之瘁，与为善之效，皆不可得见。”[8]士商不分，到明中叶以来尤其突出，汪道昆在《太函集》卷五五《诰赠奉直大夫户部外郎程公暨赠宜人闵氏合葬墓志铭》中亦说：“大江以南，新都以文物著，其俗不儒则贾，相代若践更。要之，食贾何负闳儒。”显然在明代士与商已融为一体，四川进士籍贯分布密集、次密集地区几乎全是经济发达区域亦证明了这一点。二是这些地区乃四川省会和交通中心所在，当地人物在科举技能培养、求学环境和入仕升迁机遇诸多方面皆居于优越地位，进入进士群体的人数自然要多些，政治中心和交通中心附近进士籍贯分布密集，这是古代人才分布的一条通则。三是这些地区文风鼎盛，有强烈的进士欲望，重庆府“人从秀异，喜以读书自娱，尚气倜傥，士隆文学”。顺庆府（治今南充）“好义多儒，弗事华侈，家诗户书人物甚多”。潼川府（治今三台）“好胜尚气，不耻贫贱，人士俊丽，颇慕文学”。[9]

当然进士地理分布差异的形成，更直接的原因还是科举和教育的兴衰，因为致位进士必经科举，应科举必须精读儒家的经典，因此多出进士、名儒的地区，当然也是儒术礼教最昌盛的地区。而儒教的基本活动场所又是书院、学校，所以科举考试的发达客观上推动了教育事业的发展，教育事业的发展，又培养了更多优秀的人才，两者互相作用，互相促进。明代四川教育组织的基本形式是书院和官学，书院出现于唐末五代之时，到明代已日趋兴盛，虽然书院是以私人讲学为主的教育组织，但由于一些名师巨儒都在学院讲学，所以书院的影响很大，为明代社会培养了大批人才。官学在整个明代都存在，而且官学人数越来越多，规模越来越大，学校的教材由皇帝统一审定，科举考试亦以此为依据，因此官学越发达的地区，进士分布也越来越稠密。由此可见，书院和官学是明代培养进士的主要教育组织。事实上明代四川进士的地理分布在很大程度上与书院、官学数量多寡是相一致的，这从表 8-6 中可以得到印证。可见不论是书院还是官学均以四川中部平原和丘陵地区最为发达，而四川中部地区又以成都、重庆、内江、自贡、泸州、遂宁诸地区为集中，教育事业的发达，大大提高了当地人的文化素质。明代四川教育事业的发展，不仅满足了科举取士的大量需要，而且还为社会输送了其他各种各样的人才。当然，进士分布越多的地区，其儒术礼教理当就越昌盛，但是社会风尚的形成是多因的，多层次的。所以封建文化最发达的地区，即进士分布最密集的地区并不一定就能按儒学的要求澄清社会风尚，就是蜀地虽“颇慕文学，时有斐然”“然多溺于逸乐”“贫家不务诸蓄，富室外专于趋利，其处家室则女勤作业，而士多自闲。”[10]封建文化最发达的成都尚不能按儒学的要求澄清社会风尚，至于其他地区当然更谈不上了。当然像汉中以西蜀地以并诸郡“连杂氐羌，人尤劲悍；性多质直，务于农事，工习猎射，于书计非其长矣。”[11]这里所赞边郡淳厚质直之誉，多半是由于地瘠民贫而致，与儒学的教化未必有多少关系。

明代四川各地区的进士分布之所以千差万别，首先是地域环境不同造成的，而其中自然状况最为基础。形态各异的地形、地貌、水土、气候决定着居民的生产方式和生活方式，影响着其身体和精神状况。正是由于自然环境在人才分布形成中这一基础性影响，所以从自然条件看，明代四川进士主要分布在海拔不超过五六百米的四川中部丘陵、平原地区。

明代四川进士分布还有一动态现象，即与前期相比，某些地区进步了，某些地区落后了。德阳、绵阳和涪陵3个地区的进士分布都由前期的一般分布区上升为后期的密集分布区，这一变化与人口、经济的发展直接联系。成都平原始终是全川经济重心所在，这在明代依然如此，而变化最大的是嘉陵江的涪陵流域，自明初以来，随着湖广移民的蜂拥而入，这一地区在移民的辛勤耕耘下建设起一个新经济重心区，而涪陵、德阳、绵阳3地区因得水运交通之便，经济突飞猛进，经济的繁荣必然会带来文化的繁荣，从而使这些地区培养出大批人才。

表8-6　明代四川各地书院官学统计表

地区	书院府学	县学数	地区	书院府学	县学数
成都市	2	17	宜宾地区	5	9
涪陵地区	1	5	黔江地区	0	3
南充地区	4	10	达县地区	0	4
万县地区	1	9	绵阳市	1	10
重庆市	2	9	内江市	0	5
乐山市	2	10	雅安地区	1	5
阿坝州	0	4	凉山州	0	1
德阳市	1	5	遂宁市	2	3
泸州市	2	3	自贡市	1	3
广元市	0	4	总计	25	119

总之，四川是明代一个典型经济文化区，其进士分布独具特色，其分布规律可以归纳如下：

（1）经济繁荣、教育发达是进士产生和发展的根本。经济繁荣使人们的物质生活有了保障，可以从事更加广泛的社会活动，教育发达为整个社会培养了更多优秀的人才。

（2）政治和交通重心给进士的发展提供了更有利的条件。如成都“水陆四冲，咽喉于蜀”，“沃野千里，天府之土”[12]，而省会亦建于此，因而成为“人士俊秀”[13]，进士辐辏之地。

（3）宗族的扶植。明代宗族广置族田，兴办族学，重视仕途，有助于士子的成长。进士的成功，宗族的扶植、提倡是不可忽视的原因。特别是一些势力强盛的商人，亦贾亦儒，推崇儒家文化，有重视功名仕进的传统，而重庆、内江、自贡地区各名门巨族之中，人文蔚起，“朱门相望”，“累世簪缨”，科场连捷，体现了家族组织与科举功名的密切关系。这3个地区家族培养子弟，在科场竞争方面不仅有雄厚的实力，而且该地区的书院设置、藏书事业之发达，都对当代文化发展有良好的影响。这都是进士在该地区比较集中的原因，而进士取得功名之后又反过来对其家族和该地区的文化起推动和影响。

（4）地区开发晚，经济和文化落后的川西、川东南地区，为进士最少的地区，尤其川西南直到明代仍然是土司自治，保持以畜牧为主兼有种植的插花交错的农牧业布局，进士分布也就最为稀疏。

（5）进士还有随经济重心转移而转移的趋势。明代四川经济的一大特点就是涪江、嘉陵江流域获得较大的开发，使川东地区成为与盆地西成都平原相抗衡的新的经济重心。

（6）进士的分布有继承性，其变迁一般需要经历漫长的过程，所以前期进士籍贯分布会对后期进士的分布产生较大的影响。

在上述诸因素中，区域经济发展水平是影响进士籍贯分布的最根本最重要的因素。从较长的历史时期看，经济发达区域的进士籍贯分布总是比较密集的，经济落后地区虽然可能出现进士分布较多的现象，但往往历时短暂，易受偶然因素的影响发生波折而起伏。

注释

[1] 熊明安等《四川教育史稿》第144页，四川教育出版社，1993年版。

[2]《通典·选举二》。

[3]《华阳国志》卷三，《蜀志》。

[4]《建炎以来系年要录》卷一一一。

[5]《齐东野语》卷十三《优语》。

[6]《清异录》卷下《藏锋都尉》。

[7] 陶澍：《蜀輶日记》，《小方壶斋舆地丛钞》第七帙。

[8] 沈垚《落帆楼文集》卷二四《费席山先生七十双寿序》。

[9]《大明一统志》卷六八、六九、七一、七二《四川布政司》。

[10][11][12][13]《大明一统志》卷六七《四川布政司》。

第九章　明代云南民族教育地理

云南自古以来就有数十个民族的先民在这片地域上生息繁衍。秦汉时代起，中央王朝开始在今云南境内设置郡县和进行移民，汉民族才参与对云南的开发。但中央王朝和汉民族与云南本地先民的联系时断时续，其经济活动若隐若现，影响不大，所以长期以来云南的经济文化与全国内地省份相比较，都处在落后的位置上。进入明代，云南的社会历史发生了急剧变化，政治、经济、文化及民族关系诸领域都展现着空前的发展规模和速度。云南省这一历史性突变的重要原因之一便是汉民族统一集团的最高政治代表——中央王朝对云南统治的加强以及汉族军民的大量移入，带来了内地先进文化、先进生产力。明政府在实行军事统治之后，对边疆少数民族采取“用夏变夷”的方针，以广设儒学为“安边之道”。洪武十四年（1372 年）朱元璋对征南将军傅友德说：“凡遵教化效顺朝廷者”“朕当一视同仁”。第二年（1373 年）云南全境平定，朱元璋立即下令：“府州县学校，宜加兴举，本处有司选保民间儒士堪为师范者，举充学官，教育子弟，使知礼义，以美风俗。”[1]他还提出对少数民族实行“谕之以理”，“文德以化远人”的政策。送土司弟子入国子监读书，在滇省各地建立儒学社学，以使“不知王化”的“诸种苗蛮”能“知诗书之教”，从而为汉文化在云南各族中的传播及封建礼教在云南各族中的渗透奠定了社会基础。自此以后，云南府学、县学发达，学院书院林立，科名鼎盛，人才济济，云南出现了亘古未有的昌盛局面。举人进士人数的多少可以反映一个地区社会经济的中坚，因此对当时举人、进士进行数理统计和总结，可以看出其文化发展轮廓。本章以地方志有关记载为主，参考有关文集、文物资料，研究明代云南学校、进士、举人籍贯分布状况和形成原因，这对于今日云南学校建设、人才开发和培养无疑是有意义的。

第一节　明代云南兴办民族教育的政策和措施

有明一代，云南的政治、经济的发展为民族文化教育的发展提供了必要的条件。谢肇淛在《滇略·文略》中云："自汉及唐，文献仿佛式微……明兴而后，祠命文告，纪载题咏，灿然俱在篇籍，不胜汗竹也。"明代云南所创作的诗文几乎占云南诗文总数的三分之一，这对于素为文化滞后之域的云南来说实由当时民族教育发展所使然。明统治者在治理云南时注重对少数民族进行文治教化。主要表现在两个方面，一是吸收少数民族子弟入京师国子监就读，二是就地办学，创办民族学校。

据《中国大百科全书·教育》记载，明朝"国学生员，一品至九品文武官员子孙弟侄，年十二岁以上者充补，以一百为额。民间俊秀十五岁以上，能通四书大义，愿入国学者中书省闻奏入学以五十为额。"由于监生既有官生又有民生，这样一般百姓子弟中优异者也可进入国子监读书。云南入监官生属土官子弟，土官知府派遣。据《续文献通考·学校考》记载：洪武二十一年（1388 年）云南"罗罗土官派遣其二子入监读书，二十二年（1389 年）西南诸夷乌蒙、芒部各土官皆谴子入监。"洪武二十三年（1390 年）三月"云南大理府贡生尹惟贤等入国子监。"[2]七月"云南乌撒军民府土官知府何能谴其弟忽山及罗罗生二人入国子监读书。"[3]九月乌蒙、芒部土官也派其子以作、捕驹等入国子监读书。[4]因此，《续文献通考》说洪武二十一年至二十五年（1388—1392 年），"西南夷土官皆遣子弟入学。""云南等处土官，时遣子弟民生入监读书者众。给赐亦每与外夷同。监前别造房屋百余间居之。"这里所说的"民生"即指以选贡方式入监的一般人家子弟。洪武时规定贡生入监，府学每年二人，州学两年三人，县学每年贡一人，于是洪武二十五年（1392 年）二月"有云南布政使司之生员杨嵩等人入监。"[5]洪武二十八年（1395 年）又有"云南临安府贡生员赵仁等入国子监。"[6]除贡监外，也有荫监。建文元年（1399 年）以吴云死节云南，荫吴云的儿子吴黼为国子生。[7]万历四十年（1612 年）三月"荫云南巡抚周嘉谟男玺为国子生。"[8]万历四十三年（1615 年）因禄丰知县苏旸平伐郑举叛乱时被捕，不屈而死，荫其子苏万民入监读书。[9]此外以举监、例监方式入监者亦不少。据《新纂云南通志·学制考三》载"永乐二年（1404 年）云南土官张文礼等入监者二十八人，是后滇蜀土夷官民生入监多或至六七十人。"国子监为此新建宿舍以供居住，往往赐予他们衣服和钞锭，"洪武二十三年（1390 年）赐国子监云南贡生段士吉纻布袭衣鞋袜。"[10]"洪武二十六年（1393 年）夏四月，赐国子监琉球生云南生夏衣鞋袜，其随从之人亦皆有赐。"[11]"洪武三十五年（1402 年）九月赐国子监云南生赵祥等四十人冬衣。"[12]从洪武二十二年至洪武三十一年（1389—1398 年）间明太祖对国子监云南生赏赐十余次。自此成为惯例。"永乐元年（1403 年）成祖赐国子监云南生张文礼等二十人夏衣。"[13]"永乐二年（1404

年）夏四月，赐国子监云南生张林等二十八人夏衣。”[14]永乐三年（1405年）又赐“国子监琼珠四川云南生李杰并其从人六十三人衣食。”[15]这些记载不仅反映明政府对其生活待遇的优厚，而且也反映出当时在国子监读书的云南监生颇具数量。

明统治者在治理云南时十分注重兴办学校，并在招生制度上对少数民族实行特殊政策，以便对少数民族进行文治教化。民族学校的创办始于洪武二十五年（1392年），据《新纂云南通志·学制考》记载，当时元江府上奏：“土官子弟、编氓，多愿读书，宜设学校以教之。”明太祖下诏批准。洪武二十八年（1395年）户部张永清上言：“云南、四川诸处边之地，民皆罗罗。朝廷予以世袭土官，于三纲、五常之道懵焉莫知，宜设学校以教其子弟。”明太祖极为赞同，而谕礼部曰：“边境土官皆世袭其职，而鲜知‘礼义’，治之则激，纵之则玩。不预教之，何由能化？其云南、四川边夷土官皆设儒学，选其子孙弟侄之俊秀者以教之，使之知君臣父子之义而无悖礼争斗之事，亦安边之道也。”[16]这一思想后来逐渐得到贯彻，不仅恢复了元代所建的云南府、临安府、大理府、楚雄府儒学，同时又新建元江府儒学。晋宁、赵州、邓州、宁州、阿迷、安南、剑州等州学和浪穹、蒙自等县学，特别是民族学校得到很大发展。永乐、正统年间楚雄、丽江、保山等民族地区先后建立起民族学校，如永乐元年（1403年）楚雄府奏称：“所属人民，类皆蛮夷，不知礼仪，惟僰人一种，赋性温良，有读书识字者，府州已设学教养，而其县未设。今楚雄所属六里，而僰过半，近委官劝集民间俊秀子弟读书，而无师范，请立学置官训诲。”于是朝廷批准设立楚雄县儒学。永乐十年（1412年）、十六年（1418年），少数民族居住比较多的武定、寻甸、广西三府，丽江军民府的宝山、巨津、通安、兰州四个州，“居民繁庶”，或“归化日久”，都先后建立学校。嘉靖时云南武定土府同知邓世彦曾建议在武定地区“建立学校”。因为“学校未立，故彝习莫改。今当速建学校，集彝民子弟，送校习礼。”[17]景泰元年（1450年）云南按察司提学副使姜睿言：“臣自受命以来，遍历云南各府司州县儒学，其生员多系僰人、罗罗、麽些、百夷。”[18]一大批少数民族子弟被送入学校读书。正是由于地方官对“用夏变夷”“威德并施”的政策有了全面认识，因此汉族的科举制度很快地在云南得以推广。明朝对这些民族学校的贡举实施优惠政策，据《新纂云南通志·学制考》载：“洪武十八年（1385年）令云南所属学校生员有成材者不拘常例，从便选员。二十二年（1389年）始命云南选贡送监就应天乡试。景泰二年（1451年）令云南军民生相兼考补廪膳照例科贡。成化四年（1468年）令云南选贡仍照例考送。”与此同时，朝廷又严格限制冒籍。万历四年（1576年）神宗诏令四川、广西、云南诸边省，凡是改土归流的州县或土官地方所办学校，只有土著居民才准许免考入学作生员，其他汉族土民概不允许冒籍土著免试入学。这是对少数民族子弟就学的特殊优待。与此同时，明代对云南的乡试录取名额屡有增加，洪熙元年（1425年）云南开始乡试，定额十名。宣德四年（1429年）云南、贵州两省合并乡试，朝廷增加云南解额五名（所增五名定为贵州名额）。八年（1433年）云南、贵州两省又增五名，其中云南增加三名，贵州新增二名，十二年（1437年）再增云南二名，贵州三名。到成化二年（1466年）举人名额已达四十名。[19]成化十七年（1481年）、弘治七年（1494年）、正德五年（1510年）又三次增加解额，达到五十五人。嘉靖十四年（1535 年）贵州单独开考乡试后，又于二十五年（1546 年）增加五名。此后再经万历三次增加名额到明末时云南解额达八十名。[20]

明代在云南举行乡试 81 次，到天启年间（1621—1627 年）仅云南府就有 697 人中举。云南中举之人超过两千，举人遍及云南的 17 个府，因而明代的教育和科举为云南少数民族地区培养了一批能知书识理、具有一定汉文化水平的士子文人（见表 9-1）。

表 9-1　白、彝、纳西诸族文化名人举例表

少数民族	聚居地	名人代表
白族	大理府	吴懋、李嗣善、苏心达、杨京、何蔚文、李元阳、杨南金、梁佐、董雄、杨黻、赵汝廉
彝族	临安府、楚雄府、姚安府	高映、禄洪、高乃裕、左正、左文象、左明理、左文臣
纳西族	丽江府	述公、木增、木宿等木氏六公

第二节　明代云南学校的地理分布

明代云南地方官十分重视边疆地区建学立师，留守主政云南的沐英一改入滇之初“尽取其图籍而焚之”的破坏文化的做法，热心文教，不仅修复元设旧学，而且还新建府州县学几十所。“择民间之俊秀及土官子弟皆令于学，肄业便知礼义。”明代云南所办学校包括儒学、社学和书院。明代云南儒学是在元代基础上发展起来的。据《明一统志·云南布政使司》记载，云南在元朝时已在滇池、洱海区域及中南地区建立起云南府学、大理府学、澄江府学等土官府学。到明代土官地区的府学明显增加，据《滇志·学校志》记载：“国朝洪武初，西平侯沐英因其旧建云南府儒学。”洪武十六年（1383 年）因旧制建立临安府儒学。洪武十九年（1386 年）重建楚雄府儒学。除重建元朝的府学外，又新建临安、楚雄、蒙化、曲靖、姚安、鹤庆、寻甸、元江、永昌等九府。又据《明实录》成化十七年（1481 年）十一月条记载云南武定府也曾设立土官府学。同样土官地区的州学也源于元朝，《明一统志》卷 86 载云南嵩明州学、安宁州学均设自元朝。又据嘉庆《临安府志·学校》载：临安府河西县儒学泰定间建于县东北一里下村古城，“洪武二十九年（1396 年）重建。”到洪武末年，元代所建州县学大多得以恢复。洪武朝又新设一批州县儒学，在云南府新设晋宁州学和呈贡县学，在大理府新设赵州儒学、邓川州学和太和县学、云南县学、浪穹县学。在临安府设宁州学、阿迷州学和习峨县学、蒙自县学。在楚雄府设南安州学，在鹤庆府设剑川州学等。洪武以后新设学校不断出现，到明末云南州学有晋宁、昆阳、赵州、宾州、邓州、石屏、阿迷、宁州、南安、新兴、沾益、剑州诸州。同时，从洪武十五年（1382 年）四月起，云南省的云南、楚雄、大理、蒙化、沅江、镇南、武定、寻甸、广西、丽江、兰州、金齿、马龙、禄丰、广通、定远等府州县相继建立了县儒学（见表9-2）。在整个明代，云南先后建学宫60余所。

表9-2 明代云南学宫统计表

地名	景泰	万历	崇祯
全省	30所	52所	53所
云南府	府学、晋宁州学、建宁州学、昆阳州学、富民县学、呈贡县学、嵩明州学	府儒学、昆明县儒学、晋宁州儒学、呈贡县儒学、禄丰县儒学、昆阳州儒学、嵩明州儒学、宜良县儒学、安宁州儒学	呈贡县学、晋宁州学、罗次县学、昆明县学、宜良县学、禄丰县学、富民县学、易门县学、昆明州学
大理府	府学、太和县学、邓州州学、浪穹县学、云南县学、赵州学	府儒学、太和县儒学、云南县儒学、邓州州儒学、宾川州儒学、浪穹县儒学	太和县学、宾州州学、云龙县学、浪穹县学、云南县学、赵州学
临安府	府学、石屏州学、阿迷州学、宁州学	府儒学、石屏州儒学、宁州儒学、通海县儒学、习峨县儒学、蒙自县儒学、阿迷州儒学、河西县儒学	宁州学、通海县学、习峨县学
永昌府		府儒学、保山县儒学、永平县儒学、腾越州儒学	腾越州学、保山县学、永平县学
楚雄府	府学、楚雄县学、州学、镇南州学	府儒学、楚雄县儒学、南安县儒学、镇南州儒学、广通县儒学、定远县儒学	府学、定远县学、南安州学、镇南县学
曲靖府	府学	府儒学、沾益州儒学、马龙州儒学	罗平州学、河阳县学、平彝县学、沾益州学、宣威州学、陆凉州学、马龙州学、镇雄县学
澄江府	府学	府儒学、江川县儒学、新兴州儒学	河阳县学、新兴州学、路南州学
姚安府	府学	府儒学、大姚县儒学	姚州学、大姚县学
蒙化府	府学	府儒学	府学
鹤庆府	府学、剑川州学	府儒学、剑川州儒学	剑川县学
广西府	府学	府儒学	师宗县学、弥勒县学
寻甸府	府学	府儒学	寻甸州学
武定府	府学	府儒学	禄劝县学、武定县学
元江府	府学	府儒学	元江县学、新平县学
北胜州	州学	州儒学	
景东卫	卫学	卫儒学	景东府学
平夷卫		卫儒学	

续表

地名	景泰	万历	崇祯
全省	30所	52所	53所
六凉卫		卫儒学	
金齿司	司学		
顺宁府			府学、云州学
黑盐井司			司学
白盐井司			司学
琅盐井司			司学
资料出处	景泰云南图经志书	万历《云南通志·学校志》	《新纂云南通志·学校考》

社学是明代在乡镇进行启蒙教育的学校。从成化八年（1470年）定边知县冯源广在该县筹办起社学后，各地竞相仿效。如路南州及广通县相继建立社学。到嘉靖年间（1522—1566年）云南各地社学建立更普遍。在云南府、永昌府、姚安府、腾越州、罗次县、归化县、阳宗县等府州县的乡镇都建立起了社学。再经万历朝（1572—1620年）的增建，全省所建社学已达140多所（见表9-3）。

表9-3 明代云南义馆、书院统计表

地名	义学数	书院
全省	142	五华书院、文昌书院、罗阳书院、梅谷书院、检岩书院、三泊书院、碧涌书院、云峰书院、文明书院
云南府	31	苍山书院、源泉书院、桂林书院、龙关书院、玉泉书院、五云书院、象山书院、宁川书院、龙华书院、秀峰书院、青华书院
大理府	府治城内外皆有，属县有4	崇正书院、景贤书院
临安府	14	正学书院、保山书院、博南书院、凤山书院
永昌府	7	龙泉书院、南峰书院、龙冈书院、文龙书院、景贤书院
楚雄府	5	贤阳书院
曲靖府	3	澄心书院、桂香书院、点苍书院
澄江府	4	明志书院
蒙化府		复性书院、金华书院
鹤庆府	38	栋川书院
姚安府	28	萃华书院
寻甸府	3	
广南府	1	

续表

地名	义学数	书　院
顺宁府	1	
新化州	1	
广西州	2	

数据来源：万历《云南通志·学校志》。

明代云南还兴办了卫学，明代在云南共设立了二十卫、三御和十八所（共133个千户所），分布在云南大部分地区。英宗正统年间（1436—1450年）诏令军卫设学，云南景东卫经历知司强寿在正统十一年（1446年）上疏“请设云南景东卫儒学。置教授一员，训导一员。”得到批准。这是云南设立卫学之始。正德十二年（1517年）八月据黔国公沐昆题奏又设立云南平夷卫儒学。嘉靖二十五年（1546年）还建立了六凉卫学。

书院也是明代云南的重要教育组织和学术研究机构，系官学性质，多由各地方官创建，并拨给学田作为办学费用。弘治十一年（1498年）浪穹知县蔡省杰在县城北建立龙华书院，弘治十二年（1499年）御史谢明宣在大理府城西南建苍山书院。此外，嘉靖三年（1524年）巡抚王启在云南府学西北又建立起五华这座全省性书院。万历时全省共建书院40所（见表9-3）。以后书院发展如火如荼。据天启《滇志·学校志》记载，天启全省共建书院56所，主要集中在云南、大理两府。大理府的苍山书院建于弘治十三年（1500年），以后，该府及下属州县又相继建了一些书院。大小书院的兴建，为这一地区的白族培养了很多有儒学教养的文人雅士。后人评价说：大理地区，“明以迄满清，学风日盛，人才蔚起，考其进化较速之原因，皆由多贤辈不惮艰难，广建书院义塾，进子弟而课之。”[22]

从上述论述的情况来看，明代云南的学校教育获得了空前发展。首先，从学校的数量和地理分布看，明代云南由元代滇池、洱海区域向全省各府州县及乡寨发展。元代云南只有中庆、临安等路级儒学8所，安宁等州级儒学3所。到明代景泰时已有曲靖、云南、大理、元江等府学11所，晋宁、阿迷等州学14所和太和、呈贡等县学5所。到天启时云南全省有府学15所、州学20余所、县学20余所。即使是广西、景东等偏远地区也开始新立学校，如弘治三年（1490年）广西知府贺勋奏建广西府学。[23]天启二年（1622年）又设立了弥勒州学。[24]其次，从入学学额看，洪武之初各府州县学皆有定额，府县四十，州县依次减十。随着教育的发展和应学人数增加，在不断设学的同时增加入学生额，隆庆元年（1567年）武定军民府设学，但因要求入学之人剧增，巡抚御史刘维请求增额，得到朝廷批准。“万历七年（1579年）九月增云南武定府学生员廪增各五名。”[25]天启六年

(1626年)云南巡抚朱泰贞及巡抚闵洪学题称，应在顺宁、建水、新兴、云龙、路南、罗平、富民、罗次、易门、阳宗等十处学校增加廪生。[26]此外，云南各学生员还在廪膳生基础之上，发展出增广生，甚至附学生。再次从民族儒学普及角度看，明代云南许多地方都是汉族与各少数民族杂处地，所设各类学校已使许多少数民族子弟入学，难能可贵的是明政府还针对云南少数民族设立了一些民族学校。洪武二十五年（1386年），元江府有官吏上书言："土官子弟，边民多愿读书，宜设学以教之。"[27]永乐元年（1403年），楚雄府也言："所属人民类皆蛮夷……今楚雄县所辖六里，而僰过半，近委官劝集民间俊秀子弟入学读书，而无师范，请立学置官，训诲。"[28]永乐十二年（1415年）临安府习峨县丞固成言："境内夷民僰人、罗罗、百夷、普竭、和泥，其类不一，而僰人子弟多有俊秀，宜建学教之。"[29]从而为少数民族子弟入学提供了条件。楚雄府彝族"更慕诗书，多遣子弟入学。"[30]阿迷州彝族"其秀民知学，其州民间之俊秀亦入学从师。"[31]临安府亏容甸土副长官司"有土老性勤，渐慕华风向学。"[32]蒙化府彝族"自开设学校以来，闻礼仪之教，且近于大理，亦有渐染者矣。"[33]澄江府郡"多僰人，而汉人杂处其间，初不知学，今以岁久渐风华……闾里翕然向学。"[34]天启《滇志》卷23《艺文志》对此总结说："今国家文教大开，道化翔洽，古来未有，故九隆之地，在者皆罗僰之乡，在今变衣冠之俗，文教日兴，彬彬几埒中土，试稽游泮，至一万二千余人，则家传户诵可想已。"同时在彝族地区还办起了书院，据李元阳《明志书院记》说：嘉靖、隆庆间，湖南儒生吴绍周来到蒙化府任通判"悯书院之黍离，慨功德之未祀"，修建了明志书院。"诸生从者如云，公乃升讲堂，布师席，以平日所闻于师者铺张而扬厉之，诸生抠衣向难，公亦废寝忘倦，自是盖朝往而夕忘归焉。环桥门而观者召立堂下，告以孝弟，众日益集则申乡约以教之，鸣歌钟，咏风雅，顿使四境之内，蔼然兴弦诵之风矣。"[35]明代在傣族、哈尼族地区也兴办了学校，傣族子弟开始习诗书礼乐。据《明史·土司传》载："洪武二十六年（1387年），置元江府儒学。"万历《云南通志·学校志》载："元江府儒学府治东北，洪武二十六年（1387年）建，永乐七年（1409年）重修庙庑、门堂、学宫、斋舍、规划具备。"自此乡试中中举者不乏其人。景泰《云南图经志书》说："金齿久无学，士风萎靡。正统间始建学，选卫子弟之秀者而主师以教之，于是士风渐振，以读书自励，而举于乡试者，科不乏人。"此外，木氏土司向明王朝提出在纳西族地区建立学校的要求，经明王朝同意，在通安、宝山、巨津和兰州一带设立了学校。这一带的纳西族及少数民族贵州子弟直接接受汉文化的教育。由此，木氏历代土官大多成为"知诗书、好守礼义"的风雅之士。[36]到明朝末年，云南汉、白、彝、纳西等族杂居的城镇及附近平坝地区，已出现封建文化的鼎盛状况，"衣冠礼法，言语习尚，大率类建业。二百年来，熏陶渐染，彬彬文献与中州埒矣！……人文日渐兴，其他夷夏杂处，然亦蒸蒸化浴，朴易治，庶几所谓一变至道者矣。"[37]

第三节　明代云南举人、进士的地理分布状况和变迁趋势

明政府对云南实行军事统治之后，大力发展教育，倡导儒学，送土司弟子入国子监读书，在滇省各地建立儒学社学，以使“不知王化”的“诸种苗蛮”能“知诗书之教”，从而为汉文化在云南各族中的传播及封建礼教在云南各族中的渗透奠定了社会基础。而举人和进士人数的多少不仅反映一个地区的文化素质水平，而且也构成一个地区社会经济的中坚，因此对当时举人、进士进行数理统计和总结，可以看出其文化发展轮廓。

一、籍贯分布状况和变迁趋势

自洪武十八年（1385 年）至崇祯十六年（1643 年）云南取中举人 2390 人、进士 211 人，其籍贯都有明确记载，分布在全省 16 府 1 州中，以万历十年（1582 年）的行政区划为准，其籍贯统计数字列入表 9-4 中（括号内的数字分别表示前期、后期人数，括号外数字表示当地举人、进士的总人数）。

表 9-4　明代云南各地举人、进士人数统计

府名	县名	举人数	进士数	府名	县名	举人数	进士数
临安府	临安府治	224(42,182)	1(1,0)	澄江府	澄江府治	75(44,31)	
	宁州	28(14,14)	5(2,3)		江川县	9(0,9)	
	石屏州	85(21,64)	4(0,4)		新兴州	3(0,3)	1(0,1)
	阿迷州	17(5,12)	3(0,3)		路南州	4(0,4)	
	通海县	48(16,32)	1(0,1)		广南卫		1(0,10)
	河西县	31(13,18)			河阳县		5(1,4)
	峨县	15(6,9)			小计	91(44,47)	7(1,6)
	建水州	7(0,7)	5(2,3)	鹤庆府	鹤庆府	103(13,90)	4(0,4)
	临安卫		25(6,19)		剑川州	32(6,26)	6(0,6)
	蒙自县	25(5,20)	1(0,1)		鹤庆御		5(0,5)
	小计	480(122,358)	45(11,34)		大理卫		3(1,2)
元江府	元江府治	17(5,12)			小计	135(19,116)	18(1,17)

续表

府名	县名	举人数	进士数	府名	县名	举人数	进士数
云南府	云南府治	341(165,126)	2(1,1)	永昌府	金齿司	64(39,25)	5(5,0)
	昆明县	105(13,92)	7(3,4)		腾冲司	9(5,4)	
	崇明县	44(21,23)	2(1,1)		永昌府	103(0,103)	2(0,2)
	安宁县	77(33,44)	4(1,3)		腾越州	16(0,16)	1(0,1)
	晋宁州	73(21,52)	3(0,3)		保山州	47(0,47)	2(0,2)
	昆明州	19(9,10)			永平县	5(0,5)	
	呈贡县	17(6,11)	2(0,2)		永昌卫		10(0,10)
	归化县	1(1,0)			永昌县		1(0,1)
	宜良县	7(0,7)			小计	244(44,200)	21(5,16)
	禄丰县	3(0,3)	1(0,1)	北胜州	北胜州	15(5,10)	
	罗次县	2(0,2)			澜沧司		1(1,0)
	右卫		6(0,6)		小计	15(5,10)	1(1,0)
	后卫		5(1,4)	楚雄府	楚雄府	42(21,21)	
	前卫		4(2,2)		南安州	13(8,13)	
	南卫		1(1,0)		楚雄县	21(9,12)	1(1,0)
	左卫		5(2,3)		镇南州	8(2,6)	
	中卫		6(3,3)		广通县	2(0,2)	
	小计	689(269,420)	47(16,31)		定远县	2(0,2)	1(0,1)
大理府	大理府治	212(84,128)			楚雄卫		1(0,1)
	太和县	45(45,0)	26(10,16)		小计	88(40,48)	3(0,3)
	云南县	41(15,26)	1(0,1)	曲靖府	曲靖府	73(34,39)	
	赵州	41(20,21)	1(0,1)		马龙州	5(0,5)	
	邓川县	43(21,22)	2(1,1)		沾益州	1(0,1)	3(1,2)
	浪穹县	27(7,20)			六凉卫	2(0,2)	
	宾川县	29(20,9)			平夷卫	3(0,3)	2(1,1)
	大理卫		11(4,7)		曲靖卫		7(4,3)
	洱海卫		1(0,1)		越州卫		1(1,0)
	小计	420(194,226)	44(15,29)		小计	84(34,50)	16(8,8)

续表

府名	县名	举人数	进士数	府名	县名	举人数	进士数
广西府	广西府治	5(0,5)		姚安府	姚安府	27(18,9)	1(0,1)
蒙化府	蒙化府治	71(17,54)	5(2,3)		姚州		2(0,2)
景东府	景东府治	9(2,7)			姚安所		1(0,1)
寻甸府	寻甸府治	4(0,4)			水计	27(18,9)	4(0,4)
武定府	武定府治	6(0,6)		总计		2390(813,1577)	211(60,151)
顺宁府	顺宁府治	5(0,5)					

说明：1. 本表以万历十年行政区划为准，但考虑到明代前后260余年的变化，其间略有调整。

2. 前期包括洪武、永乐、建文、成化至弘治九个时期；后期包括正统至天启五个时期。

3. 全表进士分布在云南17府州中，此外尚有广南、镇沅、丽江、永宁四府；孟定、孟良二羁縻府；里麻、澜沧、千崖、芒市、乐里、钿兀、孟琏、陇川、勐缅九宣慰（抚）司；新化、威远、大侯、镇康、湾甸、南向六羁縻州及者乐甸长官司无进士分布。

天启《滇志·选举》所载明代云南的211位进士、2390名举人按籍贯统计俱已列入表9-5的统计数字之中。下面试打破府州县的界线，根据各有关府州单位面积产生的进士、举人人数之多少（即进士密度、举人密度）将云南省分为若干区域，可以大致勾画出全省进士、举人分布之状况。

表9-5 明代云南人口、进士、举人分布密度表

府州	面积（万 km^2）	人口	人口密度（人/万 km^2）	举人(人)	举人密度	进士(人)	进士密度
云南府	0.91	12.82	14.1	689 (269,420)	757.2 (295.6,461.2)	47 (16,31)	51.6 (17.6,34.0)
大理府	1.16	24.18	20.9	420 (194,226)	362 (169,195)	44 (15,29)	38 (13,25)
临安府	3.89	27.42	7.1	486 (122,358)	125 (31.4,93.6)	45 (11,34)	11.6 (2.8,8.8)
永昌府	2.07	8.77	4.2	244 (44,200)	118 (21.2,96.8)	21 (5,16)	10.1 (2.4,7.7)
楚雄府	1.26	10.11	8.0	88 (40,48)	70 (31.7,48.3)	3 (0,3)	2.4 (0,2.4)
曲靖府	1.77	4.36	2.5	84 (34,50)	47.5 (19.3,28.3)	16 (8,8)	9 (4.5,4.5)
澄江府	0.33	2.85	8.6	91 (44,47)	276 (33.3,142.7)	7 (1,6)	21.2 (3.0,18.2)
蒙化府	0.18	2.07	1.1	71 (17,54)	394.4 (94.4,300)	5 (2,3)	27.8 (11.1,16.7)
鹤庆府	0.38	9.54	2.5	135 (19,116)	355.2 (50,305.2)	18 (1,17)	47.4 (2.6,44.8)

续表

府　州	面　积（万 km^2）	人口	人口密度（人/万 km^2）	举人(人)	举人密度	进士(人)	进士密度
姚安府	0.76	2.78	3.6	27 (18,9)	35.2 (23.4,11.8)	4 (0,4)	5.3 (0,5.3)
广西府	1.26	8.28	6.5	5 (0,5)	4 (0,4)		
武定府	0.76	2.88	3.8	6 (0,6)	8 (0,8)		
寻甸府	0.33	2.14	6.5	4 (0,4)	12.1 (0,12.1)		
元江府	0.68	8.01	1.2	17 (5,12)	25 (7.3,17.7)		
景东府	0.61	2.97	4.8	9 (2,7)	14.7 (3.2,11.5)		
顺宁府	0.45	1.57	3.5	5 (0,5)	11.1 (0,11.1)		
北胜州	0.93	2.38	2.6	15 (5,10)	15.8 (5.3,10.5)	1 (1,0)	1.1 (1.1,0)
全布政司	37.4	146.85	3.9	2390 (813,1577)	63.9 (21.7,42.2)	211 (60,151)	5.6 (1.6,4.0)

注：人口系天启五年数字。

明代云南进士、举人密集分布区（每万平方千米产生的举人在300人、进士25人以上的地区）有两个，一是大理、蒙化和鹤庆府，其人才密度依次为：大理府进士密度38人/万 km^2，举人密度420人/万 km^2；蒙化府进士密度27.8人/万 km^2，举人密度394.4人/万 km^2；鹤庆府进士密度47.7人/万 km^2，举人密度355.2人/万 km^2。一是云南府，其进士密度51.6人/万 km^2，举人密度757.2人/万 km^2。

明代云南进士、举人次密集分布区（每万平方千米产生的举人300～100人，进士25～10人的地区）有两个，一是临安府、澄江府，其人才密度依次为：临安府进士密度为11.6人/万 km^2，举人密度125人/万 km^2；澄江府进士密度为21.2人/万 km^2，举人密度为276人/万 km^2。一是永昌府，进士密度为10.1人/万 km^2，举人密度118人/万 km^2。

明代云南进士、举人一般分布区（每万平方千米产生的举人100～35人，进士10～2人之间的地区）也是两个，一是楚雄府、姚安府，其人才密度依次为：楚雄府进士密度2.4人/万 km^2，举人密度70人/万 km^2；姚安府进士密度5.3人/万 km^2，举人密度35.5人/万 km^2。一是曲靖府，举人密度是47.5人/万 km^2，进士密度9人/万 km^2。

滇南、滇西南、滇西北、滇北沿边各府是举人、进士籍贯稀疏分布区，这些地区每一万平方千米面积产生的举人在35人以下，进士不过1～2人，多数地区无进士分布。

可见明代云南进士、举人分布不仅极不平衡，而且相对集中，其地理分布具有这样几个明显特点：

第一，进士、举人主要集中分布于今天的滇池盆地和洱海盆地，如果以府为行政区划而论，则大理、蒙化、鹤庆、云南四府是明代云南进士、举人分布的密集之地，个中原因首先是与当地优美的自然条件相关。如大理府“高山大川，钟灵毓秀，代有人物”。云南府也是“人禀名山大泽之气，子弟多颖秀，科第显盛”。[38]当然更直接的原因还是受当地经济、社会发展水平的影响，关于这一点在后文有详细论述。

第二，如果说大理、蒙化、鹤庆、云南是出进士、举人集中的“点”，那么还有两条线或“带”，即贯通川滇的建昌路和连接两广的粤西路，出的进士、举人亦很多。从表9-6可以看出粤西路所穿过的云南府、临安府、广南府、广西府以及建昌路所通过的云南府、武定府诸地都是明代云南省进士、举人分布较多的地区。

为了便于更好地分析和了解明代云南人才的分布状况和变迁趋势，兹列表9-6如下：

表9-6　明代云南进士、举人籍贯表

分布状况	地　区	府、州数	面积（万 km^2）	举人数（人）	举人密度（人/万 km^2）	进士数（人）	进士密度（人/万 km^2）
密集	大理、蒙化、鹤庆府	3	1.72	626 （230，396）	364 （133.8，230.2）	67 （18，49）	38.9 （11，27.9）
	云南府	1	0.91	689 （69，420）	757.2 （295.6，461.6）	47 （16，31）	51.6 （17.6，34.5）
次密集	临安、澄江府	2	4.22	571 （166，405）	135.5 （39.4，96.1）	52 （12，40）	12.3 （2.9，9.4）
	永昌府	1	2.07	244 （44，200）	118 （21.2，96.8）	21 （5，16）	10.1 （2.4，7.7）
一般	楚雄、姚安府	2	2.02	115 （58，57）	57.5 （29，28.5）	7 （0，7）	3.5 （0，3.5）
	曲靖府	1	1.77	84 （34，50）	47.5 （19.2，28.3）	16 （8，8）	9.0 （4.5，4.5）
稀疏	周边诸府	29	24.7	61 （12，49）	2.5 （0.5，2.0）	1 （1，0）	0.04 （0.04，0）

从上述诸表可以看出，明代云南人才的分布变迁既有明显的继承性，同时又具有较大的变迁。明代前期云南府产生的人才最多，其次是大理府、澄江府和蒙化府，以各府单位面积产生举人的人数看，排在前十位的依次是云南府、大理府、澄江府、蒙化府、鹤庆府、临安府、姚安府、永昌府和曲靖府。至于进士，明代前期产生进士的府州共有九个，其中各府单位面积产生的进士人数排在前五位的依次是云南府、大理府、蒙化府、曲靖府、澄江府。到明代后期经过一系列的社会改革之后，举人、进士地理分布格局发生了一些变化，举人密度排在前十位的依次是云南府、鹤庆府、蒙化府、大理府、澄江府、永昌

府、临安府、楚雄府、曲靖府和姚安府，进士密度排在前五位的依次是云南府、鹤庆府、大理府、澄江府和蒙化府。可见明代前后期云南人才分布的基本格局虽未改变，却显露出新的发展趋势。第一，举人、进士在区域分布上逐渐增大，明代前期举人、进士分布在全省十三府（州）和九府（州）中，到明代后期举人、进士分布地区分别增加到十七府（州）和十府（州），说明明代云南教育确有很大发展。就人才分布密度，除姚安府外，其余地区后期普遍高于前期，特别是临安府、永昌府、蒙化府、鹤化府增加幅度更大，举人密度增长都在一倍以上。第二，人才分布仍不平衡，但不平衡的差距在不断缩小。明代云南人才主要分布在大理、蒙化、鹤庆、云南这四“点”和建昌路、粤西路两“线”上，而其他地方则很少，尤其是边缘山区更少。人才分布极不平衡，但较之前期而言，后期的不平衡差距在不断缩小。前期云南、鹤庆、蒙化、大理四府举人人数占当时全省总数的61.59%，而到后期，这四府举人人数仅占当时全省总数的51.59%，人才分布的不平衡差距在逐渐缩小。

第四节　明代云南举人、进士籍贯分布格局的形成与变迁原因

明代云南人才分布形成、变迁的原因涉及社会政治、经济贸易、文化教育、自然环境、区域关系等多方面，是一个十分复杂的问题。这里首先就各进士、举人籍贯分布区域的实际情况进行一些具体的研究和分析。然后在此基础上再讨论明代云南人才的地理分布规律。

明代云南、大理、蒙化、鹤庆四府成为人才籍贯分布密集区。最基本的原因有三个：第一，此地区农业、商业发达。一般地说，哪里经济发达，哪里的文化就比较先进。因为发达的社会经济不仅为社会上层人物的政治活动提供了必要的物质条件，而且是对于区域文化的发展水平、人物行政能力的提高也都起着决定作用。明代云南人才分布密集、次密集的地区，几乎全是经济发达区域，便是最好的证明。第二，此地区乃云南政治中心或交通枢纽所在，当地人物在科举技能培养、进士科第环境和求学机遇等诸多方面皆居优越地位，进入进士、举人群体的人数自然要多些，而且政治中心和交通枢纽附近又是内地移民最多的地方，对于明政府以儒学取仕的方式最为熟悉，因此考中举人或进士也就更为容易。第三，此地区文风鼎盛，求学风气浓溢。云南府“气厚风和，君子道行之所系”，“民遵礼教，畏法度，士大夫多才能，尚节义，彬彬文献，与中原埒”。大理府“俗本于汉，民多士类”，以致当地“科第显盛”，鹤庆府“义概相尚，有燕赵悲歌感慨之风”“文化丕兴，科第不乏”。[38]

云南是明代一个区域发展不平衡的大省，人才分布地区之间的差距大，令人瞠目结舌，其原因主要在于经济和教育两个方面。经济繁荣之后，人民在谋生之余尚有闲暇才会想到读书的好处，使文化随着人心的向上而进步。加之明代进士科举又是当时官僚人才的主要来源，而进举科第又必须深谙儒学，因此要想求得科举功名，就必须尊师重教，诵习儒经。明代云南的府州县儒学和书院发展相当迅速，到天启五年（1621 年）全省共有书院、儒学 108 所。此外社学设置亦甚为普遍，仅云南府就有社学 35 所，大理府社学亦林林总总，城内城外无不建立。[39]社学多由地方官员、乡绅等捐资兴办，是一种初级教育组织，对于传播基础知识和培养升入高一级学校的学生仍具有很大作用。这就使得明代人才的分布与书院、府州县儒学和社学的多寡紧密相连。

从自然条件来看，明代云南人才主要分布在大小盆地、坝子地区。这些地区地理位置和地理环境优越，适于人类居住、生存，经济发展较早、较快，教育也发展较好，因此人才在这样的地理环境中聚集绝不是偶然的。

滇南、滇西、滇北地处云南边陲，当地人们过着刀耕火种或半游牧生活，俗习射猎，民风强悍，地区开发晚，经济和文化都比较落后，因而成为云南人才分布最稀的地区。如顺宁府“境内皆百夷、性懦气柔”，“痒序寥落，社读几废。”[40]直到民国，滇南、滇北、滇西实际上还处于未完全开发状态，人才分布十分稀少。

从上述分析来看，影响人才分布的主要因素有如下几个方面：

第一，政治中心和交通枢纽之地多举人、进士，这是古代人才分布的一条通则。事实证明，交通的便利与否，是一个地方经济、教育发展水平的重要标志，对于云南来说，这一点表现就更为明显。因为明代军屯和内地移居云南的汉民多沿交通驿道分布，以求得政府的庇护。

第二，经济发达地区以及与之相邻且政治、文化联系密切的地区，举人、进士籍贯分布密集。

第三，由于社会风气和教育状况的遗传性，使得人才分布亦有继承性，其变迁一般要经历一个漫长的过程，所以前期的人才地理分布会对后期地理分布产生极大影响。这实际上就是人们常说的共生效益，即地缘、家族、文化气氛的制约。一个县、一个家族由于历代文化的沉积和人才的显赫，造成一种良好文化环境，相互间敬仰、效法乃至竞争。在这样的文化环境之中，人才竞争而出，代代相因，历久不衰。如蒙化范运吉父子、通海缪宗周父子就是如此[41]，即使是土司之地亦相仿佛。清代大文学家朱彝尊的《静志居诗话》曰：“黔之宋氏昆友，滇之木氏祖孙，各著诗文，媲于风雅”，对昆明木氏祖孙的诗文给予很高的评价。由此看来，创造的社会风气，培养人才竞争的民族文化心理是出人才的一个重要方面。而家庭教育、父母、兄长对子女、兄弟的影响亦往往在日常生活中起着潜移默化的特殊效应，所以人才的出现与家庭的影响有着极为重要的关系。

第四，移民因素。云南各地移民人口的多少成为制约当地文化水平高低的重要因素。

“高皇帝既春克滇中，尽徒江左良家闾右以实之”，“衣冠、礼法、言语、习尚大率类建业。二百年熏陶渐染，彬彬文献与中州埒矣，然惟云南、临安、鹤庆、永昌诸郡四民乐业守法度，子弟颖秀，士大夫多才能尚节义。曲靖、楚雄、姚安、澄江之间山川夷旷，民富足而生礼义，人文日益兴起。”[42]

在上述诸因素中，区域经济发展水平又是影响明代云南进士、举人籍贯分布的最根本、最重要的因素。

总之，明代云南的民族教育取得了显著成绩。一是云南开科取士，使一些少数民族人士进入统治阶层，有利于促进当地文化发展。如云南安宁人杨清，成化进士，历任山西、陕西高官，后位至武英殿、华盖殿大学士。大理人李元阳，嘉靖丙戌科进士，历任御史、知府诸官，曾专门研究了云南及大理府的历史与现状，并参加编纂《云南志》《大理府志》等地方志书。[43]《景泰云南图经志书》记载，楚雄府彝族“更慕诗书，多遣子弟入学，今亦有中科第者”。阿迷州彝族“其秀民知学，其州间之俊秀者，亦入学从师，受经取科贡，而风化其渐美矣。”临安府彝族“俗尚诗书，郡治之近，山水明秀，所生人物，俊伟者多。家有诗书，吾伊之声相闻，而科贡后先不乏。”姚安军民府“今士类之盛，科不乏人。”蒙化府“盖自开设学校以来，闻礼义之教，且近于大理，其亦有所染者欤!”大理白族“之民少工商而多士类，悦习经史，隆重师友。开科之年，举子恒胜他乡，其登黄甲而跻华要者，今相属焉。民有俊秀者颇能书，有晋人笔意。”可见明代云南在开办民族学校之后，彝、白、纳西等民族逐渐养成了读书学习的风气。其流风所及惠泽今天。而影响明代云南民族教育的主要因素还有政治方面的变更。太祖皇帝曾令中书省臣曰：“宜令郡县皆立学校，延请儒师教授生徒，讨论圣道，使人日渐月化以复先之旧。”[44]可见明太祖对教育在政治中的重要作用已有清楚的认识。这一文教政策历代奉行不忒。永乐十年（1412 年）三月，成祖谓礼部曰：“学校风化所系，人性之善，蛮夷与中国无异，特在上作兴之耳。”[45]正统八年（1443 年）元月，英宗谓大理府知府刘烈曰：“国家惠养斯民，慎选郡守……设大理为云南郡……尤在得人。今以尔廉洁公正，命长郡治……必使一郡之民，衣食充足，礼教兴行。”[46]明代帝王重教兴学，必使诸生执经解，有举乡试者，必设宴以示优奖。[47]因此有明一代，云南官办学校获得前所未有的发展，据天启《滇志》所载，明代从洪武至天启，共在云南建有府学 16 所，州学 23 所，县学 18 所及顺州、云州、元谋三处文庙。此外天启《滇志》未载道光《云南通志》补载的有陆凉州学和河阳县学。

二是移民。以军屯为例，四川云南都司所领二十卫三御十八所共 133 个千户所，以足额算，当时留守卫军约 15 万人。这还不包括随行家室。由于数十万军士及妻室自中原内地迁居云南少数民族地区，他们从少耳濡目染的儒家风俗、礼教也随之进入云南少数民族的行为规范之中。正如乾隆《石习州志》所说：明初以来屯军与民户错杂而居，“由是习俗日变，文物衣冠，彬彬与中州侔矣。”“海倮罗、寻甸有之，亦名坝倮罗，与汉人相杂而居，居处饮食、衣服悉如汉人，惟与其同类仍作夷语，居家俭朴，性情和纯，且知读书。”

三是谪戍仕人。云南素为瘴疠之区，是明代安置谪迁仕人的理想之区。“洪武十八年（1385年）八月，监察御史章良以罪系狱，上疏自陈过咎，上曰：‘知过能改亦人所难。’遂释之，左迁云南府儒学教授。”从此拉开了明代官吏谪迁云南的序幕。同年九月又黜国子助教单仲佑为云南大理儒学教授。正统元年（1436年）四月刑部主事王彦以“入人死罪”，黜为云南都司断事[48]。弘治十一年（1498年）三月监察御史武衙巡视中城，属下隶卒索人财物，为东厂校官所发，“旨降三级调外任”，谪为云南通海县主簿[49]。这些谪迁云南的官吏大都在内郡饱读儒书，熟谙经典。如郑旭“洪武中以学行荐为国堂仪。上幸太学，新选材德兼备者十人以傅太子。旭居第二，后以蛮语谪吏云南二十余年。”[50]王昙“博经通史，教诲里闾子弟，皆知向学。”[51]祝璀“谪腾冲教子弟学易，不久遇赦回归，弟子挽居遂居滇，年七十而读书不辍。”[52]他们在滇各地力行教化，促进儒学在云南的传播。

四是私学的发展。明代云南有不少饱学之士，不乐仕进，而甘于隐居教读。如昆阳人李尚文，“博学多闻，不乐仕进，偕子沧过留都，购子、史千余卷于家，以教授乡人。”[53]金齿司人汤宗，“正统间与陶宁、张志学遭遇，结为诗社，同敦志趣，隐居教读于军民间。”[54]云南府人张英“居乡，以《易》学教授生徒，出其门者济济，多甲科名也。”[55]临安卫人田容“居家教子，足迹不至公门，子孙宦业蝉联。”[56]云南府人傅澄，曾仕四川中江教谕，见其子良弼聪颖过人，便“绝意仕进，请老归田课其子”，傅良弼后中正德甲戌进士。[57]

上述因素中有官方的，半官方的，也有民间交往和私学的，儒学这些不同传播形式，相应推波助澜，共同促进了儒学教育在云南的迅速发展，使得儒学思想在明代云南思潮中取得了独尊无二的地位，达到了封建统治者的预期目的。

当然，在肯定云南民族教育的积极作用的同时，也应看到明代云南民族教育的局限性与不足。

首先，对云南少数民族的生员未能予以经济上的保证，致使部分生员无法正常参加考试。明代杨士聪《玉堂荟记》卷上即载：“滇中之地极高，每入京谓之下京。”云南生员赴京会试“例给邮符往返。至庚辰下第，一概不许用。”这样个别应试生员因缺钱而“流离不能复归，乃有缢死在天坛者。”

其次，由于少数民族在招生范围、入学条件和科举入仕方面享有优越的就学和入仕机会，加之语言障碍和少数民族汉文化水平较低诸因素共同影响，使得民族教育质量整体水平明显低于当族地区。如云南人何源监生授四川雅州学正，但因其不通经学，难为师范，朝廷只好改授何源为土官衙门吏目。[58]

最后，地理环境恶劣。明代云南瘴疫滋漫，不少府州都有瘴病流行的记载。如者乐甸“其地山险多瘴。”[59]西部的木邦、茶山、里麻“皆瘴疠毒恶。”[60]潞安安抚司也是“寺多瘴疠”。[61]临安府属之安南、阿迷、罗台诸地也有“瘴疠作梗。”[62]《西南夷风土记》称在云南瘴疠之区，“凡田地，近人烟者十垦二三，去村寨稍远者，则迥然皆旷土，夏秋多瘴，华人难居，冬春瘴消，尽可耕也。”由于内地汉人不胜瘴疠之扰，万历年间（1573—1620年）征讨缅甸时均因“暑瘴退师，瘴作而还。”[63]

注释

[1] 张紞《云南机务钞黄》。

[2]《洪武太祖实录》卷 200。

[3]《洪武太祖实录》卷 203。

[4]《洪武太祖实录》卷 204。

[5]《洪武太祖实录》卷 216。

[6]《洪武太祖实录》卷 242。

[7]《明史·选举志》。

[8]《明万历实录》卷 493。

[9]《明万历实录》卷 530。

[10]《明洪武实录》卷 201。

[11]《明洪武实录》卷 227。

[12]《明永乐实录》卷 12。

[13]《明永乐实录》卷 17。

[14]《明永乐实录》卷 28。

[15]《明永乐实录》卷 36。

[16]《明洪武实录》卷 239。

[17] 民国《武定直隶州志》卷 6《艺文志》引邓世彦《武定府改土归流记》。

[18]《明正统实录》卷 192。

[19]《礼部志稿》卷 72。

[20]《明会典》卷 71。

[21] 万历《云南通志》卷 9《沐英传》。

[22] 民国《大理县志稿》。

[23] 天启《滇志》卷 9《学校志》。

[24] 天启《滇志》卷 9《学校志》。

[25]《明万历实录》卷 116。

[26]《明天启实录》卷 74。

[27]《明洪武实录》卷 223。

[28]《明洪武实录》卷 21。

[29]《明洪武实录》卷 91。

[30] 景泰《云南图经志书》卷 4。

[31] 景泰《云南图经志书》卷3。
[32] 嘉庆《临安府志》。
[33] 景泰《云南图经志书》卷5。
[34] 景泰《云南图经志书》卷2。
[35] 康熙《蒙化府志·艺文志》。
[36]《明史·土司传》。
[37] 谢肇淛《滇略》。
[38]《滇志》卷3《地理志》。
[39]《滇志》卷8《学教志》。
[40]《滇系》卷6《人物志》。
[41]《滇略》卷4《俗略》。
[42] 马曜主编《云南简史》，云南人民出版社1983年版，第185页。
[43]《明史》卷69《选举志》。
[44]《明永乐实录》卷82。
[45]《明正统实录》。
[46]《滇志》卷13《官师志》。
[47]《明洪武实录》卷199。
[48]《明正统实录》。
[49]《明弘治实录》。
[50] 天启《滇志》卷10《官师志》。
[51] 天启《滇志》卷10《官师志》。
[52] 天启《滇志》卷10《官师志》。
[53] 天启《滇志》卷10《人物志》。
[54] 天启《滇志》卷10《人物志》。
[55] 天启《滇志》卷10《人物志》。
[56] 天启《滇志》卷10《人物志》。
[57] 天启《滇志》卷10《人物志》。
[58]《明宣宗实录》卷4。
[59]《明史》卷314《云南土司二》。
[60] 朱孟震《西南夷风土记》。
[61]《明史》卷314《云南土司二》。
[62] 陈金之《篷窗日录》卷1。
[63]《明史》卷126《沐英传》。

第十章　明代贵州民族教育地理

贵州学校肇始于东汉。《后汉书·西南夷传》载："桓帝时郡人尹珍，自以生于荒裔，不知礼义，乃从汝南许慎、应奉授经书、图纬，学成还乡里（汉毋敛县，今天独山、荔枝一带）教授，于是南域始有学焉。"到唐宋时，遵义地区涌现一批学校，《遵义府志》载："正安州长，州有旧学，遗址在唐都坝，相传为唐时建学处。南宋高宗时，播州土官杨选始择师礼贤。"淳熙年间（1174—1189年），杨价"以取播士请于朝。而每岁贡三人。"元时贵州中部也兴办了学校，据郭子章《黔记》载："黔之学自元始，有顺元路（在今贵阳市）儒学，有蔺州儒学。"延祐四年（1318年），普定路军民府判官赵将仕在普定（今安顺）"立学校，明礼义，通商贾。"经过宋元两代的开拓，贵州学校教育日益增多，汉民族文化逐渐传入。如何成禄为顺元路儒学教授，"富文学，饬容止，训迪诚恳"，因此"郡中人才勃兴"。明代贵州教育更有长足的发展，在教育地理布局上也有许多改变。儒学教育所取得的成果，远远超出了前代。由于贵州人文地理环境的特殊性，它的教育活动与中央王朝的民族政策关系极大，因而最先受到同时期中央王朝民族教育政策的制约。这不但是表现在明代贵州教育地理的面貌具有明显的时代风格，而且使它更富有强烈的地域特色，在继承以往教育分布的基础上，明代贵州教育地理又增添了许多新的特色。它们影响深远，从而掀开了贵州教育分布变迁史上新的一页，足供后人借鉴与研究。本章力求廓清明代贵州民族教育地理变迁的本来面目，总结历史经验与教训，这对于今天办好贵州民族教育，兴黔富民具有一定的现实意义。

第一节　中央王朝的贵州民族教育政策概述

明代把在边疆地区设学作为巩固边疆、统一国家的重要政策之一。明朝统治势力进入贵州后，对兴办民族教育比较重视，特别是重视土司子弟的教育培养。

一、吸引土司子弟入国子监读书

为土司在民族地区宣传汉化，“变其夷俗”，培养代理人。通过对土司应袭子弟的教化来推行民族同化，把少数民族文化改造纳入中原文化发展的轨道。同时也通过土司制度把少数民族地区纳入中央集权统治之下。洪武十五年（1382年）贵州普定军民府知府者额到京城朝贡，辞归时，朱元璋对他说：“王者以天下为家，声教所暨无间远迩，况普定诸郡密迩中国，慕义来朝，深可嘉也！今尔既还，当谕诸酋长，凡有子弟，皆令入国学受业，使知君臣父子之道，礼乐教化之事，他日学成而归，可以变其土俗同于中国，岂不美哉！”[1]者额回贵州后，于洪武十七年（1384年）遣其子吉隆及其营长之子阿黑子等16人入太学，朝廷饬令赐袭衣、靴袜。[2]洪武二十三年（1490年），播州、贵州宣慰使司并所属宣抚司官各遣其子朝贡，请入太学。朱元璋谕其国子监教官：“移风善俗，礼为之本；敷训导明，教为之先。故礼教民于朝廷，而后风化达于四海，今西南夷土官各遣子弟来朝，求入太学，因其慕羡，特允其请。尔等善为训导，俾有成就，庶不负远人慕远之心。”[3]洪武二十三年（1490年）七月乌撒军民府（治今威宁县）土官知府何能“遣其弟忽山及罗罗生二人请入国子监读书。”[4]洪武二十三年（1490年）九月“乌蒙、芒部二军民府土官遣其子以作、捕驹等请入国子监读书。”[5]这种直接吸收土司应袭子弟到国子监读书，到后来又变成通过选贡生员到国子监学习，即在贵州民族地区实行选贡（其他地区是考贡）生员，不考试直接送国子监读书。《太宗永乐实录》卷118载永乐十八年（1420年）十二月“命贵州思南等八府所选贡生员李正等，送国子监进学，赐赉如云南生例。”又如《宣宗宣德实录》卷16载行在礼部奏：“思州府儒学选贡生员四人，于例不考，请送监读书。”上曰：“出自蛮夷，今能读书。终是未达大体，宜令学官加以训谕，开其知识，庶几可用。”选贡不拘时间，只要有适合人选即送国子监就学，如《宣宗宣德实录》卷32载宣德二年（1427年）十月贵州新化府新化（今锦屏县新化乡）蛮夷等六长官司奏：“贵州各府学校新立诸生，皆自童蒙入学，蛮性未除，学业难就，若比内地府学每岁选贡，实无其人，请比县学三年一贡。”旨曰：“边郡立学，欲其从化耳，岂可遽责成材，宜令所司随宜选贡。”《宪宗成化实录》卷221贵州程番府知府邓廷瓒奏：“本府新立学校，土官土人子弟在学者乞岁贡一人，如选贡例。”上曰：“朕以蛮夷率化，既建学置徒比之内地，但科举之业未可猝成，宜岁贡生员一人，俾观我国光，相劝于学。以称立贤无方之意。”明王朝对选送到国子监就读的土司承袭人，给予许多优惠政策，不仅食宿由国家供给，衣、靴、袜等也由国家供给。《明实录》上有23处记载给贵州军民府赐冬夏衣物的史料，如《太祖洪武实录》卷202载洪武二十三年（1490年）六月“诏赐国子监读书贵州土官子弟程延等夏布袭（衣）、靴、袜。”“赐国子监云南、贵州、四川军民（生）夏衣如例。”《孝宗弘治实录》卷20载弘治元年（1488年）十一月“给国子监云南、贵州、四川军民生冬衣。”并下令要求各土司子弟务必入学读书。《孝宗弘治实录》卷151载弘治十二年（1500年）一月巡抚贵州御史钱钺奏：“贵州土司渐被圣化百三十余年，污俗已变，但应袭子孙未知向学，请令宣慰、安抚等官应袭子孙年十六以上者，俱送宣慰司学充增广生员，使之读书习礼。有愿习举者，比军职子孙补廪充贡出身。至袭职之时，免委官保勘，让取亲管并学官结状，其不由儒学读书习礼者，不听保袭，庶可以变夷俗之陋，杜争夺之源。”被准奏，并把就学年龄提前。“土官应袭子孙宜视近例，十岁以上者俱送附近宣慰司或府州县学。”就是在土司地区有功之臣，明政府对他们的奖赏也常用保送其子弟入国子监就读为手段。据《宪宗成化实录》卷60载：成化四年（1468年）十一月“命巡抚贵州右副都御史陈宜子礻□□，巡抚四川右都史汪浩子松俱为国子监生。”《宪宗成化实录》卷73载：成化五年（1469年）十一月“录征靖州功将士升赏有差，褒赠阵亡镇远府通判杨王宣，录其子为国子生。”《孝宗弘治实录》卷186载：弘治十五年（1502年）四月“赐贵州布政司右布（政）使闫钲为资善大夫，赐祭葬，并录其子潼为国子监生。以钲死于未鲁之难也。”《武宗正德实录》卷188载：“正德十五年（1520年）七月荫……巡抚贵州副都使御史沈林孙大谟为国子监生。”

二、设立学校，为科举制度在少数民族地区的实施创造条件

当时统治阶级的后备人才来自科举选拔。明臣李化龙曾建议朝廷在播州土司地区设立学校，推行汉族文化教育，实行科举选士。“今干戈既戢，文教宜先”，不仅“移风易俗无难”，而且“足以备国家征辟之选”。藉此科举功名以“潜消邪心，兴起善念，月靡岁渐，不自知其化于礼壤之内矣。”他认为“用夏变夷，莫要于此。”[6]但是当时能送其子弟入太学的都是明王朝掌握的土司继承人，这对于改变贵州民族地区鲜知礼仪的局面是十分困难的，为了达到“以夷制夷”的目的，统治者需要在少数民族地区培养出一些愿意为朝廷服务的地方官员。因此必须兴建地方官学，吸收大批土司子弟读书、习礼。洪武二十八年（1395年）六月户部知印张永清疏言：“云南、四川诸处边夷之地，民皆罗罗，朝廷与（谕）以世袭土官于三纲五常之道，懵焉莫知。宜设学校以教其子弟。”上然之，谕礼部曰：“边夷土官皆世袭其职，鲜知礼义，治之则激，纵之则玩，不预教之，何由能化？其云南、四川边夷土官，皆设儒学，选其子孙弟侄之俊秀者以教之，使之知君臣父子之义，而无悖礼争斗之争，亦安边之道也。”[7]洪武二十八年（1395年）九月监察御史裴承祖进言：“四川贵、播二州，湖广思南、（思）州宣慰使司及所属安抚司、州、县，贵州都指挥使司、平越、龙里、新添、都匀等卫、平浪等长官司诸种苗蛮，不知王化，宜设儒学使知诗书之教，立山川社稷诸坛场，岁时祭祀，使知报本之道。”[8]明廷采纳了这一意见。永乐十二年（1414年）贵州乌撒军民府经历钟存礼上言：“府故蛮夷地，久沾圣化，语言渐通，请设学校、置教官、教其子弟，变其夷俗。”[9]朝廷准其所奏，设乌撒军民府、镇远府、石阡府、乌罗府（今松桃县乌罗区）、铜仁府、黎平府儒学，十三年（1415年）设偏桥（今施秉县境内）等四长官司儒学，从夷人之中选取生员入学读书。地方官学不仅在办学经费上享有优惠政策，而且其生员的廪膳也由政府供给，如《宣宗宣德实录》卷12载：

洪熙元年（1425年）贵州铜仁府周季奏："本府新设儒学、庙堂斋舍未备，生徒讲肆无所。"旨曰："远方初开学校，若无庙宇斋舍，何以饬祀，变夷俗。"命工部筹建。当地政府也为此遍设学田，以资教育之用。思南府学田一分，"岁收仓斗谷三拾石，以助贫生婚丧"，"一分在邵家桥计二大丘，每年纳谷三拾石，……以济贫生。"黎平府"万历三十一年（1603年）发银五十两，檄该府置田收租，备给三年大批应试生员盘缠之费。"[10]此外，明朝廷还大力兴办社学，嘉靖中期，在少数民族开办启蒙普及性质的社学，让民族地区普通人家的子弟入学，以示"化民成俗之意"。特别是明代中后期贵州少数民族起义风起云涌，封建统治者认为这是没有兴办教育，使各族人民"明礼义以淑人心"，"礼义未明，人心未淑"。认为播州的杨应龙之所以反对朝廷，是因为"龙禁文字，仇儒生，以故民多弄兵"的结果。而思南永乐年间（1403—1424年）改土归流后就建立学校，"浸成礼让之俗，二百年余无复夷患。"因此多办社学，使各族一般家庭的子弟入学，"造成礼让之俗"，是边防"安定治乱"的大事，要求各社学吸收少数民族子弟入学。

三、推广科举制度，为土司制度的沿袭培养接班人

明初贵州各学生员附四川考试，洪熙元年（1425年）乃令附湖广。[11]宣德二年（1427年）又改附云南乡试。乡试名额初为5名，到弘治七年（1494年）增至19名。[12]弘治十二年（1499年）巡抚贵州监察御史张淳言："弘治时贵州生员尚附云南应试。窃见贵州学校至二十四处，生徒至四千余人，前科赴云南乡试者逾四百之上，且每科中经魁并前列者往往有之。"[13]随后，镇守贵州总兵官东宁伯焦俊奏："贵州人才渐盛，请自开乡试取士，不必附于云南。"但未获批准。[14]嘉靖九年（1530年）贵州思南人给事中田秋上奏："贵州远在西南，和场赴云南，生儒赴试最苦。"请求单独开科取士。巡抚贵州御史王杏也上疏主张贵州与云南分别开科。朝廷将王杏等的奏疏交礼部讨论，同意建立贡院，开设乡试。嘉靖十四年（1535年）贵州单独举行乡试，定额二十五名。[15]即如《世宗嘉靖实录》卷313嘉靖二十五年（1546年）七月所载，"初，贵州乡试原附云南，额取二十一名，嘉靖十四年始于本省开科，定额二十五名，至是，抚按官王学易、肃端蒙等奏：'本省人才如盛，近又附湖广镇远等五卫军生，乞量广解额。'诏增至三十名，遂为例。"由于贵州民族地区文化教育落后，许多地区还是明代才开始兴办学校的。因此明王朝对贵州民族地区除经费、选贡等方面给予优惠政策外，为了鼓励少数民族学童入学的积极性，统治者还专门增加了这些地区的科额数量。成化三年（1467年）十一月肖官呈奏朝廷："云贵布政司儒学共五十余所，而科额共三十名，而贵州只得十名，宜量增名数以励风土"得以批准，并增乡举额十名，其中贵州六名，云南四名。由于少数民族学童享有众多优惠政策，这样贵州周围接壤地区的省份便有"冒籍"贵州参加科举的。这就势必挤掉贵州民族地区一些仕子进取的机会，这对明王朝培养土司承袭人、巩固民族地区的统治极为不利。因此明王朝多次清查、严厉处理。如嘉靖三十四年（1555年）御史孙襄奏："先是贵州开科附以湖广五

卫，无何又以四川永宁宣慰使学附焉，未尝限其名数，由是四方游食逋罪生儒皆冒五卫、永宁籍求试。贵州生儒亦既憎之。其后云南、文本学校近贵州境者，且复求附科试，至是御史孙襄请行禁止。”得以批准。[16]因入仕有利可图，禁而不止。如万历十四年（1586年）便“革贵州新举人尹新，以原籍江西冒贵州也。”[17]万历三十一年（1603年）在麻哈州任知州的张溶也纵子张宗厚“冒籍幸中贵州乡试，溶应照不谨例，惩其子宗厚，宜革视原籍为民。”[18]但这种限制“冒籍”制度后来却成为当权者钳制人才，要挟索贿的工具。据《贵州通志·学校志》记载，万历二十六年（1598年）提学沈思饬学校：“冒籍有例禁，本道约亦在必禁，硕往有假冒藉以阻后进路者甚，则乘以要挟而索之贿。此中之人，苟非苗种即系外来，指之冒则冒矣，一唱众和，习以成风。迨至官府检查而白其诬，则其人且为众所凌逐丧气，以甘废弃耳。”

总之，明代统治者对贵州少数民族地区的教育政策总的是讲辅助其用武力控制少数民族人民，并非真正帮助少数民族人民提高文化教育水平。实际上民族地区许多学校的建立只不过是改土归流的善后措施。由于办学只是为其在这个地区的政治服务，因此其招生对象主要面向少数民族的上层子弟，而绝大多数民族学童被排斥在儒学之外。因此，明代的贵州民族教育制度实际上是为土司子弟专门制定的教育政策，儒学不过是为明王朝培养这一地区统治代理人的工具。

第二节　教育要素的地理分布

一、府、州、县学

明永乐十一年（1413年）贵州置行省时只有学校三处。“唯贵州、播州两宣慰旧有学，思州因旧宣慰司学为府学。余皆未建。”[19]而且也无专门教育管理机构。建省之初，仍由云南兼管。明弘治四年（1491年）巡抚贵州监察御史汪律上疏：“贵州学校以云南提学签事兼领，地远不能遍历。”此后始在贵州提刑按察使司设提学副使一员专管学务，并于弘治十八年（1505年）修建提学道署。府州县卫也设有学官，府卫设教授，州设学正，县设教谕，府州县卫均设训导。明代规定，府州县卫及宣卫司俱设官学。嘉靖十六年（1537年）贵州置卫学二十余处，与云南公闱，在贵州就试后，又先后在各府、州、县、卫、司建立了一批学校。据民国《贵州通志》和万历《贵州通志》及《明实录》所列学校统计，从明初至崇祯三年（1630年）全省共建学47处（见表10-1）。这些学校有的是对旧有学校加以扩建和改建，更多的则是明代新建的。如洪武二十五年（1392年）置贵州宣慰司儒学。[20]洪武二十七年（1394年）置普定卫儒学。[21]洪武三十年（1397年）立四川永宁宣慰司九姓长官司儒学。[22]永乐五年（1417 年）设湖广思南、思州二宣慰使儒学。[23]永乐十二年（1424 年）设贵州镇远、石阡、乌罗、铜仁、新化、黎平等六府儒学。[24]宣德七年（1432 年）改思南宣慰司儒学为思南府儒学。[26]嘉靖十九年（1540 年）设贵州思南府务川县儒学。[27]万历三十一年（1603 年）改平越、普定二卫学为平越、安顺军民二府学，设黄平州学、新贵县学。[28]其中规模最大的是贵州宣慰司学，其元初建于都司北，为顺元路儒学。明洪武二十六年（1393 年）迁建于贵阳城东北隅之明伦堂，规模宏大。又如贵阳府学，在治城（今贵阳）北门外，原属程番府学，隆庆二年（1568 年）迁入贵阳城，与宣慰司共治，隆庆三年（1569 年）革程番府学，设贵阳府学。明朝中央政府除注意土司子弟的培养外，对派驻贵州军队的官兵及其子女的教育也颇重视。《陈敬宗建铜鼓卫学碑记》记载："洪武三十年（1397 年）设立铜鼓卫，并敕建卫学，选军士之俊秀者充弟子员，设学官通知文武之学者教之以七书韬略、经史之义，俾知忠君孝宗，料敌制胜，以作进退之书，文武并用，长久之道也。"

表 10-1　明代贵州官学建置分布统计表

学校名称	设置时间	治所（今地）
永宁宣抚司儒学	洪武四年（正统八年贵州设卫、军生隶卫）	四川叙永
播州宣慰司学	洪武十三年	遵义
普安安抚司儒学	洪武十三年	盘县
贵州宣慰司学	洪武二十五年	贵阳
永宁宣抚司九姓长官司儒学	洪武三十年	贵州毕节、赫章、威宁一带
思州宣慰司学	永乐五年	
思南宣慰司学	永乐七年	思南
安顺府学	万历三十一年（为普定卫学所改）	安顺
思州府学	永乐十一年	岑巩
黎平府学	永乐十一年	黎平
石阡府学	永乐十二年	石阡
思南府学	永乐十三年	思南
铜仁府学	永乐十五年	铜仁
镇远府学	宣统元年	镇远
程番府学	成化十一年	贵阳
都匀府学	弘治七年（为都匀卫学所改）	都匀
贵阳府学	隆庆二年（为程番府学所改）	贵阳
遵义府学	万历二十八年	遵义

续表

学校名称	设置时间	治所（今地）
平越府学	万历三十一年（为平越卫学所改）	福泉
普安州学	永乐十三年	盘县
镇宁州学	正统八年	镇宁
定番州学	万历十五年	惠水
黄平州学	万历三十一年	
真安州学	万历三十年	正安
蒸发县学		
清平县学		
务川县学		

二、书院

明代贵州的书院较盛。如弘治十八年（1505 年）贵州提学副使毛科建文明书院。其他的包括：程番府（后改为贵阳府）的正学书院、中峰书院，修文的龙岗书院、阳明书院，平越卫的石壁书院，偏桥卫（今施秉）的南山书院，石阡府的明德书院，贵定的魁山书院，毕节县的古螺书院，铜仁府的铜仁书院，镇远府的紫阳书院，都匀府的鹤楼书院和南臯书院等。在上述书院中，以贵阳的文明书院和修文的龙岗书院最为著名。正德三年（1508 年）王阳明被贬为贵州龙场驿（今修文）驿丞，他先在修文龙岗书院讲学。正德四年（1509 年）受贵州提学副使席书邀请，到贵阳文明书院主讲。王阳明是教育史上有名的教育家，他在贵州讲学三年，对贵州教育影响很大。明代阮文中撰写的《阳明书院碑记》说："始，贵阳人士未知学，先生群弟子讲明良知之旨，听者勃勃感触，日革其浇漓之俗而还诸淳，迩者衣冠济济与齐鲁并，先生倡导之德至今不衰。"

表 10-2　明代贵州书院设置、分布统计表

名称	设置	明地点	今地点
文明书院	弘治年间建，嘉靖年间重建	贵阳忠烈桥西	贵阳
中峰书院	弘治年间建，嘉靖年间重建	定番府治内	惠水
正学书院	嘉靖二十一年	提学道右	贵阳
阳明书院	嘉靖十四年	贵阳府治城东	贵阳
龙岗书院	正德年间	治城北 70 里黑龙场驿	修文
石壁书院	嘉靖七年	平越卫城内	福泉

续表

名称	设置	明地点	今地点
中峰书院	嘉靖十三年	平越卫旧卫治内	福泉
南山书院	嘉靖十五年	偏桥卫治南	施秉
兴文书院	万历十四年	施秉县治右	施秉
明德书院	隆庆六年建，万历六年重建	石阡学宫右	石阡
魁山书院		贵定阳县城南	贵定
青螺书院	万历中建	毕节青螺山	毕节
铜江书院	弘治年间	铜仁殷家	铜仁
紫阳书院	嘉靖中建	镇远府治东	镇远县
斗坤书院	隆庆年间建	思南万胜山	思南
为仁书院	隆庆年间建	思南府贞武观内	思南
中和书院	万历年间建	思南府治中和山普济寺	思南
月潭书院	嘉靖年间	兴隆卫	黄平
天香书院	正德、嘉靖年间建	黎平南臬山天香阁	黎平
鹤楼书院	嘉靖间年建	都匀城东高贞观山麓	都匀
南臬书院	万历间年建	儒学右	都匀
凤山书院			天柱
草亭书院			黄平
定番州书院			惠水
普定卫书院			
安庄卫书院			
毕节卫书院	旧儒学万历八年改建		

数据来源：据万历《贵州通志》、民国《贵州通志》。

三、社学

明洪武八年（1375 年）下诏推行社学，自此，贵州社学渐兴。据弘治十八年（1505 年）统计，仅贵阳附近就有社学 24 处，习学儿童近 700 人，近郊社学少数民族子弟入学者近百人。明代贵州从嘉靖到万历后期有社学 50 多处，镇远府社学是建立最早的，嘉靖三十二年（1553 年）由当时的知府创建于治南火巷旧基。贵阳府社学是万历二十五年（1597 年）由提学沈思充、新贵县知县张羽鸿建于城内忠烈庙左侧。思州府社学是万历二十四年（1578 年）由知府李仕亨建于学府前。现将贵州各地社学列表如下表 10-3。

表 10-3　明代贵州社学分布统计

地区	创建时间	设置地点	所数
镇远府	嘉靖年间	府前、镇远县前	2
贵阳府	万历二十五年	城内忠烈庙左侧	1
思州府	万历二十四年	府学前、黄道司、都素司	3
思南府		印江、水德司、朗溪司、沿河司、蛮庆司	5
石阡府	隆庆元年	城南、城北	2
黎平府		儒学前左侧	1
平坝府		城内东、西、南街、北街、闸外	5
普安府		城北门外崇山营 1 所、州治大门外 1 所、该州 8 个营各 1 所	10
普定府		城内东大街、阎王庙左侧、南门外月城下、城北门内、东关	5
安顺府		旧州、二铺、马官屯	3
安南府	万历二十二年	卫治前、城东门外、南门外	3
永宁宣抚司	万历十四年	仓右、城东门外	2
新添卫		仓左、卫治左街	2
平越卫		察院西	1
黄平所		城西南	1
都匀府		府治北、麻哈州	2
威清卫		五千户所各一	5
永宁卫	万历七年	仓右、东门外	2
龙里卫	万历三年	分司右	1

此外，古州、八寨、小丹江（雷山）、清江（剑河）、施秉、凯里、丙妹（从江）、朗洞（榕江）、柳霁（天柱）、永从各有社学 1 所。

三、明代贵州进士、举人的地理分布

明永乐年间（1403—1424 年）贵州建省之时，只有学校 3 所。到嘉靖时贵州儒学增至 20 余所，而到明末，贵州全省已设宣慰司学 3 所，府学 12 所，州学 4 所，卫学 19 所，书院 16 所，共计 54 所。其发展速度是较快的。由于贵州民族教育迅速发展，贵州进士、举人也逐渐增多，据乾隆《贵州通志》统计，明代贵州有进士 102 人，举人 1710 人（4 人在籍不明）。其分布情况列入表 10-4、表 10-5、表 10-6。

表 10-4　明代贵州进士、举人统计

	正统	景泰	天顺	弘治	正德	嘉靖	隆庆	万历	天启	崇祯	合计
赤水	1		3								4
宣慰司	1	1	5	1	1	3					12
婺川	1										1
永宁	1		1		1	2		2			7
平越	1		1								2
兴隆		1									1
普定			1								1
乌撒			1			1					2
镇远			1			1		2		1	5
按察司			1								1
安顺				1		2		1			4
思州					1						1
思南					1	2		4	2	1	10
清平						4	1	1			6
石阡										2	2
普安						4		7		1	12
新添						1		1		1	3
新贵								1		1	2
铜仁						1		5			6
都匀							1	1		1	3
贵阳							1	9		1	11
平溪								2		1	3
黎平								2			2
敷勇										1	1
合计	5	2	14	2	4	21	3	38	2	11	102

资料来源：据乾隆《贵州通志·选举》。

表 10-5　明代贵州举人统计表

地名		举人数	地名	举人数
府名	县（司、卫）名			
黎平府	府治	62	铜仁府	79
	永从	3	平坝卫	20
镇远府	偏桥	13	威清卫	13
	府治	51	赤水卫	45
	清浪	1	敷勇卫	3
思州府	府治	41	毕节卫	29
	平溪	34	新添卫	59
思南府	府治	93	龙里卫	12
	印江	8	兴隆卫	26
	婺州	17	平越卫	25
都匀府	府治	43	永宁卫	126
	清平	71	乌撒卫	36
安啧府	府治	14	安南卫	20
	普定	110	普安卫	129
贵阳府	府治	180	安庄卫	49
	定番	12	平远卫	1
	和番	10	桐梓县	1
	亲贵	9	湄潭县	4
	贵州宣慰司	219	黄平卫	9
	按察司	2	在籍不明者	4
石阡府		27	合计	1710

表 10-6　明代贵州武举人才统计

地　名	武举人数	地　名	武举人数
贵州卫	18	普定卫	1
新添卫	5	安庄卫	1
都匀卫	1	贵州前卫	6

说明：贵州武举始于嘉靖经隆庆、万历止于崇祯。

由上表可以看出，明代进士、举人的分布规律主要包括以下几个方面：(1) 出现了进士、举人分布聚集区。从进士、举人的数量来看，明代贵州进士、举人主要聚集于今贵阳、安顺、思南、盘县、凯里五个地方，形成了多个进士、举人中心。这些地区共有进士56名，占全省的55%；举人830人，占全省的48%。(2) 进士、举人主要沿交通线分布，而交通闭塞地区则很少。贵阳是全省交通中心，安顺也在普安辰沅道上，商贾辐辏，“故其为黔之重土，几与会垣等。”[29]思南“与川东重庆、播州、酉阳等处接界，中间山溪平壤，连延千里。”[30]而且还有乌江水路的便利。此外，普安、清平都处于普安辰沅道上，是汉人迁入黔地的集中分布区。其民“多自中州迁戍”，“士事诗书，农勤稼穑，尚文重信尤胜他郡”，故普安“甲等云仍”，人才辈出。[31] (3) 进士、举人数与学校数在量上呈明显的正相关关系。如贵阳在洪武四年（1365年）建贵州卫学，洪武二十七年（1388年）建贵州宣慰司学，洪武二十八年（1389年）建贵州前卫学，隆庆二年（1568年）建贵阳府学。同时还先后兴办有文明书院、正学书院、阳明书院等，为贵阳进士、举人的培养提供了良好的条件。其中文明书院成为当时贵州规模最大的学府，当时学生不下200人，因此“论黔俗者，尤以贵阳为一省之最，……通观全省之人文，信无有逾乎贵阳者也。”[32]同样思南也是学校教育先进地区，永乐七年（1409年）建思南宣慰司学，永乐十三年（1415年）建思南府学，而且还建有斗坤书院、为仁书院、中和书院等。“陇野歌阒，独然鼓腹胶痒，讲学蜚矣先行。”[33]而教育又与学术民风是相互紧密联系的，任何一个学术中心的形成、发展往往有与之相适应的教育组织、教育活动相联系。而这些教育活动的开展常常由一些学术主张基本一致的文化名人共同来完成。同样任何地方民风的淳化和净化也有赖于当地乡贤的努力，特别是地方办学主张一时得不到政府承认时，只有通过乡贤的支持才能实现。正如郭子章《黔记》所云：“是邦昔在荒服之外，民皆夷獠，风气习俗不类中州，今则役服贡赋一切法度，衣冠言词，渐同中华，是虽国家政治之隆抑，亦教化之所资也。”因此，进士、举人人数众多的地区同时也是文化名人和乡贤密集分布之地（见表10-7）。遵义地区由于长期受杨氏土司的高压统治，既未兴学，也缺乏文化名人和乡贤的活动。因此在明代二百多年中杨氏“其子孙未闻有由科目登显宦者，职由此矣。而况于所辖部落之子弟乎。”[34]同样荔波县吏亦认为选贡之事是浪费人力、物力、财力，而予以罢免。洪武二十六年（1387年）正月荔波县令奏请朝廷：“其地界于云南，蛮寇作乱，焚毁学舍，其后大军克服，虽已重建，然生员皆苗蛮、瑶、僮、鴃舌之徒，教养无成，不堪选贡，徒费民供，无益国家，乞罢其学。”朝廷批准罢免。[35]

表10-7　明代贵州乡贤、文化名人统计表（前12位）

	乡　贤	文化名人
全省	228	112
贵阳	66	39
思南	31	10
安顺	30	
都匀	19	5
南笼	16	
思州	13	

续表

	乡　贤	文化名人
大定	12	
石阡	9	1
平越	9	3
黎平	8	6
铜仁	7	5
镇远	8	4
准平		9
普安		6
安平		6
新添		4
平越		3
遵义	1	4

说明：乡贤依据乾隆《贵州通志・选举》，文化名人依据民国《贵州通志・艺文志》。

总之，明代贵州的民族教育有了空前的发展，掀起了民族教育史上新的一页。其原因首先在于一些学校直接设在少数民族聚居区。为了吸引少数民族学童入学，统治者采取“给廪膳以养之”的办法。这对于经济落后的贵州各民族是很有吸引力的。如洪熙元年（1424 年）十一月贵州镇远府知府颜泽奏：“本府儒学自永乐十三年（1415 年）开设于偏桥等处四长官司，夷人之中选取生员入学读书，较有成效，宜给廪膳以养之。”仁宗批复曰：“府官之言是。边郡开学教夷人，若使自营口腹。彼岂乐为学？凡贵州各府新设学校，未与廪膳者皆与之。”[36]因此一大批少数民族学童涌入学校就学。宣德二年（1427 年）六月贵州布政司言：“晋安州各府新设学生皆是罗罗、僰人，莫知向学，今选俊秀军士王玺等入学读书以备贡举。”[37]一些废弃学校也重新复学。宣德八年（1434 年）二月乌蒙军民府通判黄甫钺奏：“本府前元时设立学校，今文庙犹存，……宜仍设学校，除授教官，选取土民俊秀子弟入学读书，应使远人通晓礼义，亦得贤才备用。”[38]后来朝廷甚至规定应袭土官必须经过学校毕业方可袭职。正统九年（1444 年）闰七月“命各处土官衙门应继儿男俱照军生例遣送官学读书、乡试，其相离地远者，有司计议或二卫、三卫设学一所。从贵州思南府经历李骥言也。”[39]同时因朝廷所授各地儒学教官多为汉人，故言语不通，难以达到训诲的目的，于是从云南鹤庆府儒学开始注意选拔当地生员做教师。宣德九年（1435 年）十二月以监生李源为四川永宁宣慰司儒学训导。李源，本永宁儒学生，以选贡入监。宣抚奢苏奏曰：“本司儒学生员，俱土僚夷人，朝廷所授教官语言不通，难以训诲。（李）源，资质敦厚，文学颇晓。乞如云南鹤庆军民府儒学事例，授（李）源教职，训诲诸生，庶有成效。”上从其言，故命之。[40]

经过明代政府对贵州民族教育的悉心培植，贵州人才迅速发展。“虽在边鄙，久沾圣化，人才渐盛，往往与中州之士联申甲科。”[41]自此，“贵州人才渐盛。”[42]

但是明代贵州民族教育的总体规模并不大，（1）教师不足。《孝宗弘治实录》卷 96

载，巡抚监察御史韩福言："万全都司并开平等卫、隆庆等州学校虽设，而教官或缺、生徒虽俱，而讲习罕闻。兼之军卫数多，未得有司提调，虽有提学，御史又以地临边境，道路往来动须防获，巡历难徧，考校不时，生徒无所激功，成材者少。"《英宗实录》卷199景泰附录17载，景泰元年（1450年）十二月巡抚按察御史黄镐等奏："贵州各属卫、府儒学多被苗贼攻劫，现在师徒救死不赡，乞将教官起送赴部别用，候边事宁息，复设。"获得认可。有的官员宁愿贬为庶民不愿在贵州从事教育工作，如嘉靖二十二年（1543年）贵州提学副使蒋信，假借有病而自主回原籍，朝廷为此将他"黜为民"。一些学校因经费不足而无法修缮。《英宗实录》卷213景泰附录31载，景泰三年（1452年）二月"贵州布政、按察二司及山川社稷坛、仓厫、儒学为苗贼所毁，有司诸修理。从之。"（2）教育管理不力。《神宗万历实录》卷53载，万历四年（1573年）八月葵末礼部复："贵州抚按严清等奏裁永从县儒学，以清冒滥。"上以建学来历原自久明，今姑勿问。如议即裁生员量留贯行止无碍者十余名附学，余悉屏黜。（3）随意裁撤学校。如万历三十一年（1603年）余庆、湄潭、瓮安等县学裁撤后附黄平州学。龙泉县学撤后附石阡县学。并规定黄平州学"新民子弟稍通文理者准入学，不准应试。"嘉靖中期所办新社学到万历后基本无存。万历三十二年（1604年）贵州卫、贵州前卫、永宁卫、普安卫、清浪卫、镇宁州、镇远县、施秉县、铜仁县等皆无学。这些地区各族子弟不断辍学，"洞寨子弟，即有向化之心，往往患苦跋涉，玄诵中缀。"[43]（4）环境恶劣。明代黎平府古州一带"危岩切云，老椒蔽天，雾雨冥冥"，"瘴气四时皆有。"[44]贞丰州、罗斛州亦"皆多瘴气，人病疟者多死，江西之贾于罗斛者，必经三疟乃可保。"[45]尤其是黔东山区"率皆险僻幽静，天晴之日，亦将午后而开朗，未哺而已晦暝。但遇稍阴，即霏雾迷蒙，寻丈莫辩，计其阴雨，十常六七，盖山岚瘴湿，气候郁蒸之所致也。"[48]这种恶性疾病的流行成为日后地方官请示设置贵州科场的理由。嘉靖十四年（1535年）贵州独开乡试科举的请求书中就说："贵州与云南接壤，而山势险绝，道里遐渺，盗贼出没无常，秋夏岚瘴盛发，以致每科应试生员跋涉冲冒，多所损伤。其与人情委为未便。况今文教渐洽，遐方绝域人才日盛，每科应试之士数逾七百，中试录文五经具备，及举进士科不乏人。"[47]

注释

[1]《太祖洪武实录》卷150。

[2]《太祖洪武实录》卷162。

[3][4]《太祖洪武实录》卷202。

[5]《太祖洪武实录》卷204。

[6]《明经世文编》卷423李化龙《播州善后事宜疏》。

[7]《太祖洪武实录》卷209。

[8]《太祖洪武实录》卷241。

[9]《太宗永乐实录》卷91。

[10] 郭子章《黔记》。

[11]《宣宗宣德实录》卷9。

[12]《宣宗宣德实录》卷 28。
[13]《孝宗弘治实录》卷 152。
[14]《孝宗弘治实录》卷 153。
[15]《世宗嘉靖实录》卷 178。
[16]《世宗嘉靖实录》卷 427。
[17]《神宗万历实录》卷 171。
[18]《神宗万历实录》卷 390。
[19]《贵州通志·学校志》。
[20]《太祖洪武实录》卷 222。
[21]《太祖洪武实录》卷 231。
[22]《太祖洪武实录》卷 250。
[23]《太宗永乐实录》卷 49。
[24]《太宗永乐实录》卷 94。
[25]《太宗永乐实录》卷 106。
[26]《宣宗宣德实录》卷 88。
[27]《世宗嘉靖实录》卷 238。
[28]《神宗万历实录》卷 388。
[29] 道光《安顺府志》。
[30] 嘉靖《思南府志》。
[31] 万历《贵州通志》。
[32] 道光《贵阳府志》。
[33] 万历《贵州通志》。
[34]（清）李凤宣《遵义府科名录》卷 1。
[35]《太祖洪武实录》卷 224。
[36]《宣宗宣德实录》卷 11。
[37]《宣宗宣德实录》卷 28。
[38]《宣宗宣德实录》卷 100。
[39]《英宗正德实录》卷 119。
[40]《宣宗宣德实录》卷 115。
[41]《宪宗成化实录》卷 129。
[42]《孝宗弘治实录》卷 153。
[43]《黔记》及《神宗万历实录》。
[44]《明史稿》卷 515《贵州土司四》。
[45] 李宗昉《黔记》。
[46]（明）郑晓《今言》。
[47]《礼部志稿》卷 72。

第十一章　清代四川教育地理

第一节　清代四川教育概况

一、儒学

清代地方教育基本沿袭明朝，但是清代四川的官办学校比明代有更大的发展。府学有属于高等教育性质的，如成都府学、重庆府学。州学也有属于高等性质的，如成都府的简州州学、崇庆州学。州学一般则为中等教育性质。县学一般为小学性质，但也有属于中学性质的，如成都府属温江县学、华阳县学、成都县学等。

据嘉庆《四川通志》，当时四川各地学校共有教学和管理人员 231 人，其中府学教授 12 人，府学训导 9 人，州学学正 17 人，州学训导 19 人，县学教谕 83 人，县学训导 84 人，以及厅学教谕 2 人，厅学训导 5 人。据此计算，师生比例为 1∶5。

清代地方儒学的教材主要也是儒学经典，如《十三经》《二十四史》《三通》《御纂经解理性》《古文辞》[1]。此外还有《性理大全》《文章正宗》《历代名臣奏议》《资治通鉴纲目》[2]等，这些书籍由政府统一颁行，并准许书商出版刊行。

清代四川官学比明代有较大发展，其重要原因之一是当时采取了许多渠道筹集经费的措施，从而使教育发展有了可靠的坚实的物质基础。

1. 设置学田

学田来源主要是地方乡绅捐赠、没收私占官地及民间互争产权而长期不能决定的土地和寺庙土地。《蜀海丛说》载："川省各府厅皆有学田，其租息所入，以供本郡邑文学科名之资助，且其款皆由地方筹集及绅富之慨捐者，历岁有增无减，积二百余年之久，故各属学田所入多称富裕，其用途不外数项：①津贴各郡邑学官；②送给值岁科两考的学使，每邑例棚费数百金；③每值科举三年本郡邑廪增附生赴省乡试每人送旅费若干；④各县举行考试时办公费用；⑤没有设学的地方则给当地书院以资助。学田之设有利于地方文教事业的发展。"

2. 农村集市贸易收税

清代商品经济比较发达，各地农村兴起了许多集市，清政府规定各地农村集市贸易中所得税款全部用于该地兴办教育。

3. 以上两项所得税收入送质库生息

"得白金二千三百两有奇，存之质库，收其息以为学费。"[3]这些稳定的收入保证了地方官办教育事业的蓬勃发展。

二、书院

清代书院比明代有更大发展，不仅数量增多，而且在管理方面比明代更加完善，特别是雍正、乾隆时期，由于统治者的大力提倡，全国书院如雨后春笋般纷纷建立。雍正十一年（1733 年）胤禛下诏令各省督抚在自己所在省城建立书院，"择一省文行兼优之士读书其中"，并赐帑金（国库所藏的金钱）千两作为建造经费。由此官办书院增多，到乾隆时期更占据主要地位。总计清代四川各地共建有 394 所书院。[4]成都的锦江书院从雍正十三年（1735 年）以后也奉旨领取国库金帑，供给师生灯火费，并由督抚学臣延聘院长（山长），从而变成官办的教育机构。

清代书院由于政府资助，一般规模较大，不仅有进行教学的讲座，有供学生住宿的厢房和内院，而且有藏书楼、厨房、食堂。主持书院活动的领导人由政府聘请名儒担任或地方官兼任。如乾隆时期著名学者定远的王清远、永川的李天英先后主持重庆的东川书院；华阳的顾汝修、丹棱彭端淑先后主持成都锦江书院；洪雅知县著名学者卢见曾建雅江书院，并亲自“与诸生讲诵无间时。”[5]这些人的待遇视书院情况而定，但一般都较高，其年俸白银少则二三百两，多达八九百两。如华阳潜溪书院院长一年领俸金二百两，米四石八斗，重庆东川书院院长每年领俸金八百两，相当于一个知州全年的俸金、养廉银的总和。

三、义学

义学在清代四川各地十分普遍。嘉庆、道光之际是四川义学发展的高峰时期。据不完全统计，当时资州有义学 33 所，仁寿有义学 50 余所。[6]这些义学多分布在农村，也有严格的管理章程。

四、科举考试制度

科举考试作为一个历史现象，有它产生的必然性，特别是封建社会晚期，统治阶级日益感到穷途末路，为了培养忠实的奴才，只好选择八股文为科举取士的唯一文体。虽然不乏有识之士对其针砭，但作为一种制度，它始终没有多大的变化，直到清末由于历史条件的改变，光绪二十四年（1898 年）八股文才被废除。科举制也在光绪三十一年（1905 年）被废除。

清代的科举制度多承明制，只是各项规定更加详细完备。考试也分“乡试”“会试”和“殿试”三个阶段。“乡试”考三场，所录人数按各省文化程度、人口多少、缴纳赋税多少而有所不同，多者可上百名。四川省一般录举人三十名左右，并规定次年五月到京，六月参加礼部的“会试”，“会试”合格再参加“殿试”，由皇帝钦定名次，确定一甲一二三名。其名称也分别叫作状元、榜眼、探花。二甲称为“傅胪”，这四人在清代统称为鼎甲。据商衍鎏统计，从清顺治丙戌到光绪甲辰年（1646—1904 年）的 200 年间，四川一共考取状元一名（光绪乙未 1895 年的骆成骧）、榜眼一名（顺治辛丑 1661 年的李仙根）、探花一名（道光戊戌 1838 年的江国霖）、傅胪一名（光绪丙戌 1886 年的李稷熏）。

科举制度的兴起造成了重科举轻学校的现象，学校教育方针、政策、教育的内容、教学方法都跟科举这根指挥棒转，以致学校教育长期得不到发展，学术思想也遭到压抑。当时一些有识人士曾一针见血地指出书院“大都讲帖括文学以博科第，取世俗功名。”[7]一般官学也是“师所希在束脩，弟所谋在膏火，有司又利在粉饰，以博声称为迁除之地。”[8]

表 11-1　清代四川各府县儒学、书院分布表

府名	县名	儒学名	书院	府名	县名	儒学名	书院
宁远府（6，10）	府辖	县学	4	保宁府（10，10）	府辖	府学	2
	会理州	州学	1		阆中	县学	
	越巂厅	厅学	3		剑州	州学	
	盐源	县学	1		南部	县学	1
	西昌	县学			巴州	州学	2
	崇宁	县学	1		通江	县学	
邛州（3，4）	州辖	州学	2		南江	县学	2
	蒲江	县学	1		苍溪	县学	1
	大邑	县学	1		昭亿	县学	1
酉阳州（4，9）	州辖	州学	2		广元	县学	1
	彭水	县学	1	驿州（6，8）	州辖	州学	7
	黔江	县学	3		罗江	县学	2
	秀山	县学	3		梓潼	县学	1
夔州府（7，23）	府辖	府学	6		德阳	县学	3
	云阳	县学	7		绵竹	县学	3
	万县	县学	5		安县	县学	2
	巫山	县学	1	忠州（4，8）	州辖	州学	2
	奉节	县学			丰都	县学	2
	大宁	县学	1		垫江	县学	1
	开县	县学	3		梁山	县学	1
泸州（3，3）	州辖	府学	2	龙安府（3，6）	府辖	府学	1
	纳溪	县学	1		江油	县学	2
	合江	县学			彭明	县学	3

续表

府名	县名	儒学名	书院	府名	县名	儒学名	书院
茂州（2，3）	州辖	州学		资州（5，9）	州辖	州学	1
	汶州	县学	3		井研	县学	1
潼州府（8，15）	府辖	府学	1		内江	县学	3
	盐亭	县学	6		仁寿	县学	2
	三台	县学	6		资阳	县学	2
	射溪	县学	9	绥定府（8，32）	府辖	府学	25
	遂宁	县学	17		梁县	县学	1
	乐至	县学	1		东乡	县学	1
	安岳	县学	8		新宁	县学	2
	中江	县学	3		石泉	县学	1
成都府（17，40）	府辖	府学	5		达县	县学	
	新都	县学	1		平武	县学	
	简州	州学	1		大竹	县学	2
	新繁	县学	1	重庆府（15，65）	府辖	府学	3
	成都	县学			江津	县学	9
	华阳	县学	1		永州	县学	5
	新津	县学	1		荣昌	县学	2
	崇庆州	州学	2		綦江	县学	1
	金堂	县学	1		南川	县学	7
	郫县	县学	3		巴县	县学	17
	崇宁	县学	1		江北厅	厅学	1
	灌县	县学	11		铜梁	县学	6
	温江	县学	4		合川	县学	3
	汉州	州学	3		定远	县学	1
	什亭	县学	1		长寿	县学	2
	彭县	县学	2		涪州	州学	6
	双流	县学	2		璧山	县学	1
眉州府（4，7）	府辖	府学	2		大足	县学	1
	彭山	县学	2	叙永厅（2，2）	厅辖	厅学	2
	丹梭	县学	2		永宁	县学	
	青神	县学	1				

续表

府名	县名	儒学名	书院	府名	县名	儒学名	书院
叙州府（15，34）	府辖	府学	5	顺庆府（10，33）	府辖	府学	4
	江安	县学	1		营山	县学	5
	南溪	县学	4		蓬溪	县学	13
	宜宾	县学			西充	县学	1
	高县	县学	1		南充	县学	
	庆符	县学	1		岳池	县学	1
	筠连	县学	1		广安州	州学	4
	长宁	县学	4		邻水	县学	1
	珙县	县学	1		仪陇	县学	2
	兴文	县学	1		蓬州	州学	2
	富顺	县学	8	雅州府（0，12）	府辖	府学	2
	隆昌	县学	1		天全州	州学	1
	屏山	县学	2		荥经	县学	2
	马边厅	厅学	1		芦山	县学	1
	雷波厅	厅学	3		清溪	县学	6
嘉定府（10，16）	府辖	府学	1	松潘厅		厅学	2
	威远	县学	3	尤姓司		司学	
	荣县	县学	1	八旗		官学	
	健为	县学	2				
	洪雅	县学	1				
	夹江	县学	1				
	乐山	县学	2				
	峨眉	县学	1				
	朵谷厅	厅学					
	太平厅	厅学	4				

说明：①表中资料以嘉庆《四川通志》为主，并参阅四川各府州县志，但时间不明、地址不详者概不统计。②括号内数字前者是儒学所数，后者是书院所数。

第二节 清代四川进士的地域分布及其规律

我国自有科举制度以来，进士一科就成为莘莘学子追逐的目标。商衍鎏在其《清代科举考试述录》一书中就认为，“观其数目之多寡，既能推之各省时代文风之高下，并可能有助于人物之参稽也”。本章就是以《明清进士题名录》和《国朝全蜀贡举考要》的有关记载为主，参照各省、府、州、县志及有关文集、碑刻和文物资料，研究四川进士籍贯分布状况、变迁趋势、变迁原因及其对政治社会的影响。

一、籍贯分布状况与变迁趋势

自顺治丙戌年（1646 年）至光绪甲辰年（1904 年）为止，清朝在这近 260 年中共举行了 112 次科举考试，按《大清会典》《续文献通考》等统计，取中进士共 26391 名，其中四川共取 800 人，约占全清进士的 3.03%。这 800 人，除徐庆元一人之外，其余进士籍贯都有明确记载，分布在四川 116 个县。以嘉庆二十五年（1820 年）的行政区划为准，其籍贯统计数字如表 11-2（进士人数一栏中，括号外的数字为该府县进士总人数，括号内的数字依次为清代前期、中期、后期该府进士人数）。

表 11-2　清代四川各府县进士分布表

<table>
<tr><th>府名</th><th>县名</th><th>进士人数</th><th>著作流传者人数</th><th>府名</th><th>县名</th><th>进士人数</th><th>著作流传者人数</th></tr>
<tr><td rowspan="4">宁远府</td><td>全省总计</td><td>800(297,200,501)</td><td>222</td><td rowspan="6">绵州</td><td>绵州</td><td>5(1,1,3)</td><td>1</td></tr>
<tr><td>会理</td><td>1(0,0,1)</td><td></td><td>罗江</td><td>3(3,0,0)</td><td>2</td></tr>
<tr><td>西昌</td><td>2(1,0,1)</td><td></td><td>德阳</td><td>2(0,0,1)</td><td></td></tr>
<tr><td>合计</td><td>3(1,0,2)</td><td></td><td>绵竹</td><td>6(4,0,2)</td><td>1</td></tr>
<tr><td rowspan="4">邛州</td><td>蒲江</td><td>2(2,0,0)</td><td>1</td><td>安县</td><td>2(0,0,2)</td><td></td></tr>
<tr><td>邛州</td><td>6(1,2,3)</td><td>1</td><td>合计</td><td>18(8,2,8)</td><td>8</td></tr>
<tr><td>大邑</td><td>1(1,0,0)</td><td></td><td rowspan="3">叙永厅</td><td>叙水厅</td><td>7(2,0,5)</td><td>9</td></tr>
<tr><td>合计</td><td>9(4,2,3)</td><td>2</td><td>永宁</td><td>1(0,1,0)</td><td></td></tr>
<tr><td></td><td></td><td></td><td></td><td>合计</td><td>8(2,1,5)</td><td>2</td></tr>
</table>

续表

府名	县名	进士人数	著作流传者人数
酉阳州	彭水	3(1,0,2)	1
	酉阳州	4(1,1,2)	1
	秀山	6(0,1,5)	3
	合计	13(2,2,9)	5
石柱厅		3(1,2,0)	1
夔州府	云阳	7(0,0,7)	1
	万县	9(2,2,5)	2
	巫山	1(1,0,0)	
	奉节	7(1,1,3)	2
	开县	5(0,4,1)	
	合计	29(4,9,16)	7
茂州	保县	1(1,0,0)	
保宁州	夔中	21(15,2,4)	2
	剑州	3(2,0,1)	1
	南部	4(2,1,1)	
	巴州	3(3,0,0)	1
	通江	3(3,0,0)	2
	南江	3(2,0,1)	
	苍溪	2(2,0,0)	
	合计	39(26,3,10)	6
绥定府	渠县	10(6,2,2)	3
	府辖	1(0,0,1)	
	达县	10(3,5,2)	3
	大竹	9(3,1,5)	3
	合计	30(12,8,19)	9
龙安府	江油	1(0,0,1)	
	彰明	1(0,0,1)	
	合计	2(0,0,2)	
忠州	忠州	11(7,2,2)	2
	丰都	4(0,1,3)	2
	垫江	12(3,8,1)	5
	梁山	7(7,0,0)	1
	合计	35(19,10,6)	10
重庆府	江津	16(6,6,4)	2
	永川	7(3,2,2)	1
	荣昌	4(1,1,2)	
	綦江	8(1,4,3)	1
	南川	3(0,2,1)	1
	巴县	21(8,5,8)	6
	江北厅	3(2,0,1)	
	铜梁	11(5,1,5)	7
	合州	8(1,4,3)	3
	定远	2(1,0,1)	1
	长寿	18(9,3,6)	4
	涪州	32(16,7,9)	8
	璧山	7(2,3,2)	2
	大足	1(0,0,1)	
	合计	141(55,38,48)	36
顺庆府	营山	23(12,4,3)	6
	蓬溪	5(2,2,1)	3
	西充	6(2,1,3)	3
	南充	11(7,2,2)	3
	岳池	2(0,2,0)	
	广安州	11(3,5,3)	6
	邻水	9(4,0,5)	2
	仪陇	3(1,0,2)	2
	合计	70(35,16,19)	25

续表

府名	县名	进士人数	著作流传者人数	府名	县名	进士人数	著作流传者人数
潼州府	盐亭	2(1,1,0)	1	雅州府	雅安	2(1,0,1)	
	三合	4(2,0,2)			荥经	3(3,0,0)	
	中江	13(3,7,3)	4		清溪	1(0,0,1)	
	射洪	6(1,2,3)	2		合计	6(1,0,2)	
	遂宁	11(4,2,5)	4	成都府	新都	9(4,3,2)	
	乐至	2(1,0,1)			简州	8(2,2,3)	3
	安岳	12(1,4,7)	6		新繁	7(2,0,5)	5
	合计	50(14,18,18)	17		成都	29(10,8,11)	
泸州府	泸州	15(4,3,8)	6		华阳	30(5,9,16)	9
	纳溪	2(1,0,1)			新津	6(0,2,4)	1
	合江	1(0,0,1)	1		崇庆州	4(2,2,0)	
	合计	18(5,3,10)	7		金堂	6(4,2,0)	5
眉州府	眉州	4(2,0,2)			郫县	5(1,4,0)	
	彭山	2(0,0,2)			崇宁	6(4,2,0)	2
	丹棱	4(3,0,1)	4		灌县	5(0,2,3)	
	青神	2(1,0,1)			温江	9(4,2,3)	1
	合计	12(6,0,6)	4		汉州	11(5,3,3)	
资州府	井研	5(2,0,3)	5		什邡	3(0,0,3)	
	资州	7(2,1,4)			彭县	4(0,0,4)	2
	内江	12(5,5,2)	3		双流	3(0,1,2)	1
	仁寿	9(1,6,2)	1		合计	157(51,43,63)	38
	合计	33(10,12,11)	12				
嘉定府	威远	4(0,2,2)	1	叙州府	江安	6(1,1,4)	2
	荣县	5(0,1,4)	2		南溪	6(2,1,3)	3
	健为	9(3,2,4)	4		宜宾	24(5,7,12)	7
	洪雅	6(3,2,1)	1		庆符	5(1,2,2)	
	夹江	4(3,1,0)	2		长宁	2(0,0,2)	
	乐山	9(6,2,1)	3		珙县	3(0,1,2)	
	峨眉	4(2,1,1)	1		兴文	3(1,1,1)	
	合计	41(17,11,13)	14		富顺	23(8,3,12)	9
					隆昌	7(0,4,3)	1
					屏山	1(0,1,0)	1
					合计	80(18,22,41)	21
				九姓司		1(1,0,0)	

说明：①全省总计800人，其中居里不详者1人未列入表中。②本表区划以嘉庆二十五年（1820年）为准，但在具体统计时，略做变动。即加入了新綦、金堂、温江、保县四县。③全表进士分布在四川的116县，此外尚有绵州的梓潼、叙州府的高县、筠连、雷波厅、马边厅、茂州的汶川、雅州的名山、芦山、天全州，资州府的资州、潼川府的建溪、绥定府的石泉、平武，宁远府的盐源、宁远、越嶲、冕宁，嘉定府的峨边厅及松潘厅、懋功厅、杂谷厅、太平厅等地没有进士分布。④清前期指顺治、康熙、雍正、乾隆四朝；中期指嘉庆、道光两朝，晚期指咸、同、光、宣四朝。⑤德阳县的曾宇身进士时代不详；内江县的张鹄进士时代不详。

《明清进士题名录》《国朝全蜀贡举考要》和有关文集所载进士籍贯可考者785人，俱已计入表11-2统计数字中。至于各人具体籍贯，则列表附于文后，以便对照稽考。下面试打破府县的界限，根据各有关府县产生的进士人数之多少，将四川全境分成若干区域，勾画清代全省进士籍贯分布之状况（见表11-3）。

表11-3　清代四川各州府进士密度表

府州	进士数（人）	土地面积（万 km^2）	密度（人/万 km^2）	占总进士数（%）	著作流传之人数（人）	密度（人/万 km^2）
酉阳州	13	1.24	10.48	1.65	3	2.42
石柱厅	3	0.35	1.57	0.38		
夔州府	29	2.03	14.29	3.69	7	3.45
太平厅		0.70				
保宁府	39	2.92	13.36	4.96	6	2.05
绥定府	30	0.98	30.61	3.82	9	9.18
忠州	35	0.64	54.68	4.45	10	15.63
重庆府	141	2.65	53.21	17.93	36	14.06
顺庆府	70	1.13	61.95	8.90	25	22.12
潼川府	50	1.35	37.04	6.36	17	12.52
泸州	18	0.51	35.29	2.29	7	13.72
资州	33	0.88	37.51	4.20	12	13.64
雅州	6	19.85	0.30	0.76		
嘉庆府	41	1.09	37.61	5.21	14	12.84
懋功厅		1.33				
杂谷厅		0.66				
茂州	1	0.82	1.22	0.13		
邛州	9	0.27	33.33	1.15	2	7.41
成都府	157	0.98	160.20	19.97	38	38.78

续表

府州	进士数（人）	土地面积（万 km^2）	密度（人/万 km^2）	占总进士数（%）	著作流传之人数（人）	密度（人/万 km^2）
绵州	18	0.47	38.29	2.29	8	17.02
宁远府	3	4.33	0.69	0.38	1	0.23
叙州府	80	3.08	25.97	10.18	21	6.82
松潘厅		6.36				
龙安府	2	1.09	1.83	0.26		
叙永厅	8	0.59	13.56	1.02	2	3.39
九姓土长官司	1	属叙水厅		0.13		
眉州	12	0.21	57.14	1.27	4	19.05
总计	799	56.51	14.13	100	222	3.93

说明：本表土地面积以谭其骧主编的《中国历史地图集》（第八册四川图幅）嘉庆二十五年为底图，用求积仪计算而成。

清代四川进士密集分布区域（各府产生进士之人数每万平方千米超过40人以上地区）有三个。一是成都府地区，二是眉州，三是重庆府、忠州、顺庆府地区；清代四川一县进士人数超过25人的三个县都集中在这三个地区，如重庆府的涪州（今涪陵区）高达32人，成都府的成都县（今成都市）达29人，华阳县（今双流县）亦有30人。15至25人之间的八个县，亦有一半集中在这两个地区，如重庆府的巴县21人，江津县16人，长寿县18人，顺庆府的营山县23人。这两个地区进士总人数达403人，占全省总数的51.3%。

清代四川进士次密集分布区域（每府产生进士人数每万平方千米在20～40之间）亦是两个，一是绥定府，一是潼川府、绵州、资州、眉州、邛州、嘉定府、叙州府及泸州。15至25人之间的八个县中，这两个地区亦占据三个，包括泸州15人，叙州府的富顺23人、宜宾24人。这一分布区共有进士289人，占全省总数的36.8%。

清代四川进士一般分布区（每府产生的进士人数每万平方千米一般在10～20之间）仍是两个，一是川北的保宁府，一是川东的夔州府、石柱厅和酉阳州。这个分布区的进士籍贯分布也不平衡，像保宁府的阆中一县却多至21人。

南边叙永厅、北边太平厅及川西大部分地区（包括茂州、龙安府、宁远府、雅州府、懋功厅、杂谷厅和松潘厅）是进士籍贯稀疏分布区。这些地区每万平方千米产生的进士人数都在5人以下，其中无进士分布的府（州、厅）共有四个，即松潘厅、太平厅、懋功厅和杂谷厅。

为了便于了解、分析清代四川进士籍贯分布状况和变迁趋势，兹列“清代四川进士籍贯地理分布表”如下。

表 11-4　清代四川籍进士地理分布表

分布状况	地区	府州数	进士人数				
			前期	中期	后期	总数	府平均数
密集	成都府	1	51	43	63	157	157
	重庆府、顺庆府、忠州	3	109	64	73	246	82
	眉州	1	6	0	6	12	12
次密集	绥定府	1	12	8	10	30	30
	绵州、潼川府、资州、邛州、泸州、嘉定府、叙川府	7	74	68	103	247	35.3
一般	保定府	1	26	3	10	39	39
	夔州府、石柱厅、酉阳州	3	7	13	25	45	15
稀疏	太平厅	1	0	0	0	0	0
	叙水厅	1	2	1	5	8	8
	川西山区	7	6	0	6	12	1.7

至于著有著作流传的进士，其分布与进士的总体分布呈正比，亦绝大多数聚集于成都府、重庆府、忠州、顺庆府等处。考清代四川以著作闻名的进士共 222 人，而成都、重庆、忠州、顺庆四府即占 109 人，是总数的 49%，其中密度最大的是成都府，达 38.78 人/万 km^2，是本省平均数的 10 倍。这种情形，符合成都之俗“尚侈好文，文多于质，俗好娱乐”[9]之说，也证明了“四川称秀才，惟成都士大夫”之说不谬。

第三节　清代四川进士分布形成与变迁的原因

清代四川有进士 786 人，其籍贯分布在全省 22 府（州、厅）116 县中。这里所说的地理环境或籍贯，已超出单纯的自然环境的范畴，实际上是包括地理环境、经济环境、思想政治环境、文化教育环境等在内的一个综合概念。马克思和恩格斯在《德意志意识形态》中指出“历史的每一阶段都遇到有一定的物质结果，一定数量的生产力总和。人和自然以及人与人之间在历史上形成的关系，都遇有一代传给一代的大量生产力、资金和环境。”[10]这说明人类新个体所面临的物质环境都是既定的，不能选择的，一个人的发展也要取决于和他直接或间接进行交往的其他一切人的关系，特别是物质生产关系。人“是什么样的，这同他们的生产是一致的，——既和他们生产什么一致，又和他们怎么生产相一致。”[11]十八世纪的法国旧唯物主义和十九世纪空想社会主义者认为“人是环境和教育的产物”。这是有进步意义的。对此马克思和恩格斯在《神圣家族》中做了充分肯定。[12]但是他们把环境主要理解为道德、法律、政治等属于上层建筑的思想关系，这又是不全面的。正因为如此，历代四川境内的文化现象，无论哪朝哪代都存在好些个不同的文化区，各文化区不仅有差别，有时甚至完全不同，这是文化的地区性。而致仕进士必经科举，应科举必读儒家的经典。因此多出进士、名儒的地区，当然也就是儒术礼教最昌盛的地区，所以进士人数的多寡大致可以反映出各地区文化程度的高下。从表11-2、表11-3、表11-4中可以看出清代四川进士籍贯分布具有这样几个明显特点。

第一，成都、重庆、忠州、眉州、顺庆是出高层次杰出人才的集中地区。这五州府在清代共得进士415人，占全省总数的52%，是全省文化最发达的地区。其中又以成都府最为突出，多达157人，占全省总数的20%。“天府之国”是指成都一带的优美的自然环境，其实远不止于此。这里真是如《通典·州郡典》在论述长江上游蜀土时所说的蜀地物华天宝，“学者比齐鲁，艺文儒术，斯之为盛”，实为人杰地灵、俊采星驰之地。个中原因不单是个优越的自然环境问题，更主要的是当地的经济、社会发展水平。早在战国之际，成都平原优越的自然条件及著名的水利工程都江堰的建造，使农业很快发展起来，自此成都地区经济的发展便如脱缰的野马，长盛不衰，一直是全国经济中心地区之一。如果进一步分析，不难发现进士比较集中的诞生地，主要是上述五州府的城市中心和交通枢纽地。这些地区，一般很普通的县、州即出十几个，甚至几十个进士。尤为突出的是成都县和华阳县，两县共出进士39人，这是本省其他地区罕见的。

第二，如果说成都、重庆诸地区是出进士集中的“点”，那么在清代四川进士的地理分布还有两条“线”或“带”，即长江流经地区和横穿四川省的南北交通干线，出的进士亦很多，从表11-2中可以看出，长江所穿流的宁远府、叙州府、泸州、重庆府、忠州和夔州六府共有进士306人，占总数的38.9%。四川境内的长江又叫川江，它汇合岷江、沱江、嘉陵江、乌江等大小数十条支流，向东流去，自古以来就是四川的重要航道。几千年来这条水上动脉对四川经济的繁荣、文化昌盛作出了巨大的贡献。到清代，随着流民的移入，川江又成为东西文化、南北文化交流和传播的纽带，而不同学术文化之间的互相渗透又是学术和文化发展的重要动力。因为对外文化交流逐渐增多，学生吸引力也随之增强，可以使得各种文化学术动态增殖出许多不被原地理环境所约束的超越这种地理环境的因子。所以通过学术文化交流、传播而实现的与外界交往的机会愈多频度愈高，其学术文化的生命力也就愈强。因此川江作为四川学术、文化交流与传播的中心地带，其进士分布密集也是理所当然的。与川江比拼抗衡的又有宜宾大路，又名川南大路，由成都沿岷江而下，过峨眉、乐山，经犍为、宜宾到云南昭通接石门古道（今川滇公路）。这条连贯陕川滇三省的南北交通线，其所经过的保宁府、绵州、成都府、眉州、资州、嘉定府、宁远府七府州共有进士 301 人，占总数的 38.3%，也是清代四川进士分布的稠密地区。

清代四川进士籍贯分布形成、变迁的原因，涉及社会、政治、经济、文化和自然环境、区域关系等诸方面，是一个十分复杂的问题。这里拟就各进士籍贯分布区域的实际情况进行一些具体的研究和分析。

从自然条件看，四川进士主要分布在海拔不超过五、六百米的成都盆地。清代的生产力虽有一定发展，但毕竟比较低下，自然环境对于进士分布的作用是相当重要的，很多方面是决定性的。因此进士稠密分布在这样的地理环境中绝不是偶然的。

成都府、重庆府、顺庆府及忠州、眉州地区进士籍贯分布密集，最基本的原因有三个。

第一，此地区农业商业发达，发达的社会经济不仅为社会上层人物的政治活动提供了必要的物质条件，而且对于区域文化发展水平、人物科举能力的提高，也都起着决定性的作用。四川进士籍贯分布密集、次密集的地区，几乎全是经济发达区域，便是最好的证明。第二，此地区乃省会所在，是全省的政治中心区。当地人物在科举技能培养、求学环境和入仕升迁机遇方面皆居优越地位，进入进士群体的人数自然要多些。政治中心附近进士籍贯分布密集，这是古代人才分布的一条通则，从而导致这个地区各州县产生的进士人数悬殊，变迁趋势各异。像忠州、顺庆府、眉州经济文化都比较发达，但与政治中心地带之间的区域联系不甚密切，所以产生的进士人数远不及成都府。第三，这些地区文风鼎盛，有强烈的进士欲望。成都府“尚孔文，士敏慧，民和俗阜，敦诗说礼，有邹鲁风。民富俗淳，人文蔚起”。重庆府“邑称知礼，人敦齿让，农重耕耘，士隆文学”。忠州“士多尚志，倜傥不群，士民淳朴，喜以诗书自娱”。顺庆府“近代儒风尤盛。人物间出，不减果遂之风”，并“当舟车往来之冲，民喜商贾而怠穑事”，“居人庶商，士务文学。”[13]

川西地处四川西北边陲，当地人过着半游牧生活，俗习射猎，民风强悍，地区开发晚，经济和文化都比较落后，因而是四川人才最少的地区。杂谷厅“地本氐羌人，犹劲焊，性多质直，工习射猎”。懋功厅“其俗种青稞、荞麦、孳畜牛羊，砌屋建碉，不加藩棚，食则糌粑，饮则乳酪”。松潘厅“食以酥油为佳”，“刻木契以为交易”。雅州府“山多田少。地瘠耕劳”，“其民质而少文，其俗淳而不薄。”[14]直到民国，川西实际上还处在未完全开发状态，人才分布十分稀少。

此外，进士的地理分布亦受到考试铨选制度的影响，如梁山县生员彭省非，乾隆丙午年（1786 年）已满八十岁，应四川乡试，四川总督保宁深感彭省非进取科名至老不衰，上疏给乾隆帝，上闻，钦赐举人，随后参加会试。丁未年（1787 年）钦赐进士。

三、清代四川进士分布对政治社会的影响

进士籍贯分布对于统治集团内部关系、统治与被统治阶级之间的关系、区域关系及文

化传播都有影响。这里不打算对上述问题做全面研究，仅就清代文化传播问题，探讨进士籍贯分布对政治社会产生的影响。

经济繁荣、教育发达是进士产生和发展的基础，一个地区要想优秀人才辈出，必须具备起码的条件，一是有一股强大的经济势力，二是有一些名师。经济繁荣使人的物质生活有了保障，可以从事更加广泛的社会活动；教育发达为整个社会培养了更多的优秀人才。如成都府自汉代以来，环境优势而稳定，生产得以发展起来，冠盛天下。

明清两代四川教育主要通过书院、义学和私塾形式进行。明清是四川书院发展的高峰时期，清代尤盛。据嘉庆《四川通志》统计，自唐以来的277所四川书院，明代54所，清代198所，清代所建书院占书院总数的71.5%。而且书院规模不小，如乾隆渝州书院有讲堂五间、左右厢二间、前堂五间，院墙、重门、前屏、后厨无不具备。书院设院长或山长主持其事，教师均由书院开支俸金。华阳潜溪书院山长一年俸金二百两，食米四石八斗。巴县东川书院院长俸金高达八百两，相当于一个知州全年薪俸、养廉银的总和。一定的文化是一定社会的政治和经济在意识形态上的反映，进士的地理分布亦是如此。清代四川进士的地理分布在很大程度上与书院的多寡是相一致的，这从表11-5可以得到印证。

表11-5　清代四川书院分布表

府名	书院数量	进士人数
成都府	14	157
重庆府	20	141
保宁府	13	39
顺庆府	19	70
叙州府	28	80
前州府	15	29
龙安府	4	2
宁远府	10	3
嘉定府	16	41
潼川府	16	50
绥定府	6	30
眉州	8	12
邛州	3	9
泸州	5	18
资州	5	33
绵州	6	18
茂州	1	1

续表

府名	书院数量	进士人数
忠州	6	35
酉阳州	4	13
叙永厅	2	8
石柱厅	2	1

注：书院一栏引自嘉庆《四川通志》卷七九《书院》。

表 11-6　清代四川生员地理分布表

府名	进额数	廪生	增生	进士数
成都府	166	300	300	157
重庆府	149	330	330	141
保宁府	118	200	200	39
顺庆府	112	230	230	70
夔州府	45	100	100	29
叙州府	112	250	250	80
龙安府	44	110	110	2
宁远府	46	85	85	3
雅州府	59	110	110	6
嘉定府	87	140	140	41
潼川府	83	180	180	50
绥定府	59	95	95	30
眉州	32	56	56	12
邛州	31	70	70	9
泸州	47	110	110	18
资州	52	105	105	33
绵州	49	100	100	18
茂州	12	40	40	1
忠州	28	60	60	8
酉阳州	32	80	80	13
叙永厅	24	40	40	9
松潘厅	6	15	15	
石柱厅	6	14	14	3

续表

府名	进额数	廪生	增生	进士数
杂谷厅	8	12	12	
太平厅	8	20	20	
合计	1415	2852	2852	786

说明：进额、廪生、增生三项来源于嘉庆《四川通志》卷七七《学校》。

清代四川的府、州、县学发展亦相当快，康熙四十三年（1703 年），四川的府、州、县学已增加到 77 所，此外义学设置亦甚为普遍，如梁山县即有本城义学、南路义学、东路义学、北路义学。义学多由地方官员、乡绅等捐资兴办，是一种初级教育组织，它对于传播基础知识和培养升入高一级的学生仍是有很大作用的。义学数量的多寡和进士人数的分布仍呈正的相关关系，这从表 11-6 中可以得到反映。同时这一文化现象反过来又对进士人数的增加起促进作用，有“不世之才”称誉的彭端淑幼而颖异，十岁能文，弱冠即潜心于学，力追古人。父及弟兄九人均为举人、知县，幼年与长兄彭端洪、弟彭肇洙、彭遵泗等读书丹棱县紫云寺，深受其父、外祖父以及合江进士董新策的训迪。雍正癸丑年（1733 年）与弟彭肇洙同榜进士，四年后二弟彭遵泗又中进士，弟兄三人，俱以科名闻名于世，于是京师有“三彭”之曰。彭端淑先后任吏部主事、员外部、郎中，从政三十余年，两掌成都锦江书院，计十四年之久，造士尤众，如李调元、李鼎元、钟文韫、龙煜岷等，皆出其门，一向奖励后进，平易近人，喜诗善文，与李调元、张船山号称清代四川三大才子。华阳县卓秉恬家境乃为一般酱园铺之收入，不为富庶，然能励志求进，一心务学，于嘉庆壬戌年（1802 年）中进士。在清代 286 年中，四川人物官位最显，莫过于张鹏翮、卓秉恬、周煌。张、卓两人官至一品，为清代重臣、名臣，其子卓檙、其孙卓景谦亦先后成为进士。简州同治辛未年（1871 年）进士易象离年少贫困，受业于叔父易晓堂，白天入校授徒，晚间则于母亲床头秉烛读书，曾主讲简州凤山书院，从游从学者颇多。光绪五年（1879 年）于潼川府教授时，又兼治昌书院主讲，潼川府属晚清名人文士多出其门。丰都康熙壬辰年（1712 年）进士易简亦执教于锦江书院，造士特多，如顾汝修、李敬伯等知名人士均出其门下，号称得力弟子。大竹县道光戊戌年（1838 年）进士江国霖曾先后捐输万金，请加大本籍文武学额，激励乡人勤学苦攻，以期培养众多人才。绵州嘉庆庚辰年（1820 年）进士叶上林遇家境贫困穷迫之人则尽力相助，如能成才者，务使成才以备国用，故名下多知名人士。

至于一家之中弟兄、父子先后进士之例更不胜枚举。涪州邹锡彤与弟邹锡畴、南江岳度与弟岳维、犍为李拔与子李远模、广安刘大鐘与子刘学原、纳溪王匡国与子王铎，安居王恕与子王汝嘉及王汝璧都是其中典型代表，均为蜀中硕望。

当然，进士分布越多的地区，其儒术礼教就越昌盛，但是社会风尚的形成原因是多因的、多层次的，所以封建文化最发达的地区，即进士分布最密集的地区并不一定就能按儒学的要求澄清社会风尚。《隋书·地理志》将隋炀帝时全国190个郡按《禹贡》九州编次，各于州末略叙风俗，所述虽然属隋代情况，但至清代仍未有大的变化，该书就说秦岭以南长江上游的梁州惟蜀地“颇慕文学，时有斐然”，“人多工巧，绫锦雕镂之妙，殆侔于上国”。“然多溺于逸乐”，“贫家不务储蓄，富室专于趋利，其处家室则女勤作业，而士多自闲”，“小人薄于情礼，父子率多异居”，“其边野富人，多规固山泽，以财物雄使夷僚，故轻为奸藏，权倾州县。”封建文化最发达的成都府尚不能按儒学的要求澄清社会风尚，至于其他地区当然更谈不上了。如汉中与巴地则“质朴无文，不甚趋利；性嗜口腹，多事田渔，虽蓬室柴门，食必兼肉；好祀鬼神，尤从忌讳；崇重道教，犹有张鲁之风”。汉中以西蜀郡以北诸郡，则“连杂氐羌，人尤劲焊；性多质直，务于农事，工习猎射，于书计非其长矣”。这里所赞边郡淳厚质直之誉，多半是由于地瘠民贫而导致的，与儒学的教化未必有多少关系，特别是西南部民夷杂糅，诸夷仍其旧俗，华人十有八九皆各卫所戍卒，其不谐于名教可想而知。

总之，四川是清代一个典型的经济文化区，巴山蜀水间是华夏文明的积淀地，深厚的盆地意识和海纳百川的风度使巴蜀文化独具特色。“江山代有才人出，各领风骚数百年”，在经济文化日益发达的今天，四川人才必定会更加勃兴起来，领中国之风骚，领世界之风骚。

附录：四川清代进士本贯分布表

说明：①四川进士人物籍贯绝大部分皆见于《明清进士题名录》和《国朝全蜀贡举考要》两书，不再作说明。与两书不相同处，则用注文举出。②四川府州县建置备见《清史稿·地理志》和谭其骧主编《中国历史地图集》第八册四川图幅中，当然一代之中，州县沿革时有变动，而各进士人物籍贯，大致皆按当时定制记载，府县隶属。本表一律以谭编《中国历史地图集》第八册四川幅嘉庆二十五年为准，有差异者则按《地理志》改正，不再一一注明。

1. 成都县29人：王躁、白双南、叶大可、江岷、刘彝铭、任震（同治《重修成都县志·选举志》）、向日贞、孙治、李元符、李作桢、李其昌、张罶、李杰生、李维桢、杨震纲、杨维震、杨瑁、张寅、张骧、莫如德、周宝清、衷冀保、曾炳鳞、曾培、缪景勋、蔡毓琳、戴之祥、刘懋功、杨祖纯。

2. 华阳县30人：文龙、尹昌龄、龙云圻、龙煜岷、叶毓荣、叶毓相、李宁远、苏兆奎、余彬、吴祖椿、张运魁、张炳坤、郑言、范溶、岳维翰、卓秉恬、卓景濂、卓樗、洪锡璜、胡峻、钟文韫、顾汝修、曹兴仁、崔荆南、谢坛、敬华南、曾光岷、曾咏、傅世炜、颜楷。

3. 双流县3人：刘桂文、宋沛霖、陈风楼。

4. 新繁县7人：向步瀛、沈锡周、杨宏绪、杨益豫、张宏仁、姚桐生、黄德章。

5. 温江县9人：毛含昱、刘能、刘漻、李启莒、吴浩恒、陈国华、徐从枢、葛荃、路县圃。

6. 崇宁县6人：米锦、罗锦文、徐忠锐、蔡时田、蔡谦、蔡增源。

7. 彭县4人：王麟萤、杨宗瑛、贺维翰、唐宗海。

8. 新津县6人：岳东阳、岳逢阳、胡众简、童完颜、童域、彭润芳。

9. 新都县9人：刘高元、向熙南（民国《新都县志》卷四《选举》及道光《新都县志》卷八《选举》)、李阳械、杨风岗、杨德三、郑宝琛、高文芳、谢质（民国《新都县志》卷四《选举》)、傅宗元。

10. 金堂县6人：米绘裳、陈钧、张吾瑾、高辰、黄景、虞友光（据《续陕西通志》卷一四《职官五》虞友光四川金堂人、进士)。

11. 什邡县3人：刘青照、罗光烈、谭能高。

12. 崇庆州4人：石风杨、龙云、叶毓贤、朱懋柄。

13. 简州8人：吴大光、张绍、周维翰、易象离、胡怀飚、傅为霖、傅宜化、傅辉文。

14. 江油县1人：张琴。

15. 彰明县1人：苏文炳。

16. 罗江县3人：李化楠、李鼎元、李骥元。

17. 绵竹县6人：刘鉴、李增荣、张之俊、张舜举（道光《绵竹县志》卷二七《选举》，但《明清进士题名录》称张舜举为顺天府宛平人)、唐弘宇、唐乐宇。

18. 德阳县2人：钟廷瑞、曾宇身（据《益州书画录》)。

19. 安县2人：李岷琛、林生泽。

20. 邛州6人：方发样、伍肇龄、华懋钦、孙世璋、孙其正、孙桐生。

21. 眉州4人：王文员、邓克明、李若坤、郭天禄。

22. 雅安县2人：杨祖纯、陆嗣龄。

23. 荥经县3人：王以宽、余万钰、郑风。

24. 清溪县1人：郭万俊。

25. 西昌县2人：毛万铨、郑宗瑞。

26. 乐山县9人：丁文灿、先曙荪、冷然、冷廉儒、李嘉秀、杜琢章、陈永柞、陈熙健、周于德。

27. 会理州1人：廖坤培。

28. 洪雅县6人：王树人、王沄、刘轲芳、祝岷、傅大贞、曾壁光。

29. 犍为县9人：文朝辅、宁延弼、汪世杰、李元棋、李才发、李锦源、李濂、余光祖、罗迪楚。

30. 夹江县4人：王庭诏、宋恂、吴慎、陶钧。

31. 峨眉县4人：王国祚、张星锷、张熙宁、彭崇。

32. 荣县5人：赵熙、曹俊亮、曾省三、蓝瑾章、廖朝翼。

33. 威远县4人：王荫槐、李慎修、林朝圻、罗珍。

34. 丹棱县4人：李昶元、彭端波、彭肇洙、彭遵泗。

35. 彭山县2人：周风翔、康模。

36. 青神县2人：邵从煾、张翮（《明清进士题名录》作眉州人）。

37. 大邑县1人：甘日懋。

38. 蒲江县2人：任树南、陈怀仁。

39. 台江县1人：董新策。

40. 江安县6人：杨尚琳、杨阜、傅增堉、傅增湘、傅增濬、廖正华。

41. 纳溪县2人：仇匡国、蒋茂璧。

42. 泸州15人：王元本、王检、刘臣良、华国清、李春芳、张崇本、林中麟、罗经学、施典章、高寿、高楠、高树、黄绍谋、韩士修、葛良杰。

43. 资州7人：王孙晋、汪致柄、李淳玉、骆成骧、郭灿、郭维键、廖炳坤。

44. 宜宾县24人：王时任、龙载湉、刘坤琳、汪潮、李时、李映棻、余祥钟、陈湘寿、张启辰、张智远、罗大冕、赵日韦、赵亮熙、赵树吉、赵敏熙、赵增琦、赵增荣、凌心坦、凌心垣、徐勋、徐煌、彭履德、樊泽达、胡瀛。

45. 庆符县5人：李华松、何钟兰、胡锡祜、曾树椿、樊肇新。

46. 叙永厅7人：李维汉、陈汝聪、陈楠（据光绪《叙永永宁县合志》卷三一《选举》及民国《叙永县志·人物篇·选举》。但《明清进士题名录》作江苏嘉定人）、陈南、徐心秦、徐敏中、傅宗武。

47. 珙县3人：黄士元、黄汀、萧浚藩。

48. 富顺县23人：万世纬、王开甲、王公辅、王廷弼、刘光第、刘光贲、朱斗南、朱俶、张翔风、张震、宋育仁、李芝、李复元、杨钧、陈钟信、晏玿、陈暻雯、罗琛、郭于蕃、聂兴圻、萧世本、萧镛、曾广运。

49. 南溪县6人：王铎、包欣芳、吴茂先、罗肃、程峄、曾继先。

50. 长宁县2人：刘昌仁、杜德舆。

51. 兴文县3人：朱坚、朱偓、何肇勋。

52. 屏山县1人：聂光盘。

53. 隆昌县7人：朱右贤、杨光瓒、范运鹏、耿光棋（据《贵州通志·职官表》记载耿光棋四川隆昌人，进士）、耿履端、晏棻、李辉斗。

54. 内江县12人：王果、王恂、李春喧、李廷芳、杨栻、吴嵩、张鹄（据《益州书画录附编》和《中国美术家人名辞典》）、易含章、姜锡暇、黄开运、萧宗瑀、谢廷荣。

55. 仁寿县7人：方为楷、毛澄、杨启珍、周文照、夏铭修、梁柄、梁熙、喻蚧、魏光宗。

56. 井研县5人：吴克昌、吴嘉谟、雷子质、雷轮、廖平。

57. 水宁县1人：李文俊。

58. 綦江县8人：王在隆、伍奎祥、伍辅祥、伍浚祥、陈洪猷、陈铭、彭学智、程泽沛。

59. 巴县21人：马桢、王水庆、石渠、龙为霖、卢耕心、卢秉政、刘如汉、李为栋、李成芳、李含青、杨彦南、严泽、张锦、范垣、段大章、高继光、唐正恩、黄钟音、龚瑛、崔焕章、霍来京。

60. 江津县16人：王玉衡、王家驹、刘鍠、李品三、李源、李嗣元、杨长佐、杨增钰、陈光明、林承漠、周文权、袁方城、袁坦、温德宜、潘廷飚、蹇灌善。

61. 南川县3人：韦杰生、周立瑛、傅丞宪。

62. 大定县1人：梁涛观。

63. 铜梁县11人：王汝嘉、王汝璧、王恕、任国宁、向时鸣、向鸣璋、吴鸿恩、陈昌、张衡猷、姜子成、苗毓璜。

64. 璧山县7人：王朝杰、刘宇昌、刘志、何增元、胡安铨、谢兴岐、傅廷元。

65. 定远县2人：王清远、范元音。

66. 长寿县18人：王如涛、王嗣衍、华宋智、汪叙畴、汪范畴、李廷芳、李作梅、李郁然、李莒、李彬然、李滋然、陈于际、张兰青、张名振、陶斯咏、黄之玖、韩树猷、韩鼎晋。

67. 荣昌县4人：屈光烛、赵云龙（《国朝全蜀贡举考要》并无赵云龙，《明清进士题名录》作陕西洛南人，然《四川通志》卷一一四《选举》确有赵云龙，光绪《荣昌县志》亦有记载）、敖册贤、敖彤贤。

68. 永川县7人：邵涵、罗世德、赵羽清、凌尔召、黄秉湘、黄秉潍、魏效祖。

69. 涪州32人：文景藩、文楠、方正、毛凤五、刘为鸡、刘邦柄、何有基、邹增祜、陈于舞、陈镕、陈永图、陈伊言、陈廷达、陈煦、陈锟、陈鹏飞、陈曦、张二载、张进、张煦、邹楠、周兴岱、周宗岐、周垣、周淦、周煌、施纪云、施愚、徐玉书、萧汀、傅炳墀、熊德芝。

70. 江北厅3人：马胜道（道光《江北厅志·选举》）、张孔训、童德中。

71、奉节县7人：刘正品、刘贞安、陈正学、张正椿、张宗世、林映棠、谭译。

72. 巫山县1人：司为善。

73. 开县5人：陈嵩道、沈西序、李宗羲、陈昆、谢临春。

74. 万县9人：刘汉云、刘兆藜、刘衍茂、杨棠、何永卓、陈昌言、赵尚铺、陶仁明、赖勋。

75. 云阳县7人：甘作赓、刘海鳌、聂正中（民国《云阳县志·贡举表》及《云阳县志·寿民表》）、李平光、李肇律、胡瀛涛、彭聚星（此据《益州书画录·补遗》及《中国美术家人名辞典》）。

76. 绥定府1人：徐冕。

77. 达县10人：王方衡、王正谊、王正玺、李淳、李澄、吴铣、吴镇、耿学模、潘弘道、潘融春。

78. 渠县10人：王伟任、刘渎藜、汪宗承、李汯邺、李潄芳、贾秉钟、阎之阶、阎广庆、阎自新、寇赉言。

79. 大竹县9人：王履亨、毛鸿图、邓思哲、江国霖、陈任、陈王宣、夏裕纶、徐先第、濮斗衡。

80. 丰都县5人：李存周、郎漠承、易简、徐昌绪、傅世纶。

81. 垫江县12人：卢尔秋、刘又向、李义德、李惺、陈于畴、陈斗、陈中、萧秀棠、董承熹、程伯銮、雷仑、戴宾周。

82. 梁山县6人：刁思卓、高人龙、高元吉、高宗励、秦涟、彭省非。

83. 酉阳州4人：冉广潏、陈继薰、陈火育、蔡世佑。

84. 秀山县6人：吴思让、尹殿飏、李稷、杨佩芳、王大琮、汪淑。

85. 彭水县3人：王光棣、李桓、李铭熙。

86. 石柱厅3人：冉永淦、刘余庆、崔永福。

87. 阆中县21人：王日仁、王寅良、尹维旆、刘迪、刘嗣熙、刘灏先、许慎、任溯昉、朱斯裕、李廷宋、杨凤藻、严端龙、吴暹、张注庆、张能节、郑钟灵、罗经、金玉麟、费道纯、龚敬敷、黎靖。

88. 苍溪县2人：薛玉堂、李先枝（《蒲江县志》作蒲江县人）。

89. 通江县3人：朱昱、李其纲、李钟峨。

90. 南部县4人：王懋昭、邓作弼、李允登、张葵。

91. 南江县3人：岳度、岳维、徐炳唐。

92. 剑州3人：王廷枚、李甲先、赵宏览。

93. 巴州3人：余坤、余焕文、周绳武。

94. 南充县11人：王升、王灏、任尔琼、冉宗洙、杨正传、张有光、何北熊、岳秉衡、胡大成、蒲享晋、蒲明发。

95. 西充县6人：王荃善、李庄、范尧、姚恪、黄瑞鹤、李昶。

96. 营山县23人：于之福、于德培、马元烈、马铭（《营山县志·选举》）、王凤鸣、王曰愈、白浚铣、陈会、陈怀玉、陈跻敬、张师元、张乾元、易周、侯于蓟、侯圻、侯承诺、侯度、侯恩济、黄世泽、龚士楷、龚士楷、蔡镇藩、罗楷。

97. 仪陇县3人：李会、蒋山、胡辑端。

98. 邻水县9人：冯学飏、甘文林、甘家春、甘家赋、李征庸、杨凝照、屈环珠、廖镜伊、廖镜明。

99. 广安州11人：邓时敏、刘大瑄、刘天成、刘本清、刘学厚、胡骏、郑瑞玉、淡春合、薄春铭、薄殿俊、郑修乾。

100. 三台县4人：王程焰、冯佐熙、李树启、谢绪璠。

101. 中江县13人：王乃征、刘体仁、李复元（民国《中江县志》误为李福源）、陈品全、林愈蕃、岳世仁、岳维城、盂邵、唐毓衡、彭襄、戴昶、戴铃、戴谦。

102. 盐亭县2人：杜廷锴、陈书。

103. 蓬溪县5人：王旭龄、奚大壮、蒲文甲、蒲心豫、蒲豫麟。

104. 乐至县2人：邹大项、林发深。

105. 遂宁县11人：王懋昭、任文翌、李士麟、李仙根、李培兰、余适中、陈文笏、张问陶、张维翰、张鹏翮、曾守锐。

106. 合州8人：朱奂、陈炳煊、陈敬简、罗衡、罗醇仁、郭先本、蒋璧芳、戴光。

107. 安岳县12人：王炳瀛、王炳麟、田瀛海、邹绍观、张象翀、周元位、周丕澧、袁希璋、陶绍绪、谢世珍、谭言霭、廖运发。

108. 汉州11人：文廷杰、王炳章、王偻、李培炆、吴翼基、陈顺镶、张仁荣、张祥麟、张溥、罗楷、贾承慕。

109. 忠州11人：李国风、杜煜、杜鹤翱、杜薰、何荣楠、邹锡彤、邹锡畴、成文龙、贺鹤云、秦时英、秦家穆。

110. 绵州5人：叶上林、孙桐生、李调元、陈纬元、郑济美。

111. 九姓土长官司1人：万方。

112. 轧县5人：兰之堂、李升谷、吴湘、姜秉文、傅鹏飞。

113. 灌县5人：荀春培、周盛典、贺鸿基、高溥、董文炳。

114. 保县1人：李先乾。

115. 岳池县2人：何棻、康以铭。

116. 射洪县6人：李世琪、张尧焱、张崇恪、罗锦城、赵圣佐、夏肇庸。

117. 居里不详1人：徐庆元。

第十二章　清代云南民族教育地理

清代统治者认为在云南建立学校以教育蛮夷子弟，不但可以训导“开化夷民”，使桀骜不驯的蛮夷归服礼仪，而且还可广育人才，为朝廷培养蛮夷地区的统治人才，达到“以夷治夷”的目的。因此清代云南教育得到巨大发展。云南民族地区“学馆林立，称极盛焉”。[1]考察清代云南民族学校设置的情况，研究和探讨这种民族教育地理的分布体系及民族学校的性质、办学经费等内容，将有助于作者更加全面地认识云南的历史，使作者对于云南传统社会的教育布局、学校体制及云南民族教育从传统向现代化转型过程的评价更加客观，更加符合历史实际。

第一节　清代云南民族教育政策概述

清代统治云南在方式上不仅沿袭明朝文武兼治，而且也针对云南边疆少数民族多的特点，采取了一些特殊措施。

一、清政府十分重视云南各级教育行政长官的缺额问题

云南僻处西南，交通不便，生活艰苦，尤其是一些地区气候炎热，瘴疾恣意蔓延，不少官员竟因此捐躯献身。据《国朝耆献类征初编》卷 104 引《国史馆钱棨传》说：钱棨在嘉庆四年（1525 年）三月“以按试澄江、临安等府，触受瘴湿成蛊疾。七月旋省（昆明），犹力疾视事，八月卒。”所以朝廷任命的一些地方教育行政官员或因路途遥远或因畏惧感染瘴疫，往往却步迟行，致使教育官员旷缺甚多，而学校教育兴衰的关键又在于领导和管理。因此清廷对解决当地行政官员的缺额问题十分重视，并施行一套特殊的官员选补制度。雍正四年（1726 年），雍正皇帝让吏部拟定的办法是“远省教职，请将应选人员由部裁定人数，照科分名次填写执照，给发各巡抚，令其挨次具题选补；并将到任日期报

部。”即由吏部规定各级教育长官人数，并将委任状发给巡抚，再由巡抚挑选合适人选，及时补足，然后报吏部备查。乾隆六年（1741年）吏部再次重申上述办法。吏部议复四川巡抚硕色奏称：“云贵四川等省教职缺出，题复考选，动辄悬缺一二年，请将拟选人员先行考试，一面具题，一面给照任事，俟题复后实授，吏部即以补授日注册。该俸升转，庶缺不久悬，论俸推升，亦得划一。通行云贵四川福建两广六省一体遵行。”[2]这样云南的教育官员和教师“动辄悬缺一二年”的状况得到明显改变。显然，清代云南的各级教育官员和管理机构基本上是健全的。

二、实行官办义学的初等教育体制

顺治皇帝登基不久，便尝试招收土司子弟入学读书。顺治十五年（1658年）礼部题准：“土司子弟有向化愿学者，令立学一所，行地方官取文理明通者一人，立为教读，以司训督，岁给饩银八两，膏火银二十四两，地方官员动正项支给。”[3]并要求各学校招收土司子弟就读。如康熙四十四年（1705年）礼部议准“贵州府州县设立义学，将土司承袭子弟送学肄业，以俟袭替；其族属人等并苗民子弟愿入学者，亦令送学。该府、州、县复设训导躬亲教谕。”[4]但这时在西南少数民族地区所设义学还主要局限在贵州、广西，而云南是在雍正朝全面实施“改土规流”措施之后才全面推行义学教育的。雍正三年（1725年）在威远地区“设立义学，令彝人子弟有志读书者入塾诵诗”，两年后又由礼部议准，在“东川府土人设立义学，择本省贡生生员熟习风土，品学兼优之士，令其实心教诲。”[5]乾隆初，云南布政使陈宏谋发了两道关于办义学的檄文，声称：“今俗使成人、小子、汉人、夷人不以家贫而废学，不以地僻而无学，非多设义学不可。”各省从康熙到光绪的200余年间，设义学800多所。这些义学其性质与书院相同，多系半官半私所建立。义学的经费有的由政府颁给，或由地方官拨公款经理；有的由官吏、乡绅捐资或置田产收取租银，或筹集现金借贷，以其收入充“膏火”。如经费不足，可呈请布政司在公款项下补充。如呈贡县有11个区52所义学经费不敷，陈宏谋从布政使司的“养廉”费中捐赠1252两白银，让他们买田收租，永供束脩。

三、对“土人义学”实行优惠的倾斜政策

清政府对云南少数民族的学童在就学和科举方面都有特殊政策。清政府兴办义学的目的在于“开化夷民”，以便统治，但客观上对边远贫困的民族地区的文化发展起了重要的推动作用。据《新纂云南通志·学制考三》载：“雍正二年（1724年）六月增云南各州县岁科试取进文童额数。乾隆九年（1744年）议准云南东川、昭通二府生童岁科两次远赴曲靖考试。高山密箐，跋涉艰难。准照陕西榆林等棚，岁科连考之例，令学臣按试曲靖即

将昭通、东川二府、镇雄州、永善等四学童岁科接连考试。”在选贡方面更加明显，“康熙元年（1661 年）题准云南贡生暂免廷试咨行该府就近考试，将试卷封送吏部校阅定衔序选。康熙二十三年（1683 年）议准云南荡平后岁贡生仍暂就本省考试。试卷解送礼部阅定次序，移咨吏部。其原廷试者听。”同样，在教育方面亦十分宽松。比如东川府的“土人义学”先招收一些汉化的少数民族学童入学，让他们与汉族学童朝夕相处，学成回原籍教育同族同伴。在“土人义学”教书有成就的教师，可以升他们作贡生。朝廷还批准东川府少数民族学生考试时援用湖广考苗、瑶两族学童的方法，贡举标准不按照汉族及内地录取，而“另编字号考试”。在本府学额中划出若干名额，单独录取少数民族学童。

四、广建学校

清王朝在云南少数民族地区实行“以夷治夷”政策，在武力改土归流后即兴建学校，以“广教变夷”（见表 12-1）。

据《新纂云南通志·学制考三》载：“顺治十八年（1661 年）题准云南省土司应袭子弟令各该学立课教训，俾知礼仪俟。父兄谢世之日回籍袭职。其余子弟并令课读。该地方官择文理稍通者开送提学考取入学应试。康熙二十二年（1682 年）题准云南土官族属子弟并土人应试附于云南等府。三年一次，共考取二十五名。另行开选附于各府州学后照例解送礼部礼科查核其土司无用流官之例，应将土生不准科举并不准补廪出贡，第将文义通达者考取。若取不谙经书、不通文义者将试官参处。如不原考试亦不必勒令应考。”

表 12-1　清代云南土改归流地方建立学校情况表

地　名	时　间	建学情况	资料出处
威远县	雍正三年四月	准附元江府应试、进取二名	《世宗实录》卷 31
东川府	雍正五年七月	设教授一员，取进文武童生各十名	《世宗实录》卷 59
乌蒙府	雍正六年二月	设教授一员，取进文武童生各十名	《世宗实录》卷 66
永善县	雍正六年二月	设教谕一员，取进文武童生各十名	《世宗实录》卷 66
镇雄州	雍正六年二月	设学正一员，取进文武童生各十名	《世宗实录》卷 66
普洱府	雍正七年闰七月	设府学，移元江府训导驻其地，取进八名	《世宗实录》卷 84
宣威州	雍正八年十月	设学正一员，取进文武童生各八名	《世宗实录》卷 99
镇沅府	雍正十年十月	设教授一员，取进八名，分定土著，寄籍各四名	《世宗实录》卷 124
思乐县	雍正十年十月	设教授一员，取进八名，分定土著，寄籍各四名	《世宗实录》卷 124

第二节　清代云南民族教育要素的地理分布

一、府、州、厅、县儒学

由于清政府尤其是康、雍、乾三朝对云南民族学校的重视程度远超明代，因而云南的民族教育事业迅速恢复和发展，取得的成就比较显著，不仅府有府学，州有州学，县有县学，而且在各盐矿场也设有学校。据《新纂云南通志》统计，全省共有94所府、州、县、厅儒学（见表12-2），由明代60余所发展到近100所，特别是少数民族地区的教育得到了较大发展。这与清政府悉心许多民族地区派遣学官，设立学宫有关。顺治十八年（1661年），清政府批准云贵总督赵廷臣疏言，云南“应改设流官，俟三年后，风俗渐迁，人口渐正，立之学宫，以广教习。”[6]康熙二十二年（1682年）批准“云南土官属族子弟并土人应试。”[7]康熙三十三年（1693年）批准“曲靖、元江等八府学、寻甸、楚雄、姚州、新平等十七州县学。”[8]康熙四十四年（1704年）谕准广西、丽江两府设学，各府取童生15名。雍正七年（1727年）诏准云贵总督鄂尔泰关于设立普洱府同时建立学校的建议。后来有在纳西族、藏族聚居的中甸厅、维西厅和傣族聚居的龙陵厅、苗族壮族聚居的安平厅建立了学宫。

表12-2　清代云南学校统计表

地名		义学馆数		书院所数		儒学所数	
府名	州厅县名	雍正通志	新纂通志	雍正通志	新纂通志	雍正通志	新纂通志
云南府	府治	3	9	1	2	1	1
	昆明县	8	20	2	2	1	1
	富民县	6	11		1	1	1
	宜良县	14	15	1	3	1	1
	罗次县	6	8	1	2	1	1
	晋宁州	5	7	1	2	1	1
	呈贡县	9	8		1	1	1
	安宁县	8	15	2	4	1	1
	禄丰县	3	5	2	2	1	1
	昆明州	9	14	2	3	1	1
	易门县	4	5	2	3	1	1
	嵩明州	14	17	2	3	1	1
	小计	89	134	16	28	12	12

续表

地名		义学馆数		书院所数		儒学所数	
府名	州厅县名	雍正通志	新纂通志	雍正通志	新纂通志	雍正通志	新纂通志
大理府	府治	2	6	7		1	1
	太和县	4	12		11	1	1
	赵州	6	5	4	4	1	1
	云南县	5	12	3	6	1	1
	邓川州	4		7	11	1	1
	浪穹县	4	4	5	7	1	1
	宾川州	8	11	4	2	1	1
	云龙州	9	9	2	4	1	1
	小计	42	59	32	45	8	8
临安府	府治	1		3		1	1
	建水州	5	6		5	1	1
	石屏州	7	4	1	9	1	1
	阿迷州	7	10	1	1	1	1
	宁州	5	6		7	1	1
	通海县	9	9		1	1	1
	河西县	6	8		2	1	1
	习峨县	5	7		2	1	1
	蒙自县	7	8	1	5	1	1
	小计	52	58	6	52	9	9
楚雄府	府治	3	2	4		1	1
	楚雄县	5	8		6	1	1
	镇南州	5	6	1	1	1	1
	南安州	7	10	3	3	1	1
	姚州	9	10	3	4	1	1
	大姚县	10	19		1	1	1
	广通县	5	13		1	1	1
	定远县	4	7	1	1	1	1
	小计	48	85	12	17	8	8

续表

地名		义学馆数		书院所数		儒学所数	
府名	州厅县名	雍正通志	新纂通志	雍正通志	新纂通志	雍正通志	新纂通志
澄江府	府治	2	2	5		1	1
	河阳县	3	7		6	1	1
	江川县	4	3		2	1	1
	新兴州	11	8	2	2	1	1
	路南州	9	13	1	2	1	1
	小计	29	33	8	12	5	5
广南府	府治	7				1	1
	宝宁县		9		2		
	小计	7	9		2	1	1
顺宁府	府治	7		3		1	1
	顺宁县		6		5		
	云州	6	6	1	2	1	1
	缅宁厅		1		1		1
	小计	13	13	4	8	2	3
曲靖府	府治	3	3	3		1	1
	南宁县	4	5		5	1	1
	沾益州	8	7	1	2	1	1
	陆凉州	10	20		4	1	1
	罗平州	4	5		3	1	1
	寻甸州	9	14	3	3	1	1
	平彝县	4	4	1	1	1	1
	宣威州	8	9		2	1	1
	马龙州	5	7		1	1	1
	小计	55	74	8	21	9	9
丽江府	府治	4		2		1	1
	丽江县		21		2		1
	鹤庆州	3	13	1	4	1	1
	剑川州	6	10	1	1	1	1
	中甸厅	5	5				1
	维西厅	5	5				
	小计	23	54	4	7	3	5

续表

地名		义学馆数		书院所数		儒学所数	
府名	州厅县名	雍正通志	新纂通志	雍正通志	新纂通志	雍正通志	新纂通志
普洱府	府治	5					1
	宁洱县		6		1		
	攸乐县	2					
	思茅厅	5	7		1		1
	他郎厅		2		2		1
	威远厅	5	17		1		1
	小计	17	32		5		4
永昌府	府治	1	1	3		1	1
	保山县	5	5		5	1	1
	腾越厅	5	55	3	3	1	1
	永平县	3	7	1	2	1	1
	龙陵厅				2		1
	小计	14	68	7	11	4	5
开化府	府治	2				1	1
	文山县	10	11		4	1	
	安平厅						
	小计	12	11		4	2	1
东川府	府治	2		1		1	1
	会泽县	6	13		1	1	
	巧家厅		5		1		1
	小计	8	18	1	2	2	2
昭通府	府治	2	4	1		1	1
	思安县	2	2		1	1	1
	镇雄州	5	7		2	1	1
	永善县	4	8		1	1	1
	大关厅	3	16		2		1
	鲁甸厅	5	5		1		
	小计	21	42	1	7	4	5
景东直隶厅		16	15	1	3	1	1
蒙化直隶厅		8	14	2	7	1	1

续表

地名		义学馆数		书院所数		儒学所数	
府名	州厅县名	雍正通志	新纂通志	雍正通志	新纂通志	雍正通志	新纂通志
永北直隶厅		5	12	2		1	1
广西直隶厅	州治	8	11	1	6	1	1
	师宗州	5	5		1	1	1
	弥勒州	5	5		3	1	1
	丘北县	8	8		1		1
	小计	26	29	1	11	3	4
武定直隶州	州治	2	14	2	3	1	1
	元谋县	4	4		2	1	1
	撒甸县	4					
	禄劝县	5	12		1	1	1
	和曲州	7				1	
	小计	22	30	2	6	4	3
元江直隶州	州治	2	4	1	2	1	1
	新平县	2	6		2	1	1
	小计	4	10	1	4	2	2
镇沅直隶州	州治	7	12		1	1	1
	思乐县	5	6		1	1	1
	小计	12	18		2	2	2
白盐井直隶提举司		1	2	2	3	1	1
黑盐井直隶提举司		5	8	1	3	1	1
琅盐井直隶提举司		1	1		1	1	1
全省总计		540	814	109	243	86	94

说明：行政区划据道光《云南通志》，个别地方略做调整。

据《新纂云南通志·学制考三》记载：清代云南的总学额为1317人〔不含光绪七年(1881年)新增学额〕，廪生2094人，增生2094人，共计5495人（见表12-3）。

表 12-3　清代云南各府州县学额统计表

地名		学额（童生）	廪生	增生	出贡
府名	州厅县名				
云南府	府学	20	40	40	一年一贡
	昆明县学	23	20	20	二年一贡
	富民县学	12	20	20	二年一贡
	宜良县学	20	20	20	二年一贡
	罗次县学	12	20	20	二年一贡
	晋宁州学	20	30	30	三年二贡
	呈贡县学	15	20	20	二年一贡
	安宁州学	20	30	30	三年二贡
	禄丰县学	12	20	20	二年一贡
	昆明州学	15	30	30	三年二贡
	易门县学	12	20	20	二年一贡
	嵩明州学	15	30	30	三年二贡
	小计	196	300	300	
大理府	府学	20	40	40	一年一贡
	太和县学	20	20	20	二年一贡
	赵州学	20	30	30	三年二贡
	云南县学	15	20	20	二年一贡
	邓川州学	20	30	30	三年二贡
	浪穹县学	20	20	20	二年一贡
	宾川州学	15	30	30	三年二贡
	云龙州学	12	30	30	三年二贡
	小计	142	220	220	
临安府	府学	20	40	40	一年一贡
	建水县学	20	20	20	二年一贡
	石屏州学	20	30	30	三年二贡
	阿迷州学	15	30	30	三年二贡
	宁州学	15	30	30	三年二贡
	通海县学	20	20	20	二年一贡
	河西县学	20	20	20	二年一贡
	习峨县学	12	20	20	二年一贡
	蒙自县学	18	20	20	二年一贡
	小计	160	230	230	

续表

地名		学额（童生）	廪生	增生	出贡
府名	州厅县名				
楚雄府	府学	20	40	40	一年一贡
	楚雄县学	20	20	20	二年一贡
	镇南州学	15	30	30	三年二贡
	南安州学	12	30	30	三年二贡
	姚州学	20	30	30	三年二贡
	大姚县学	20	20	20	二年一贡
	广通县学	12	20	20	二年一贡
	定远县学	15	20	20	二年一贡
	小计	134	210	210	
澄江府	府学	20	40	40	一年一贡
	河阳县学	20	20	20	二年一贡
	江川县学	12	20	20	二年一贡
	新兴州学	20	30	30	三年二贡
	路南州学	12	30	30	三年二贡
	小计	84	140	140	
广南府	府学	15	30	30	三年二贡
顺宁府	府学	12	30	30	三年二贡
	顺宁州学	8	10	10	四年一贡
	云州学	12	30	30	三年二贡
	小计	32	70	70	
曲靖府	府学	20	40	40	一年一贡
	南宁县学	20	20	20	二年一贡
	沾益州学	15	30	30	三年二贡
	陆凉州学	15	30	30	三年二贡
	马龙州学	12	30	30	三年二贡
	罗平州学	12	30	30	三年二贡
	寻甸州学	20	30	30	三年二贡
	平彝县学	12	20	20	二年一贡
	宣威州学	8	20	20	二年一贡
	小计	134	250	250	

续表

地名		学额（童生）	廪生	增生	出贡
府名	州厅县名				
丽江府	府学	8	20	20	二年一贡
	丽江县学	7	10	10	四年一贡
	鹤庆州学	20	30	30	三年二贡
	剑州学	20	30	30	三年二贡
	小计	55	90	90	
普洱府	府学	18	20	20	二年一贡
开化府	府学	20	40	40	一年一贡
永昌府	府学	20	40	40	一年一贡
	保山县学	20	20	2020	二年一贡
	腾越州学	20	30	30	三年二贡
	永平县学	12	20	20	二年一贡
	小计	72	110	110	
东川府	府学	15	20	20	二年一贡
昭通府	府学	12	12	12	三年一贡
	镇雄州学	10	8	8	四年一贡
	永善县学	10	8	8	四年一贡
	小计	32	28	20	
各直隶厅州	景东直隶厅	20	40	40	一年一贡
	蒙化直隶厅	20	40	40	一年一贡
	永北直隶厅	20	40	40	一年一贡
	广西州学	20	30	30	三年二贡
	弥勒县学	15	20	20	二年一贡
	武定州学	20	30	30	三年二贡
	元谋县学	12	20	20	二年一贡
	禄劝县学	14	20	20	二年一贡
	元江州学	15	30	30	三年二贡
	新平县学	8	20	20	二年一贡
	镇源厅学	16	18	18	四年一贡
	小计	180	308	308	

续表

地名		学额（童生）	廪生	增生	出贡
府名	州厅县名				
各盐井	黑盐井学	8	8	8	四年一贡
	白盐井学	12	12	12	三年一贡
	琅盐井学	8	8	8	四年一贡
	小计	28	28	28	
全省	总计	1217	2094	2094	

二、书院

书院也是清代云南的一种高级学校和教育形式。雍正十一年（1733 年）当雍正皇帝令全国省城都要设立书院，并各赐帑币白银 1000 两之时，云、贵、广西三省总督鄂尔泰率先响应号召，将五华书院迁回五华山麓，购买经、史、子、集图书万余卷收藏其中，选拔士子入内课读。此后各州县竞相效法。典型的如乾隆三十八年（1773 年）富民知县李登瀛在城内东隅捐设的九峰书院，置田百亩，年收租谷 80 余石，以用束脩、膏火之资。嘉庆十九年（1814 年）晋宁知州李端元、谭纶率绅士在城东里许兴建的象山书院置田 51 亩，又以银 1800 两交商生息，以作束脩、膏火之资。据《新纂云南通志·学制考》所载，清代云南共设有书院 243 所（见表 12-2）。

三、义学

清代云南教育事业中，最有成效的一项是开办义学。由于把义学作为办学的重要形式和对少数民族实施教育的主要场所，使受教育的人数比明代明显增加，特别是突破明代只重视培养土司子弟的局限，使受教育的面更加普及。康熙初年云南义学最先在富民和姚安兴起。雍正元年（1723 年），正式批准云南省普遍建立义学，于是各地相继建立了义学。因此，康、雍、乾之朝成为云南义学教育事业的鼎盛时期。据《新纂云南通志·学制考四》记载，清末时云南府有义学 134 所，有明确时间记载的 118 所中，康熙时设置的有 46 所，雍正时 52 所，乾隆时 14 所，道光时 5 所，嘉庆时 1 所。显然云南义学的极盛时期是在雍正年间（1722—1735 年），但此后亦屡有建置，而以乾隆初年最明显。这在很大程度上得力于云南布政使陈宏谋的督促。陈宏谋下车伊始，即深入地方视察，发现许多义学闲置，义学赖以生存的田产被侵吞。于是在全省进行整顿，先后发出《查建义学檄》《查设义学第二檄》，命令各地官吏对义学进行全面清查，如实填报所查项目。这两篇檄文重点讲到建立民族义学，声称："今欲使成人、小子、汉人、夷人，不以家贫而废学，不以地僻而无学，非多设义学不可。""夷俗不事诗书，罔知礼法，急于诱掖奖励，俾其向学亲师，熏陶渐染，以代其鄙野强悍之气"。"兴学为变俗之方，则教夷人尤重于教汉户。""但查各属从前义学，……或止设在城中，便于附近汉人子弟，而乡村夷倮，未能多设义学。"因而"不听其夷终于夷，唯使之人自为教"，发展义学。地方官或义学，"不得以倮夷而忽之，更不得以倮夷而拒之。"与此同时，陈宏谋又拟定《义学条规》，请朝廷予以颁发。随着这些措施的实施，全省各府州县城乡"学馆林立"，达到有清最兴盛的时期。仅云南府所属昆明县等49个地区建立的义学就达281所。乾隆九年（1744年）又新增加370余所，每所都有"捐置"的田产"以充馆谷"。直到清末，云南省所设义学尚有814馆（见表12-2）。从表中来看，清代云南义学的设置是十分普遍的，除永昌府龙陵厅等个别厅之外，全省州县厅无不遍立义学。清末云南共有82个县（州、厅）3个提举司，共建义学814所，平均每县（州、厅）有义学9.7所。其中义学馆数最多的为腾越厅。据《新纂云南通志·学制考六》记载：康熙三十八年（1699年）以来，该厅先后在城南门内、城南矣罗村、城东矣北村、城西和顺乡、城北界屋、城内忠孝祠、明朗三教寺、界头回龙庵、满金邑、龙江、蒲富、黄坡、顺江、练洞村、缅箐、瓦甸、观音塘、清水、盏西、古永、四庄、蛮东等22处设置义馆，直到清末"以上各馆仍旧，清光绪元年（1875年）同知吴启亮详准拨判产田租增置二十馆。五年（1879年）同知陈宗海新设四夷村、三夷庄、萝卜丝庄、襄宋关、河东村、猛蚌村、茂福讯、南甸司、马鹿塘讯、杉木笼讯、明光隘、大塘隘、滇滩隘、止那隘等处十四馆拨判产田租，每馆给银十两，以作束脩。又设瓦甸春华语、固东道源馆，捐廉购书于馆内，并置田年收租石以作二馆资。"清政府兴办义学的目的虽是"开化夷民"，培养土司继承人，以便统治，但客观上对少数民族地区的教育发展起了积极推动作用。据《新纂云南通志·学制考四》记载：宜良县有义学十五馆，其中"一在城北三里回回村寺内，一在城北六里石佛寺。"又如嘉庆《临安府志》载：在今元阳县境内的阿邦乡，"民居依山附箐，杂种槟榔，……僰夷村落四。……土舍陶文杰设义学已教民，风气渐开，人知向义。"在蒙自乡村设义学后，"土僚亦能习汉语，渐知读书，有通诗书，入痒序，领乡荐登仕籍者。"

第三节　清代云南民族教育发展的原因

一、地方官员的重视和努力

据杨香必《迁建丽江府学记》载：康熙四十年（1720 年）丽江府通判孔兴询“见丽民质甚美，力请建学以造士。”并捐献自己的俸薪，“伐丽木，购民地，布置经营，阅二载讫工”，在丽江府率先建立学官。雍正二年（1724 年）丽江府知府杨香必又“授以种稻之方，鼓其向学之志”，“度地庀材，建书屋舍而楹”，创建雪山书院。乾隆元年（1736 年）丽江知府管学宣亦力“修学宫，振书院，设义学”，自此丽江纳西族“读书入泮者多，彬彬尔雅与齐民无别矣。”[9]自改流开科到清末 180 年间 60 余人中举，7 人进士及第，有 2 人还授翰林院庶吉士。

二、良好的师资

乾隆二十五年（1760 年）剑川举人赵魁任宁洱教谕时即“以孝悌教诸生。土著人不知读书，为广购书籍，朝夕讲解，厥后从游云集，明伦堂尽成书舍。又以普郡素无书院，捐俸十金，请于上官共助，得八百金，建立凤鸣书院，蛮烟瘴雨之中，居然弦育。”[10]同样腾越人赵端礼执教永昌来凤书院 15 年，以经史辞章训导弟子，尤重于经世致用之学，[11]对迤西边的文教的发展有明显的推动作用。

纵观清代云南民族教育，可见中央地方统治者对少数民族教育都是比较重视的，采取了许多特殊措施发展民族地区教育。虽然其目的是维护清朝统治集团的利益，但客观效果上却是加强边疆地区各民族间的团结，促进了少数民族文化教育事业的发展。

最后，值得指出的是影响清代云南教育发展的重要因素之一是环境恶劣，瘴病流行。如广南府“地少霜雪，山多岚雾，三时瘴疠，致冬始消。”[12]永昌府“瘴疠最浓，产宝石，掘者往往瘴死。”[13]南甸司、干崖司、盏达司、陇川司、勐卯司也是“无地无瘴”。[14]尤以平坝区最为严重。《清稗类钞・气候类・云南之瘴》载：“土司地方之气候，大抵不良，平原之地，尤劣于山岭。如临安府属之十五猛，普洱府属三十版纳，边镇厅之孟连，上下猛、允猛、角董、顺宁府属之耿马、猛猛、永昌府属之孟定、潞江、湾甸、登甸埂堂，腾冲府属之芒市、遮放、猛卯、陇川皆系著名烟瘴。”外地迁来者，仕臣之士，一般都选择居于山上。“若广南府治，并所属之百隘诸处，长年溽暑，而夏尤地气之异甚。宦彼者，多居于巅避之。”同样，当地土著亦因瘴疠严重而避居峭壁悬崖间[15]，如永昌、腾冲“平地瘴热，夏秋二季不可居。”显然瘴疠的蔓延成为少数民族喜居山间的重要原因。大批外来的汉民入迁云南后主要定居在多瘴的平地。经过这些移民的开发，无瘴之区大大缩小。雍正六年（1728 年）鄂尔泰上疏说：“查车里地方虽称烟瘴，然闻烟瘴所聚，大率皆密林深箐，低洼蒸湿之区。其高敞平阔处烟瘴即有，亦甚轻，如思茅、猛旺、六茶山以及橄榄坝、九龙江各处，原有微瘴，犹未一若元江府之甚。现在汉民商客往来贸易，并不以为害。”[16]

注释

[1]《新纂云南通志》卷 134《学制考》。

[2]《高宗实录》卷 139。

[3]《清会典事例》卷 369《礼部·学校·各省义学》。

[4]《清会典事例》卷 369《礼部·学校·各省义学》。

[5]《清会典事例》卷 369《礼部·学校·各省义学》。

[6]《清会典·事例》卷 369。

[7]《清实录·康熙实录》。

[8]《清实录雍正实录》。

[9] 乾隆《丽江府志·官司略》。

[10] 道光《云南通志稿·人物志》。

[11]《新纂云南通志·名贤传》。

[12]（清）黄懋林《西輶日记》卷 2。

[13]（清）陈鼎《滇游记》。

[14]（清）张泓《滇南新语》。

[15]（清）黄懋林《西輶日记》卷 2。

[16] 转引梅莉等《明清时期中国瘴病分布与变迁》《中国历史地理论丛》，1997.2。

第十三章　清代贵州民族教育地理

清代贵州的民族教育事业是在明代的基础上发展起来的，不仅府州厅县学和各类书院的数量、规模都超过明代，而且遍立社学和义学，使受教育的人更多，培养了大批人才，特别是嘉庆、道光年间在遵义形成以郑、莫、黎三家为中心的遵义文化，流风余韵，沾溉百年之久。

第一节　清朝政府对贵州实施的民族教育政策

一、清王朝在贵州发展民族教育是作为军事征服的一种辅助工具

历代封建统治者对各族百姓的统治是实行恩威并举、文武兼治的政策。历史的教训使清王朝认识到对贵州各族人民的统治也必须“文武兼治”，在对所谓“蛮夷”“犷悍”的少数民族进行军事征服和屠杀的同时，也实行所谓“教化”，兴办学校（见表13-1）。这就是《贵州通志·学校志》所说：“黔省穷荒固陋，必祟文治，而后可以正人心，变风俗，非如他省行化俗美者比，合应仰吁圣化之隆，仁义渐摩，训致土风之厚。”同样地方官员也清楚地认识到这一点。如清雍正八年（1730年）贵州巡抚张广泗上《设立苗疆义学疏》提出对新归附苗民“于抚导绥戢之余，必当诱植彼之秀异者，教以服习礼义，庶几循次陶淑而又渐臻一道同风之效。”强调教育“实是振励苗疆之要务。”因此，清政府着力贵州教育，使清代教育比明代有更大发展。雍正十二年（1734年）三月礼部议复：“提督贵州学政晏斯盛疏言：‘南笼府属永丰州，久经建治设学，请将土籍文童生岁科各取进四名。又，黎平府之古州，虽未设学，而苗民繁庶，颇知向学，请择其文理明顺者量取一二名附入府学苗童之后，以示鼓励’。均应如所请。”[1]乾隆七年（1742年）二月礼部议复：“贵州学

政邹一桂奏称：'永丰州学系新开，未设廪、增，每届科考，诸生试居优等，无以劝勉，且亦无人辨认童生顶冒。'应如所请。额设廪、增二名，稽查童试，但必俟饩十年方准出贡，以后四年一贡，廪饩照例拨给。"[2]乾隆二十七年（1762年）六月礼部议奏："贵州学政汤先甲奏称：'都匀府属荔波向未开设廪、增，请自乾隆二十八年（1763年）为始，开设廪、增各二名，四年一贡。'应如所请行。"[3]

表 13-1　清代贵州改土归流地方建立学校情况表

地　名	时　间	建学情况	资料出处
贵州各府州县	雍正三年八月	准该学于定额外，取进苗童一名。	《世宗实录》卷 35
	雍正十年六月	苗童应试，加取一名，并改苗童为新童	《世宗实录》卷 120
永丰州	雍正五年八月	设学政一员	《世宗实录》卷 60
	雍正十二年三月	准将土籍文童生岁科各取进四名	《世宗实录》卷 141
古州	雍正十二年三月	准苗童一二名，附入府学苗童之后	《世宗实录》卷 141
南笼州	雍正八年	设教授一员	乾隆《南笼府志》卷 5

二、清代继续在贵州推行科举制度

清初即对贵州土司、土官子弟入学地点、名额和选贡有专门规定，顺治十六年（1659年）二月初九日谕礼部："云贵新经内附，地方绥辑需人，现在候选各员尚不足用，应预为甄取，以备任使。著于今秋再行会试，尔部即传谕遵行。"[4]次年五月礼部议复贵州巡抚卞三元疏言："贵州苗民中有文理稍通者，准送学道考试，择其优者取入附近府州县卫学肄业，仍酌量补廪、出贡。"[5]乡试名额顺治十七年（1660年）定为20名，康熙五年（1666年）五月初二日又"命贵州省举行武乡试，照文闱额数取中二十名。"[6]至康熙二十二年（1683年）十一月初六日准许土司单独选举。"先是云南、贵州总督蔡毓荣疏言：'土司世相承袭不由选举，罔知礼义，嗣后土官族属子弟内有通晓经义，志图上进者请就郡邑一体应试。'至是，差往区划土司事宜侍郎库勒纳疏请如蔡毓荣言。寻礼部议：'云贵二省应各录取土生二十五名，其土司隶贵州者，附贵阳等府学；隶云南者，附云南等府学。不准科举，亦不准补廪、出贡。"[7]雍正七年（1729年）闰七月礼部议复："云贵广西总督鄂尔泰疏言：'贵州一省原辖十一府、四十州县，每科乡试，额取文举人三十六名、五经二名、武举二十名。近于四川、湖南两省内，将十三州县改隶贵州，赴试人数较多，请增贵州乡试解额，加中文举人六名，共四十二名，武举三名，共二十三名，庶不致人多额少。"[8]与此同时，清代贵州少数民族学童入学制度基本完善，少数民族生员也有定额规定。据《学政全书》载顺治十六年（1659年）题准"贵州各属大学取苗生五名，中学三名，小学二名。均附各学肄业，廪额大学二名，中小学各一名。"同年又题准"贵州各属苗生分大中小学，定入学补廪额数，俱另立一州，勿与府、州、县、卫学额数相混。”“乾隆四年（1762 年）议准凡贵州归化未久苗童，有能读书附考者，准照加额取进，其归化虽经百年，近始知读书者，亦准与归化未久之苗童报名应试，于加额内取进。其余归化年久，在未经题请加增苗额之先，已回汉童考试者，与汉童同照原额取进。”[9]《高宗实录》卷 89 亦载：“查黔苗有归化虽历百年，而素性愚蒙，实与归化未久无异者，遽于汉童内合校，难邀取录，请仍准其与归化未久之新童一体应试。至归化年久，未经定有苗额之先，早与汉童合试者，地方官不得因其祖籍苗民仍以新童送试，汉童亦不得定有苗额阻抑。”并且严格履行“宁缺毋滥”的原则，如“雍正十二年（1734 年）议准贵州南笼属永丰一册，虽属苗疆，归化已久，其子弟徒师义学者亦多俊颖，长坝、册亨、罗斛等处学习诗书者均应出考，应将永丰照荔波县设学之例，取进童生四名，如文理未顺，宁缺毋滥”。嘉靖时再次申明苗区文化发达之地的科举考务必“慎明卷面，以便凭文取进，籍资鼓励。”[10]至于未设学的少数民族地区则特别优待。“雍正十二年（1734 年）三月二十日礼部复议：‘提督贵州学政晏斯盛疏言：……黎平府之古州，未曾设学，而苗民繁庶，颇知向学，请择其文理明顺者，量取一二名，附入府学苗童之后，以示鼓励，均应如所请。’从之。”[11]以后贵州乡试名额累有增加，至乾隆二十一年（1756 年）增至 45 名。

三、倡导办社学、新建义学

清廷很重视社学和义学，因为这是一种启蒙教育，经费不多，师资易得，就地设教，生员无须远途，易于普及。虽然有些社学和义学有名无实，时兴时废，但对文化的普及还是起了一定的作用。“康熙四十四年（1705 年）议准贵州各府州县设立义学，将土司承袭子弟送学肄业，以矣袭替，其族属人等并苗民子弟愿入学者，亦令送学该府州县，复设训导，躬亲教谕。”[12]但附和响应者不多，仅有麻哈州义学、施秉县义学、清平县义学、镇远府义学。其原因在于“所需设立义学馆舍及每年修脯等费，俱系臣（张广泗）等酌捐应用。”[13]到雍正八年（1730 年）清政府在边省开始拨给义学经费，“至修脯之费，该地方官赴布政司请领转给”，[14]自是贵州义学迅速发展。雍正三年（1725 年）八月二十三日礼部议复：“贵州学政王奕仁疏称：‘黔省苗人子弟情愿读书者，准其送入义学，一体训诲，每遇岁科两试，于该学定额外，取进一名，以示鼓励。’应如所请”。[15]乾隆五年（1741 年）二月礼部议准贵州总督兼管巡抚张广泗查复：“贵州学政邹一桂条奏黔省设立社学一款，应如所奏，贵阳府属之长寨，定番州属之大塘，大定府属之水城，都匀府属之都江，独山州属之三脚屯。自粤改隶黔省之荔波县，清平县属之凯里，铜仁府属之松桃，永从县属之丙妹，开泰县属之朗洞，镇远府属之台拱，又镇远县属之邛水，天柱县属之柳霁等处，准各设学一所。永从县在城在乡，准设社学二所。于附近生员内，择文行兼优令其教导，照例以六年为期。果能教导有成，文学日盛，将训课生员准作贡生；如三年尚无成效，发回另选。仍令驻扎地方之同知、通判等不时稽查。至修建社学，应令该转饬地方酌量办理。其社师修脯，每年各给银二十两。”[16]据民国《贵州通志·义学表》统计，贵州各府州县共有义学310所。义学多办在少数民族聚居地区，有的还直接命名为“训苗义学”。特别是夷家、苗民子弟是排斥在教育之外，通过义学使他们也能受到一定的文化教育，不能不说是一件好事。

四、反对“冒籍”，保证地区封建人才的培养

由于清王朝在贵州民族地区兴办学校，发展民族教育，培养民族地区的封建统治人才，在经费、选贡、录用等方面都采取了一些与内地文化发达地区不同的政策，给予了一定的优惠政策。因此，贵州邻省学生不乏“冒籍”贵州参加选贡或科举。这就必然挤掉贵州民族地区一些仕子进取的机会。为了防止冒籍顶替，挤占苗生学额，雍正十年（1732年）六月礼部议复贵州学政晏斯盛条奏：“苗童应试加取一名，请用汉廪生同苗生联名保结、苗童五名互结，以杜汉童冒占。其苗童名目改为新童，苗卷改为新卷。”[17]雍正准奏。乾隆三十二年（1767年）七月二十九日贵州学政陈筌奏：“黔省所属地方均与各省毗连，每有湖广、四川附近之人，希图贵州人少额多，获售较易，遂私通廪保，窜名冒考，以致土著生童艰于进取，文风日就颓废。查乾隆二十五年（1760年）奉旨勒令云、贵、川、广各学臣彻底清厘，准其改拨。各生均系违例冒入，被革本所应得，既邀宽典，自应据实呈首，乃复希冀便宜，多方隐匿，理应严加惩创，以昭定制。臣现饬各府及所属教官，逐一细查，分别办理。其在乾隆二十五年（1760年）未经清厘以前者，该生不行具首，应科其隐匿之罪，将衣、顶褫革，照违例律问拟杖责，失察教官照例议处，其在二十五年（1760年）以后者，系已经清厘之后仍敢勾通冒籍，情罪较重，除将该生治罪外，滥保之廪生，一并查究示惩。”[18]“湖南与贵州接壤，自嘉庆二十三年（1818年）以芷江县六里地方新设晃州直隶厅，查有冒籍贵州者，奉准拨归晃州厅原籍。时贵州之思州等府、青溪等县，查实系湖南冒籍者，已移拨四十余人。迨嘉庆二十五年（1820年）晃州通判俞克振欲冒籍思州之邓姓一族改归晃州，并称各姓冒籍，亦皆应行查拨。经湖南巡抚奏明，将邓姓一族及各姓冒籍贵州中试、报捐、凡现居厅治者，无论年份久暂皆拨归晃州厅原籍管理。”[19]光绪十六年（1890年）二月谕军机大臣等：“都察院奏贵州举人丁守廉等呈恳究办冒籍一折。据称‘贵州乙酉科举杜树芬等二名，系冒籍中试，戊子科又冒中郑玉等四名，乙酉科又冒中胡嗣芬等五名，其中有自外省混入者，有随任赴黔捏填三代冒考者。兹将冒籍姓名开单清查究’等语。冒籍考试，例禁綦严，所呈如果属实，自应分别究办。著潘霞按照单开姓名，确切查明，据实具奏。都察院折及原呈单各一件，均著抄给阅看。将此由四百里谕令知之。”[20]

第二节　贵州儒学的地理分布

清朝平定三藩叛乱后，贵州局势渐趋稳定，学校又逐步得到恢复并有新的发展。康熙初年，贵州提督学政田雯疏请在永宁、独山、麻哈3州，贵筑、普定、平越、都匀、镇远、安化（今德江）、龙泉（今凤冈）、铜仁、永从（今从江）9县建学育才。以后又陆续在各府、州、县、厅设立学校。清代贵州所辖11府、40州县均设有官学。由于清政府对贵州教育的关注和支持，使得贵州教育迅速发展，全省府、州、厅、县乃至乡都设有学校。府有府学，州有州学，厅有厅学，县有县学。计有学校66所，其中清代新设学校37所，而且绝大部分为康熙年间（1661—1722年）所建。康熙初年，贵州提督学政田雯即疏请在永宁、独山、麻哈三州、贵筑、普定、平越、都匀、镇远、安化、龙泉、铜仁、永从九县建学育才。此后在贵州所辖的十二府、一直隶厅、三直隶及其所属十三州、三十县、十一厅、一卫甚至乡的民族聚居地都设立了学校。清代前期在贵州各地所新置的37所学校，包括5所府学、6所厅学、18所县学、2所卫学（见表13-2），这些学校的建立标志着清代贵州教育比明代大大向前发展了，是贵州封建教育史上较为突出的时代。当然，州县官学规模各有等差，“雍正三年（1725年）十二月初七日增贵州省各学取进文童额数：贵阳、威宁、镇远三府学，各增额取进二十名；贵筑县向系大学照府学额取进二十名；毕节县向系中学升为大学，取进十五名；贵定、清镇、普定、瓮安、安化五县向系小学，升为中学，各取进十二名。”[21]雍正九年（1731年）九月礼部议复“鄂尔泰疏言：‘贵州大定府旧系州学，原额取进童生十五名；威宁旧系府学，原额取进童生二十名；今大定既改州为府，应于原额十五名外，加增五名；至威宁虽以府改州，而读书向学之士不少，请仍准进学二十名，免其减额。’应如所请。”[22]

表13-2　清代贵州儒学建置时间统计表

年代	府学	厅学	州学	县学	卫学
康熙三年（1664年）	黔西、平远、乌撒				
康熙六年（1667年）	大定				
康熙八年（1669年）				桐梓、绥阳、遵义	
康熙二十六年（1687年）				瓮安	兴隆
康熙三十八年（1699年）			广顺、开州、独山、麻哈、永宁	普安、安化、龙泉、平越、余庆、都匀、铜仁、普定、永从、镇远	清江

续表

年代	府学	厅学	州学	县学	卫学
康熙三十九年（1670 年）	安义				
康熙四十三年（1704 年）				仁怀	
康熙五十三年（1714 年）		南笼			
雍正二年（1724 年）				荔波	
雍正五年（1727 年）				锦屏	
雍正八年（1730 年）			永丰		
乾隆四十三年（1778 年）		仁怀			
嘉庆三年（1798 年）				兴义	
嘉庆四年（1799 年）		松桃			
道光七年（1827 年）		郎岱			
道光十三年（1833 年）		古州			
道光十八年（1838 年）		八寨			
合计	5	6	6	18	2

清初撤去有司儒学，后又逐步撤去卫学改为县学，到清末行新学、建学堂之前，贵州共有官学 69 处。只有罗斛（罗甸）、水城、丹江（今雷山）、都江（今三都）、台拱（今台江）、清江（今剑河）、归化（今紫云）七厅未设学。详细情况列入表 13-3 中。

表 13-3　清代贵州儒学地理分布表

	府学	直隶厅学	直隶厅州	州学	厅学	县学	学生员额	
							廪生	增生
数量		3	1	13	3	34	1589	1589
贵阳府	贵阳			定番、广顺、开州		贵筑、贵定、龙里、修文	210	210
安顺府	安顺			镇宁、永宁	郎岱	普定、安平、清镇	175	175
思州府	思州					玉屏、青溪	100	100
兴义府	兴义			贞丰		兴义、普安、安南	92	92
遵义府	遵义			正安		遵义、铜仁、仁怀、绥阳	142	142
黎平府	黎平				古州	开泰、永从、锦屏	106	106
都匀府	都匀			麻哈、独山	八寨	都匀、清平、荔波	150	150
石阡府	石阡					龙泉	60	60
镇远府	镇远				黄平	镇远、施秉、天柱	130	130

续表

	府学	直隶厅学	直隶厅州	州学	厅学	县学	学生员额	
							廪生	增生
思南府	思南					安化、印江、务川	100	100
铜仁府	铜仁					铜仁	60	60
松桃直隶厅		松桃					2	2
仁怀直隶厅		仁怀					8	8
普安直隶厅		普安					24	24
平越直隶厅			平越			瓮安、余庆、湄潭	100	100
大定府	大定					毕节	150	150

第三节　贵州书院的地理分布

雍正十一年（1733年）将贵阳阳明书院加以扩建，改名为贵山书院，是当时贵州最大的书院。嘉庆五年（1800年）在省城南又建正习书院，俗称南书院。在省城北门外建正本书院，俗称北书院。此外，比较著名的还有遵义府的湘川书院、安顺府的维凤书院、都匀府的南皋书院、镇远府的舞阳书院、平越府的墨乡书院等。其他各府州县也兴办了一些书院，据民国《贵州通志·书院志》，清代全省共有书院140所。清政府十分重视书院的发展，凡积极筹办书院者，官吏予以加封晋爵，绅商则赏赐花红、匾额，因此地方官绅多热心建学。正如田雯请建学疏中所说："臣恭任抚黔，以敦崇学校为先，盖学校之关系乃风俗人心之根本……偕司道诸臣等议建学育才，似不可缓。"[23]大定府知府王绪昆说："建国君民，教学为先，膺守土之责者，……余以道光壬辰（1832年）七月，摄篆大力甫下车，即以课士为首务。"[24]清代贵州在明代的基础上，各府、厅、州、县都建有书院。到乾嘉以后，贵州书院发展到133所（见表13-4）。其中分布在苗疆地区的有丹江丹阳书院、鸡窗书院、八寨龙泉书院、清平龙江书院、清平炉烽书院、台拱三台书院、拱辰书院和莲花书院。

这些书院都是以私人开办为主，多数是地方官吏出面，向地方绅士筹资兴办的。有的是地方绅士自己捐资建立的。如遵义府的湘川书院就是清乾隆五十一年（1786年）由绅士徐準、唐惟克等捐资兴办的。

表 13-4　清代贵州书院地理分布表

府名	县州名	书院名称	府名	县州名	书院名称
贵阳府（13）	府亲辖	贵山、正习、正本	遵义府（15）	府亲辖	湘川、启秀、培英、味经
	罗斛厅	仰山		正安州	古凤、鸣凤、安溪
	定番州	中峰		桐梓县	松江、象山
	长寨	东麓		绥阳县	洋川、新添、柳溪、三台
	广顺州	广阳		仁怀厅	怀阳、培基
	开州	东皋	黎平府（20）	府亲辖	黎阳、西岩、南屏、太平
	龙里县	莲峰、龙山		隆里所	龙标
	贵定县	兰皋、魁山		平寨所	小段、小蓬
	修文	龙岗		龙里司	龙溪
安顺府（11）	府亲辖	双桥、凤池、源泉		老寨	双江
	郎岱厅	岱山、爱莲、悬鱼		亮寨司	双津
	归化厅	梅花		中林司	上林
	镇宁州	双明		湖耳司	清泉
	清镇县	凤梧		曹滴洞	景山
	安平县	治平		官丹司	印台
	永宁州	维凤		古州厅	棺城、龙岗、文峰
兴义府（10）	府亲辖	九峰、桅峰、珠泉、文峰		永从厅	福江
	贞丰州	珉球		锦屏乡	兴文、养正
	册亨州	册亨	都匀府（10）	府亲辖	南皋
	兴义县	笔山		八寨厅	龙泉
	普安县	盘水、培凤		丹江厅	鸡窗、丹阳
	安南县	荔城		麻哈州	养鹅
大定府（11）	府亲辖	文龙、万松		独山州	紫泉
	永北厅	万松		清平县	炉峰、龙江
	平远州	平阳		都匀	星川
	黔西州	文峰、狮山		荔波	荔泉
	威宁州	凤山	思州府（3）	府亲辖	思砀
	毕节县	鹤山、松山、曹伍、文峰		印江县	屏山
				清溪县	瑞云

续表

府名	县州名	书院名称
石阡府（2）	府亲辖	明经
	龙泉县	龙泉
镇远府（11）	府亲辖	秀山、文明
	台拱厅	三台、拱辰、荔花
	黄平州	龙渊
	镇远县	崇德
	天柱县	蔚文
	施秉县	岑麓、凤山
	偏桥卫	南山
平越直隶州（7）	府亲辖	溥仁、墨香
	余庆县	他山、临湖
	湄潭县	湄水
	瓮安	旗山、花竹
思南府（12）	府亲辖	斗埠、为仁、中和、凤冈、文思
	沿河司	培宗、鹤鸣
	安化	凤鸣
	印江	龙津
	务川县	罗峰、培员、修文
铜仁府（2）	府亲辖	铜仁
	铜仁县	卓山
普安直隶厅（1）	普安厅	凤山
仁怀直隶厅（2）	仁怀厅	双城、养正
松桃直隶厅（3）	松桃厅	崧山、松茂、松阳

清代书院以黎平府及所属厅、州、县为最多，每个厅、州、县平均 4 所有余。以贵山书院为最大，院内藏书千卷。以贵阳府的贵山书院、遵义府的湘川书院和兴义府的笔山书院最有名。这些书院的讲学活动对贵州学术思想的发展和人才的培养起过积极的作用。

第四节　清代贵州的社学

清代贵州还大量兴办社学和义学。社学和义学的兴办，对在贵州广大乡村传播文化、开发民智起到了积极作用。凡在乡间之学即为社学，顺治九年（1652 年）贵州题准每乡置社学一区，择言行慎厚者充任社师，量给廪饩养赡，提学按临日，造姓名册，申报查考。“顺治十五年（1658 年）题准，土司子弟有向化愿学者，合立社学一所，到地方官取文理明通者一人，充为教读，以司训督。岁给饩银八两，膏火银二十四两，地方官动正项支给。”[25]到了康熙二十五年（1686 年）认为贵州社学多有冒滥，令提学严行查革。但为了方便各土司子弟入学，便又准各土司土官子弟有愿读书者，准送附近州府县学，令教官训课，学业有成者，该府查明具题奖励。雍正元年（1723 年）贵州定例饬令州、县各官酌量奉行，廪饩钱粮，令该督随地酌办，以解决开办社学的经费问题。尤其是乾隆年间

(1736—1795年)，已遍布偏僻不毛之地。乾隆二年（1737年）清政府议准社学之设著有成例，贵州地处偏僻，或有未经设立之处，应再行文。该督遵照。于是社学便大量地在贵州边远的少数民族开办起来。乾隆五年（1740年）清政府议准贵州除古州、八寨、威远、永丰、册亨、罗斛等六处，当设社师，当时贵阳府之长寨、定番州属之大塘、大定府属之水城、都匀府属之都江、独山州属之三脚屯、自广西改黔省之荔波县、清平县属之邛水、天柱县属之柳霁等处各设社学一所。永从县在城在乡各设社学2所。[26]至修建社学，应令该督转饬地方官酌量办理。其社师每年给修脯银二十两，统于公费银内动支，入于该年册内报销，并令于学校政按临之日，将各学师生姓名造册申报。

第五节　清代贵州的义学

义学多是民办公助，使受教育者免费受教育，清政府为了达到在思想上“以夷制夷”，而十分重视贵州义学，以培养一批地方统治人才。康熙二十一年（1682年）贵州奉院司礼，遍行府、州、县，饬令建设义学。康熙四十四年（1705年）清政府议准各府、州、县设立义学，将土司承袭子弟送学肄业，以俟袭替。其族属人等，并苗民子弟，愿入学者，亦令送学，该府、州、县设训导，躬亲教谕。又题准贵州布衣、苗民子弟，一体入学肄业，考试仕进。雍正元年（1723年）又议准贵州苗民皆有良秀子弟，令各府、州、县设立义学。嗣后，苗民子弟情愿读书者，许各赴该管府、州、县报名，送入义学，令教官严加督察。雍正三年（1725年）议准贵州苗民子弟，各该管府、州、县义学有文理通训者，准于各府、州、县岁科两试，加额进取。贵州义学与他省不同。民国《贵州通志·学校志》说，书院之外有社学，有义学。凡汉人在乡之学总曰社学，所以别于府州县在城之学也。……朝廷为彝侗设立之学员，府州县为彝侗捐立之学则曰义学，盖取革旧之义引于一道同风耳。事实上清代贵州的义学大多系官府在民族地区所创办，专门招收少数民族子弟就学。张广泗所上《设立苗疆义学疏》对义学的办学目的、设立地址、经费来源、管理办法都作了具体规定，将义学设在有军队驻防的少数民族聚居地区，“训课此等苗人，非同内地俊秀，要在开其知识，使渐晓礼法，每处义学均应将《圣谕广训》函条讲解，俾令熟谈，然后课以经书。”这些措施的推行使得义学教育在贵州得到广为重视。尤其是雍正八年（1730年）由朝廷拨给义学经费后义学迅速发展。其中苗疆地区的义学在古州厅2所，大小丹江、八寨、施秉义学各1所，安顺镇宁等州府之摆顶威远汛等处各1所。永丰州之珉球、册亨、罗斛各1所。至光绪年间贵州全省苗疆共设义学139所，其中台拱、丹江、都江、八寨、下江五厅69所，铜仁府县4所，古州、松桃、清江三厅66所。总之清代贵州兴办义学，经康、雍、道、光数世的努力，贵阳府属义学 58 处，安顺府属 22 处，兴义府属 11 处，普安厅属 5 处，大定府属 25 处，遵义府属 24 处，黎平府属 28 处，都匀府属 13 处，石阡府属 2 处，镇远府属 12 处，平越直隶州属 16 处，思南府属 15 处，思州府属 5 处，铜仁府属 9 处，各府、州、厅、县共办义学 240 处，其中近 70 处是道光年间（1821—1850 年）开办的，其余均在雍正、康熙和光绪年间（1875—1908 年）建立的。这些义学的建立，虽然清政府的目的是有利于它的统治，但在客观上对贵州人民的文化教育，促进智力的开发，都有一定的积极作用。

开办义学的经费来源，一由私人捐助，一由公费所支。公资来源，其渠道不一。一是设立承业学，收取租谷以供义学开支。如在永宁州雍正 10 年间，知州陈案拔大龙潭租谷三十五石四斗四升八合充义学师生支付。二是因犯罪或漏税者的充公田产，作义学经费开支。如邕怀寨王天宇匿契不税一案，经知州讯明，照例充公，断为义学，以充膏火。又如黎平府的沈团义学，修文县的养正义学，都是以充公田产租谷为学费。三是公家直接拨款。如台拱、丹江、都江、八寨、下江五厅，原设六十九馆，铜仁府县所设四馆，均由公款开销，无须另筹经费。又如遵义府的凤朝义学、龙主庙义学，都是拨考栅费为其经费。四是地方绅商、官吏和人民捐资。如古州、松桃、清江三厅，新旧共设六十六馆，就地筹款足敷应用。还有开州的养苗义学、务本义学，也是人民捐田产生息支给。五是以绝业田产作为义学经费。如开州的育英义学、飞凤义学，就是以绝业田产生息开支的。包括起义者遭镇压后被没收的田产，如八寨城乡义学十一所，就是“拨逆绝租谷一百六十石作常年经费。”都江厅训苗义学十二堂，也是同治时所“获逆绝等产约谷四万斤”作为经费，一旦田产遭损，义学经费即不敷开支。如丹江城乡义学二十二所“以绝逆租谷充办”。“嗣因绝逆田产被水淹，经费支绌，通判李成回禀准义学减为八所。”[27]

第六节　清代贵州人才的地域分布

清代在贵州兴办教育，设立学校的目的虽然是为了“正人心，变风俗”，维护封建统治，但在客观上推动了文化教育事业的发展，培养了一批有学识的人才。如独山人莫与俦，嘉庆四年（1799 年）进士，致翰林院庶吉士，散馆改知县。广顺人但明伦，嘉庆二十四年（1819 年）进士，改庶吉士，授编修，撰御史。遵义人黎恂，嘉庆十九年（1814 年）进士，引见以知县用。都匀人陶廷杰，嘉庆十九年（1814 年）进士，改翰林院庶吉士。据《明清进士题名碑录索引》统计，清代贵州有进士 536 人。列如表 13-5、表 13-6。

表 13-5　清代贵州各地进士人数统计表

地区		进士人数（人）	地区		进士人数（人）
府名	县（州、卫）		府名	县（州、卫）	
贵阳府	贵阳府治	58	大定府	大定府治	12
	开州	11		黔西州	4
	定番州	3		平远州	10
	广顺州	11		威宁州	6
	贵筑县	116		毕节县	28
	龙里卫	1		小计	60
	贵定县	7	遵义府	正安州	1
	修文县	18		遵义县	36
	小计	225		绥阳县	6
安顺府	安顺府治	7		小计	43
	镇宁州	6	思南府	安化县	6
	永宁州	4		印江县	1
	普定州	9		思南府治	8
	安平县	8		小计	15
	清镇县	10	黎平府	黎平府治	5
	郎岱厅	1		开泰县	9
	小计	45		古州厅	1
都匀府	麻哈州	2		小计	15
	独山州	4	镇远府	镇远县	11
	都匀县	17		黄平州	16
	清平县	8		施秉县	2
	小计	31		天柱县	4
兴义府	普安县	2		小计	33
	安南县	2	平越直隶州	平越州	15
	兴义县	2		瓮安县	7
	小计	6		余庆县	4
思州南屏县		7		湄潭县	5
石阡府		9		小计	31
铜仁府		10	仁怀厅		1
松桃府		1	全省统计		536
普安厅		4			

表 13-6 清代贵州各地平均每县进士人数统计表

地 区	县（州、厅数）	进士人数	平均县进士人数	名 次
全省	67	536	8	
贵阳府	9	225	25	1
安顺府	8	45	5.6	6
都匀府	8	31	4	9
兴义府	4	6	1.5	14
大定府	6	60	10	2
遵义府	5	43	8.6	4
思南府	4	15	3.7	11
石阡府	2	9	4.5	8
镇远府	6	33	5.5	7
铜仁府	1	10	10	2
思州府	2	7	3.5	12
黍平府	5	15	3	13
平越州	4	31	8	5
松桃厅	1	1	1	15
仁怀厅	1	1	1	15
普安厅	1	4	4	9

清代凡是经济发达地区，教育也发达，如黎平、思南、安顺、遵义、铜仁五府，在清代后期教育较为发达，黎平府一次参加考试的童生不下二三千人，思南府不下一千五百人，铜仁府不下三千余人。而这些地区早在雍正年间（1722—1735 年）商品经济就已较为发达。黎平、兴义、平坝等地区的棉纺织业在清代后期很发达，兴义成为当时棉纺织的销售中心。遵义、正安、桐梓、安顺的蚕丝业也很兴盛，遵义、桐梓成为丝绸的贸易中心。安顺成为有名的铁制手工业生产和销售地。开阳的水银销售、黔东南的木材、桐油的外售都是有名的。

虽然清政府在贵州办了大批学校，但有不少是有名无实，收效甚微。

首先是贵州土地贫瘠，经济落后，人民贫困，经费筹措特别困难，使义学、书院等不得不停办。如大定府的万松书院，其学田租设得最早，但斋舍废败而不可支。因租息不够开支，给了膏火，束脩无费，募施是易，只得废掉。又如铜仁府，由于连年荒旱，多岁贫困，为书院劝输簿发了二十余分，有百分之六、七十的人民生活无着，劝训也无用，已劝输的人，虽然在劝输簿上的自书乐输若干数，但并不交纳者，又占百分之六、七十，因而书院也只好停办。

其次是管理不善，一方面经费开支无计划，徒滋冗费难以维修学校解决膏火而遭废弃。如黔西狮山书院，初创时拨东山、南明两寺田谷入院，还觉尚少，又置炉沟田户，累价二千百余金，由于贪污浪费，计非数年，谓事莫能举，中途停办。另一方面是地方豪强侵袭书院、社学、义学田产，私自典当或变卖，迫使学校停废。如铜仁府的杨栋秀书院，四迁其地，租谷无实，奸猾之徒逮欠租谷，隐惹田亩，私典私售，偷减书院供给，教习生活无着，书院破坏无修，使其废毁。

最后是学生入学制度不合理。雍正七年（1729 年）三月十三日礼部议复："贵州学政徐本奏学政事宜：'一、各省府学皆取所属州县童生拨入，惟黔省自为府籍，府学额多，即不如州县童生之卷亦得充额，州县额少，即有优于府籍童生之卷，亦为额限，未免去取不均。嗣后府籍童生，倘不足数，请于所属州县童生内酌量拨入。……二、贡监既归学臣约束，而学臣衙门并无监生档案，请嗣后饬令该府州县备造履历清册，申送学臣经凭查核。至俊秀捐纳中有不应试者，当乡试之期，或惜与亲友，或租与他人顶冒入场，请于捐纳后，行文取结时，即令填注'不应试'字样，以便科举之日详加查验，庶顶冒之弊可除。均应如所请。"[28]

当然清代贵州民族教育一直处于缓慢发展的状况，固然与统治者管理制度不善，地理环境条件恶劣，经济落后，生产力极不发达诸因素的制约有关，但其主要的和根本的原因还是清代统治者所推行的以钳制少数民族人民思想为核心的教育政策。如对兴办社学即曾加以种种限制。乾隆十六年（1751 年）清廷议准："查贵州苗疆设立社学，原期化其狂野，渐知礼仪，以昭圣朝声教之盛，但在士子稍知自爱者，必不肯入苗地设教，而侥幸尝试之徒，既不能导人以善，转恐其相诱为非。……且苗性愚蠢，其通晓四书义理甚难。而识字以后，以之习小说邪书，则甚易启奸邪之心，难取化导之效。"[29]而且因"苗地遍立社学，并择内地社师训教无知愚苗，开其智巧，将必奸诈百出，请密饬地方官，将新疆各社学之社师已满三年者，徐行裁汰，未满三年者，亦以训迪无成，渐次停撤，则从学苗童，自不禁而止。并请岁、科两试仍准苗童一体应考，但不必另设额数，则苗卷自难入彀，亦可不禁而退。"[30]因而下令裁撤社学之师，取消对少数民族加额取进科举的照顾。此外，清代贵州瘴病的流行也是其重要原因之一，如黎平府古州厅每年八九月时瘴病四处蔓延，"人中瘴毒辄多病。"[31]安南卫"境近粤西，多瘴。"[32]即使是黔西北的赤水卫也有瘴病流行。[33]当然经过明清两代蜂拥而入的流民开拓，瘴疠分布的地区和危害的程度都有所减少、减弱，"盖城市皆无瘴。惟险僻之区或数年一发或数十年一发。"

注释

[1]《清高宗实录》卷 141。

[2]《清高宗实录》卷 160。

[3]《清高宗实录》卷 688。

[4]《清世祖实录》卷123。

[5]《清世祖实录》卷139。

[6]《清圣祖实录》卷19。

[7]《清圣祖实录》卷113。

[8]《清世宗实录》卷84。

[9][10][12][14][23][25][27][29]民国《贵州通地·学校志》。

[11]《清世宗实录》卷141。

[13]《张广泗设立苗疆义学疏》。

[15]《清世宗实录》卷39。

[16]《清高宗实录》卷110。

[17]《清世宗实录》卷120。

[18]《清高宗实录》卷789。

[19]《清宣宗实录》卷179。

[20]《清德宗实录》卷281。

[21]《清世宗实录》卷39。

[22][26]《清世宗实录》卷110。

[24]《重修万松书院》。

[28]《清世宗实录》卷79。

[30]《清高宗实录》卷170。

[31](清)林溥《古州杂记》。

[32](清)陈鼎《黔游记》。

[33](清)王士祯《池北偶谈》卷6《谈献二》。

后记

本书的研究基本上按朝代分类别进行研究，其中重点研究工作集中在三个方面。对于人才类型的研究，本书重点选择了宰相（正史入传）并对其地理分布和时空变迁规律进行细致的分析和总结；对于历代变迁的研究，本书重点选择明、清两代，就学校教育、人才分布诸多方面进行了全方位的研究；就地区而言，重点立足于西南，尤其是民族地区的教育变迁，对此本书用力最勤，费时最多，可以说是本书研究的重心和特色所在。这本书记录了近20年来作者对中国历史教育地理变迁的实地调查、理论思考的研究历程。本书主要观点：

1. 准确把握历史教育地理学的研究内容。发展教育固然须藉人为的作用，然而自然环境的影响也是相当重要的，“近山者仁，近水者智”，这是千百年前早已观察出来的人文现象。古代四川有“巴有将，蜀有相”之说，这些民族文化传统遗留至今，四川仍然呈现川西崇文、文化气息浓厚，川东尚武、体育人才辈出的文化氛围差异。当然自然环境的影响同时也是一个历史范围，像进士籍贯的分布，唐代前期最多的地区主要分布在北方关中平原的京兆府附近的西京、华州地区，黄河下游蒲州、东都洛阳及汴州、相州，华北平原的定州、瀛洲、赵州地区，而南方地区则仅有少量分布。但明代自洪武四年到万历四十年的245年之间，各科状元、榜眼、探花和会元共计244人，南方计215人，占88%，北方仅29人，占12%，人才分布中心明显南移。而南方又主要集结在浙江地区。浙江一带为什么人才辈出，群星灿烂？全国各地区的人才历史状况和现状又究竟如何？教育以及其他因素在这种人才分布状态中究竟充当了什么角色？对今天教育布局有何借鉴价值？而要弄清楚这些问题，在空间上势必先要对教育要素和人才在全国的分布进行调查统计和对比分析，在时间上要从现代一直追溯到先秦，以明了古今教育布局的变迁规律及其对人才分布的影响。就在这古今变化中如何探索各地教育发展规律，配合当前科学研究，促进教育发展，符合当前教育改革的大政方针。这便是历史教育地理研究的基本内容。

2. 要客观认识历史地理学的性质和方法。历史教育地理学是一个交叉科学，既属于历史地理范围，又属于教育史范畴。故其研究方法采用多学科综合研究方法来进行。其中历史学的方法有文献研究法、考古研究法、野外勘察法，以此建立古代教育分布变迁序列和复原历史教育地理本来面目。教育学和地理学等现代科学方法通过对历史文献资料的量化处理，建立数千年来教育要素与地理环境关系的数理模式，再用灰色理论方法建立发展模式，为预测未来发展趋势做参考。因此历史教育地理的研究应该采用教育—地理—历史综合方法来进行。

3. 要更新研究方法，拓宽研究领域和加强学术联系。当代历史地理学缺乏系统的历史教育地理研究，主要原因并非重视不够，而是这一研究难于着手。除去唐宋以后几种地理总志和各省通志外，能够利用来探讨断代教育地理的文献资料往往只是片言只语，十分零散。用传统的史料考证方法，很难将十分疏略的资料连缀成篇，来复原历史时期各朝代的教育分布面貌。因此进行断代教育地理研究的关键是要在方法上有所突破。要运用逻辑思维寻求和利用教育地理变化的某些规律，使用归纳、演绎、分析和综合等多种手段，才能在只有疏略材料的基础上，复原历史教育地理的变动过程。具体情况各有不同，考证的方法也各有异，但抽象地看，这些方法的实质是：在仅有局部材料的基础上，提出几种初步可能的假设，然后逐步推理，排除可能性较差的假设，留下一个可能性最大的模式，最后再用有关的史料进行验证，并根据验证结果修改确定这一模式。总之，历史现象是极其纷繁的，在断代教育地理领域内会碰到各种意想不到的问题，我们考虑问题的方式也要相应复杂一些，研究方法自然也要灵活多样。譬如：教育的发展与人口素质的提高（亦即入传人物占总人口的比率）就是一个可以用概率论原理来帮助解决问题的重要方法。没有方法的进步，就没有学科的进步。历史教育地理的研究只有依靠不断革新的方法，才能不断地发展前进。

4. 教育发达程度的高低，制约人才的盛衰。教育程度往往是一个地区经济和文化发展速度的标志，没有良好的教育，产生不出杰出的人才。

5. 书院精神与现代化私立大学。经济的改革，要以地方教育发展为基础，加大教育地方化，走联合办学的道路将是一大趋势。事实上，我国早已有过这方面的成功实践，从清末到民国，广东省高等教育无论是在学校数量、专科门类还是学术影响，在国内都是名列前茅的。1924 年前，广东境内有 1 所国立、7 所省市立、4 所私立，计 12 所高校，私立高校占三分之一，而私立学校办学宗旨是直接秉承着书院的精神。当然，书院和学校各有利弊。1921 年 8 月在《湖南自修大学创立宣言》中，毛泽东指出："书院和学校各有其可毁，也各有其可誉。"在学校中，师生间没有感情，彼此之间只是一种商业行为，教授法和管理法是划一机械的，无视学生人性及人格；而且课程过繁，学时过多，不利于学生自动自发地学习和研究。而书院相反，"一来师生的感情甚笃，二来没有教授管理，但精神往来，自由研究；三来课简而研讨周，可以悠游暇豫，玩索有得。"显然书院教育制度的优点在于打破学校的正规建制，代之以非正规化的教学与研究的组织，从而推动地方教育事业的发展。因此，中国古代的书院教育及其书院发展的成功经验，对于今天探索中国西部及中部教育发展、改革之路无疑是尤为珍贵的。

6. 教育之盛衰关系人才之荣枯，人才之荣枯关系国家之强盛。人才的开发与形成，其最主要最直接的因素得力于教育。官学是古代培养人才的基本阵地，如江西南唐时相对安宁，“鸠集典坟，特置学官……所统州县往往有学”，出现了庐山国学这样的一流学校，生徒多达几百人，为宋代教育文化事业的发展奠定了基础。至南宋时江西共有州、军、县学79所，因此宋朝赣江流域俊彦辈出，科第入第人数多达5365人，官至副宰相以上者27人，宋史列传人物达143人，可谓人才济济。而文化的发达是与经济的发达密切相关的，一个地区文人学者的人数、在科学考试中录取的人数、书院学堂的数目、刻书事业的规模等等，都可以反映地区开发的程度。

如何将历史教育地理基础研究与现实教育建设有机地结合起来，以增强学科生命力和社会存在价值。本书认为：一是加强近现代历史教育地理课题研究，打破旧的传统，将研究的时间跨度从古代下延至近代，与现实问题的探索相衔接，大大提高为现实服务的力度，可视为历史教育地理研究的新方向；二是积极参与教育建设，尤其是21世纪素质教育发展战略决策的论证。揭示过去，认识现在，为预测未来服务是历史地理学的优势。

教育的改革和发展，是一项十分复杂的社会系统工程，需要多视角、多侧面地开展综合的研究，我国如火如荼的教育改革实践要求人们进一步加强历史教育地理的理论研究。在此背景下，作者在分析我国历史教育地理研究的现状、存在问题、发展出路以及历史教育地理对当前教育改革和发展的启示基础上，认为要想使我国的历史教育地理研究迅速发展，成为一门真正的学科，就有必要对历史教育地理学科本身进行反思，重新认识该学科的性质和功能，进一步探索新的研究方法和手段，不断汲取相关学科的最新成果。这样才有可能寻求到历史教育地理研究进一步发展的契机和出路。为此，一是准确把握历史教育地理学的研究内容；二是要客观认识历史地理学的性质和方法；三是正确评价历史教育地理学的社会作用和地位。作者认为，历史教育地理学的研究对象也是教育与其分布的环境的关系以及由此派生出来的教育地理分布及其规律。

本书首先就理论意义而言，国内至今尚无一本比较系统的完整的《中国历史教育地理学》专著问世，一般认为一本专著的诞生，才意味着一门学科的确立，因此本书的出版不仅是对我国广大历史教育地理工作者共同成果的总结，而且也可以说是中国教育地理学研究趋向成熟，并走向世界的一个重要标志。

其次就学术意义而言，一定生产力水平下的有劳动能力的人口是决定社会经济规模以及能否深入发展的重要因素，人口的质量必然会影响社会的发展，起着延缓或加速历史进程的作用，而教育对于人口质量的提高往往具有决定意义。从这一角度讲，研究历史教育地理以及教育要素同自然界的关系应该是对当时的社会进行研究的最基本、最重要的问题之一。同时教育要素的数量的分布也显示出人类社会的区域性差别，在阶级社会中，教育对象的变化还必然显示阶级的特点，这种特征也反映在教育分布上。

最后就现实意义而言，历史教育地理首先要关注的是区域教育与人才发展是否存在内在关联？这种内在关系是均衡的，还是非线性的？实际上，地方人才发展的速度和取向离不开教育的支持，但人才衰退的根源却不在于教育，而在很大程度上取决于当地的文化传统、价值观念和政治状况。第二个要关注的是最佳期人才区域问题。所谓最佳期人才区域是指历史上某一时期许多人才经过一个重新整合后呈现出高度集群现象的过程，这个整合的过程中出现了哪些影响人才形成的根本性动力要素，这些要素对当地未来人才发展有何重大影响？是否需要转换？比如过去我们的义利观，更多是从道德层次把握，因此“义”和“利”是对立的。在社会主义市场经济条件下，“义”还是要讲，但不能忽视“利”，因此这种人才形成的动力就必须进行转换，要把过去纯道德上的“义”转换为可以量化的市场“信用等级”评价标准。只有善于转换，区域教育优势才能传承，才有持续的发展动力。第三个要关注的是中国传统教育对我们现代人才培养有哪些障碍？如何克服？比如现实中人文教育与科学教育分化的文化传统早在明代的八股文中走向标准化了。在清代考据学中所研究的学问也是越来越集中在狭小的领域。黄宗羲就批评过当时普遍流行的学术门户之见。这一传统到现在演变成崇尚专家和分工的文化氛围。显然，本书的研究不仅复原了历史时期教育单位的空间分布及其规律，而且这些研究对改革现行教育体制和高校地域布局中所包含的不合理因素有借鉴作用。

本书系衡阳市社会科学基金市情课题“明至民国时期耒水流域经济开发和社会变迁研究”（编号：2021B［Ⅱ］009）研究成果，由我和潘建明、祁惠共同完成。全书共分十三章，其中祁惠负责第六、七、八章的撰写；潘建明负责第九、十、十一、十二、十三章的撰写。而第一至第五章的撰写及全书的设计和统稿由我负责。

陈国生

2021 年 7 月 20 日于湖南工学院酃湖校区